CW01650297

Histoire De Bretagne...

DOM P.H.MORICE,

HISTOIRE

DE

BRETAGNE.

14.

HISTOIRE

ECCLÉSIASTIQUE ET CIVILE

DE BRETAGNE,

COMPOSÉE SUR LES AUTEURS ET LES TITRES ORIGINAUX;

Enrichie d'une

DISSERTATION SUR L'ÉTABLISSEMENT DES BRETONS DANS L'ARMORIQUE,

ET DE PLUSIEURS NOTES CRITIQUES.

PAR DOM **P.-H. MORICE,**

Religieux bénédictin de la congrégation de Saint-Maur.

Continuée

PAR DOM CHARLES TAILLANDIER.

Ornée d'une Carte géographique de l'Armorique, des anciennes Monnaies bretonnes, etc., etc.

TOME 14.

GUINGAMP,

CHEZ BENJAMIN JOLLIVET, IMP.-ÉDITEUR.

1836.

IMPRIMERIE DE BENJAMIN JOLLIVET,

A GUINGAMP (CÔTES-DU-NORD).

HISTOIRE

GÉNÉRALE

DE BRETAGNE.

MÉMOIRES

SUR L'ETABLISSEMENT DES BRETONS DANS L'ARMORIQUE, ET LEURS PREMIERS ROIS.

Discours préliminaire.

L'HISTOIRE de Bretagne, absolument négligée pendant près d'un siècle ou traitée avec peu d'exactitude, semble être enfin devenue depuis quelques années du goût de savans. C'est une conjoncture favorable, dont il est à propos de profiter : ce que le public a déjà reçu, répond de ce qu'il peut encore attendre sur cette matière. Tant d'habiles critiques (1) ont sacrifié leurs veilles pour en éclaircir quelques endroits obscurs et difficiles, qu'on peut espérer qu'on ne leur en proposera aucun sur lequel ils ne se plaisent à répandre de nouvelles lumières.

Entre ceux qui n'avaient point été touchés de nos jours et qui n'ont pas encore été suffisamment approfondis, malgré toutes ces disputes qui viennent de s'élever, il en est un qui me semble digne de toute leur attention ; c'est celui qui fait le fondement de toutes les autres, je veux dire l'époque de l'établissement des Bretons

(1) Dom Lobineau, Dom Liron, Dom Pezron, l'abbé de Vertot, l'abbé des Thuilleries, les journalistes de Trevoux, M. Moreau de Motour, M. de Missirien, le P. Toussaint de S. Luc, etc.

dans cette partie des Gaules qu'ils occupent, qui s'appelait Armorique ou Cornouaille avant leur arrivée, et qui depuis a pris d'eux le nom de Bretagne quelle conserve encore. Les anciens auteurs qui les premiers ont traité cette matière, et tous les historiens de cette nation qui se sont attachés à recueillir ce qu'on en avait dit pour en faire un corps d'histoire; Bouchard, le Baud, d'Argentré, du Pas et les autres qui ont écrit depuis eux jusqu'au commencement de ce siècle, tous ont été dans le sentiment que les Bretons vinrent s'établir dans ce pays dès l'an 383, et qu'ils s'y sont maintenus depuis ce tems, sous leurs rois Conan, Grallon, Salomon, Audren, Budic, Hoël I et II, Alain I, Hoël III, Salomon II et Alain II.

Vignier, historiographe de France, mort en 1596, crut devoir embrasser une opinion différente. Il prétendit que la première colonie des Bretons ne passa dans les Gaules que vers l'an 448, que les princes qui les gouvernèrent dans ces premiers commencemens de leur établissement, et bien avant dans le cinquième siècle, ne portèrent point le titre de rois; car il ne désavoue pas qu'il y en ait eu depuis l'an 450 jusqu'à la mort de Clovis, mais il prétend que Conan et ses dix successeurs que je viens de nommer, ne furent jamais que des héros de roman, des rois fabuleux et des fantômes. Il établit ce système avec beaucoup de chaleur dans les livres qu'il fit imprimer de son vivant, et surtout dans un traité qui n'est devenu public en 1619, que par les soins de son fils. J'ose dire que la première partie de ce traité, qui regarde l'établissement des Bretons dans l'Armorique et la suite de leurs premiers rois, n'est pas aussi solide que quelques-uns l'estiment (1). Il ne faut que le suivre de près, pour reconnaître que les passages des auteurs qu'il étale avec tant de pompe, sont inutiles à son sujet et ne vont point au but, ou qu'ils sont cités à faux ou mal appliqués. Cependant, comme cet écrit est demeuré jusqu'ici sans réponse, la nouveauté qui trouve toujours des partisans, les raisons apparentes qu'il fait tant valoir, les termes vifs dont il se sert et qu'on a sans doute regardés comme une preuve de la bonté de sa cause, et plus que tout cela, le peu d'attention que les historiens bretons qui ont écrit depuis, ont fait à cet ouvrage, qu'ils n'ont jamais pris soin d'examiner et de réfuter ; toutes ces considérations ont attiré dans son parti quelques

(1) Voyez la note 20.

modernes, et ceux qui ont été bien aise de s'épargner l'embarras d'entrer dans le détail que l'examen de cette question demandait, ont adopté son sentiment et n'ont presque fait que copier ses preuves.

Mais le nombre de ceux qui ne les ont pas suivis, est encore assez grand, pour ne devoir ni craindre de se déclarer pour eux, ni désespérer de les justifier. Tels sont, entre les étrangers, Baronius, Bollandus et leurs savans continuateurs; entre les écrivains de la Grande-Bretagne, Camden, et tous les historiens anglais et écossais; entre les Français, du Chesne, le P. Sirmond, D. Mabillon et tant d'autres dont il serait ennuyeux de donner la liste. Ajoutons ceux qui reconnaissent quelques traits de vérité dans ce système, ou qui n'en altèrent point le fond; qui ne se plaignent que des fables qu'on y a mêlées, et que je désapprouve aussi bien qu'eux. Tels sont Mézerai dans son Histoire des Français avant Clovis (du moins si cet ouvrage est de lui), Tillemont dans ses mémoires pour servir à l'histoire, Jacques Godefroi dans les doctes commentaires qu'il a laissés sur le code Théodosien (1), et plusieurs autres. On peut même dire qu'Usserius, dans ses antiquités des églises de la Grande-Bretagne, n'est pas autant éloigné de ce sentiment qu'il parait à ceux qui ne l'ont pas assez examiné.

Tant d'illustres auteurs qui sont venus depuis Vignier, mais qui ne l'ont pas suivi,

(1) Quinque Provinciarum distinctionem ab illis temporibus repetendam puto ; et quidem ab anno Domini 383 quo Maximus tyrannus in Gallias ac nominatim Armoricam, ut volunt, transgressus est. Cujus Armoricani alioquin transitûs historia fabulis contaminatissima est. *Jacob. Gothofredus in Théodos. Cod. Tom. VI, pag.* 283.

qui, s'ils ne le surpassent pas, ne lui cèdent au moins en rien, méritent bien qu'on ne rejette pas leur sentiment sans connaissance de cause. Si cet examen coûte quelque soin, l'avantage qu'on en retirera dédommagera suffisamment de cette application. Il ne s'agit point d'une différence de chronologie de quelques années seulement, pour laquelle les savans ne laissent pas d'employer volontiers leurs veilles. Les uns placent l'établissement des Bretons dans l'Armorique en 384. Vignier le place seulement vers 448, la différence est déjà de soixante-cinq ans ; les autres les renvoient jusqu'en 458 (1), la différence en ce cas est de soixante-quinze ans. Mais si les Bretons ne se sont établis dans cette partie des

(1) Le P. Alexandre, *Hist. Ecclésiast.*, et Dom Lobineau, *Hist. de Bret.*

Gaules qu'après avoir été chassés de l'île de Bretagne par les Saxons et les Anglais, comme ces auteurs et leurs partisans le publient, il ne faudrait placer cet événement que vers l'an 470, véritable époque du passage des Bretons chassés de leur île; et ce serait une différence de plus de quatre-vingts ans. Enfin, si Rioval a été le chef de cette colonie, comme deux ou trois auteurs modernes l'ont avancé, la différence sera bien plus grande et plus importante; il s'agira de plus de 130 ans, puisque Rioval n'a quitté l'île de Bretagne pour se rendre maître de cette partie des Gaules, que vers l'an 513, et peut-être plus tard. C'est le parti qu'a pris M. l'abbé de Vertot dans son histoire critique de l'établissement des Bretons dans les Gaules.

On voit déjà que ce n'est pas une de ces questions indifférentes, qui ne valent pas la peine qu'il en coûterait pour l'éclaircir, comme quelques-uns l'ont avancé (1). C'est un fait sur lequel on ne peut prendre le change, sans tomber dans des erreurs continuelles sur plusieurs autres faits qui regardent l'histoire romaine, et surtout celle de France et de la Grande-Bretagne pendant près de trois siècles. Il ne s'agit point, il est vrai, de la fortune ou de l'honneur de quelques particuliers; mais il s'agit de la réputation d'un très-grand nombre d'auteurs qu'on accuse de mauvais goût, de peu de discernement et de beaucoup de prévention: réputation dont on est plus

(1) Il paraît quelque bluette de vérité dans les narrations de ces historiens; mais elle est offusquée de tant de contes et de tant d'erreurs, qu'il vaut mieux laisser ces choses là pour telles qu'elles sont, que de perdre le tems à les démêler. *Orig. ou Hist. des Français avant Clovis, page.* 357.

jaloux dans la république des lettres, que de ses propres biens. On fait souvent des volumes entiers pour assurer à des familles un demi-siècle, ou tout au plus un siècle d'antiquité. Dans cette question il s'agit d'une nation entière et de la forme de son gouvernement pendant plus de trois siècles, de douze ou treize qu'on lui donne. Il ne s'agit de rien moins que de douze ou plutôt de treize rois qu'on ne tire point pour la première fois de l'obscurité des siècles les plus reculés ou les plus fabuleux ; mais de treize rois des cinquième et sixième siècles, dont onze ont été reconnus de tous ceux qui avaient écrit sur cette matière jusqu'au seizième siècle, auxquels, après une si longue possession on dispute néanmoins aujourd'hui non seulement la couronne et le royaume, mais encore la naissance et l'existence, malgré les lumières que ces tems féconds en écrivains répandent de toutes parts.

Une question de cette conséquence, abandonnée indifféremment et sans examen à la critique des premiers qui l'attaquent, ne ferait pas, ce me semble, honneur à un siècle aussi éclairé qu'est le nôtre, aussi distingué par le grand nombre des gens de lettres qui en font l'ornement, et aussi fécond en disputes beaucoup moins importantes. Il y a même cette remarque à faire sur l'importance de cette question, qu'elle renferme abondamment tout ce qui peut le plus attacher, non seulement par le propre fond de la matière qui n'a rien que d'intéressant, mais encore par les divers incidens avec lesquels elle se trouve liée : par exemple, avec la décadence de l'empire, dont cet état est un des premiers démembremens; avec l'irruption des Vandales et des autres étrangers qui donnèrent occasion à cette révolution ; avec l'entière désolation de l'île de Bretagne, qui ne servit qu'à peupler ce nouveau royaume et à l'affermir ; avec les ravages des Huns et des Saxons, et le voisinage des Alains et des Goths qui ne purent l'ébranler ; mais surtout avec l'arrivée des Français, qui dès les premières années de leur domination donnèrent à cet état de plus vives secousses que toutes les autres nations que je viens de nommer n'en avaient données pendant près d'un siècle.

Outre ces événemens considérables, on trouvera dans ces mémoires plusieurs questions importantes, que je n'ai pu me dispenser de mettre dans un nouveau jour, et de traiter avec plus de précision et plus d'exactitude qu'elles ne l'avaient été jusqu'ici, parce qu'elles sont comme autant de points qui fixent la chronologie de l'histoire de Bretagne. Tel est le tems où la grande notice de l'empire fut dressée ; telle est l'année de la mort de saint Martin et de saint Germain, évêque d'Auxerre ; la véritable époque de l'entrée des Saxons et des Anglais dans la Grande-Bretagne sous la conduite de Hengist leur chef, et de la suite des anciens habitans chassés par ces usurpateurs. Telle est encore l'union des Arborics avec les Français, dont Procope fait mention dans un si grand détail ; mais si diversement expliquée par divers auteurs, qui n'en ont fait l'application que conformément à leurs préjugés. Tel est enfin le passage de Rivoal dans l'Armorique, sur lequel il ne me paraît pas qu'on ait encore rien dit de fort exact, puisque les uns le font passer dans les Gaules dès l'an 458, année dans laquelle il n'était pas encore né ; les autres qui ont enfin découvert la véritable époque de ce passage prétendent qu'il fut le chef de la première colonie des Bretons établis dans l'Armorique, et qu'avant ce prince, aucun d'eux n'avait encore de demeure fixe et certaine dans cette partie des Gaules; prévention autant insoutenable, comme on va le voir, qu'elle est extraordinaire et nouvelle. Il paraît assez que toutes ces matières sont capables d'attacher l'esprit; pour ne rien dire de plusieurs autres questions, qui quoique moins fameuses et moins importantes feront d'autant plus de plaisir, qu'on les verra peut-être pour la première fois développées dans toute l'étendue qu'elles devaient avoir, et placées dans leur véritable lieu. Je mets en ce rang ce qui regarde le premier saint Paterne et l'érection de l'évêché de Vannes, les circonstances et la vie de saint Guingalois, que les Bretons appellent Guinolet ; celle du passage de Fracan , son père , le lieu où demeurait sa famille et le tems de la fondation de l'abbaye de Landevenech ; la distinction de Gildas, qu'on appelle Albanius, et de Gildas le Sage, qui porta le surnom de Badonic. Le règne de Constantin et d'Aurelle-Ambroise son fils ; l'antiquité de l'abbaye de Saint-Mélaine et quelques autres questions , qui sont une suite nécessaire de celles-là. J'espère encore proposer quelque chose d'utile pour approfondir ce qui regarde la mouvance de la Bretagne, et jeter des principes qui me paraissent propres à faire juger sainement de ce point de droit , où , si vous voulez de ce fait si contesté depuis tant de siècles , et sur lequel , malgré toutes ces disputes , il reste encore assez de choses à dire, si l'on veut remonter jusqu'à la source , comme je prétends le faire dans ces mémoires. Je n'ai pu me dispenser de faire quelques observations sur des auteurs anciens, particulièrement sur ceux qui ont laissé par écrit l'histoire de la Grande Bretagne, et qui par occasion ont parlé de la nôtre : et l'examen que j'en fais contribuera, ce me semble, à les mieux faire connaître, et donnera lieu de juger une bonne fois quel fond on peut faire sur leur autorité. Tels sont particulièrement Elvodigus Probus, Nennius, Gildas Poëte, Gildas Cambrius, et Geoffroi de Montmouth (1); quoiqu'après tout je ne fasse ordinairement aucun fond sur leur autorité, si ce n'est pour quelques circonstances particulières. Je puis ajouter que grand nombre de faits négligés par les historiens de cette province, comme étrangers à leur histoire, et qui néanmoins en font une partie consi-

(1) Voyez les notes 9, 10, 11.

dérable, et plusieurs autres découvertes qu'aucun n'avait faites jusqu'ici, pourront donner à son système un air d'agrément et de nouveauté qui ne déplaira pas. Et quoique dans le fond il soit le même que celui de Bouchard, de le Baud, de d'Argentré, de du Paz et de ceux qui les ont suivis, il ne laissera pas de paraître, par toutes ces circonstances, assez différent pour faire connaître qu'ils ne m'en ont fourni que la moindre partie.

Que serait-ce, si je pouvais venir à bout de concilier Ingomar avec Géoffroi de Montmouth, et de faire voir que ces deux auteurs, qui paraissent à quelques-uns si opposés, n'ont eu dans le fond qu'un même sentiment; qu'ils ont parlé des mêmes princes et d'une même suite de rois, sous des noms souvent assez semblables pour ne les pas laisser méconnaître tout-à fait: par exemple Deronus et Aldroénus, Debrok et Dubric, qui n'est autre chose que Budic; Rioval et Hoël, Jona et Jean, et d'autre fois sous des noms assez différens pour avoir donné lieu de s'y méprendre, faute d'avoir examiné tout ce qu'on en avait dit ailleurs, et d'en avoir fait une juste application. C'est ainsi qu'on a regardé Hoël II et Jona comme deux différens princes, parce qu'on n'a pas fait attention que ce même Jona portait aussi. comme son père, le nom de Rioval ou Riovel, qui est Hoël. Bouchard n'avait point fait distinction de deux différentes familles de rois, ni de deux royaumes dans la même Bretagne; et le Baud qui en est le premier auteur, a été suivi trop aisément de tout ceux qui n'ont écrit qu'après lui. Il me semble que je mettrais fin à bien des disputes, si je venais à bout de faire connaître ce qui peut avoir donné lieu à cette distinction nouvelle et nullement fondée dans l'antiquité, surtout, si je pouvais y remédier. Je tenterai l'un et l'autre, et l'on conviendra peut-être que les ouvertures que je donnerais sur cet article, étaient des plus nécessaires pour bien entendre cette partie de l'histoire de Bretagne.

Quoi qu'il en soit, on n'y lira plus, comme des vérités ou des points dignes d'attention, les fables qui la défigurent; elles ne paraîtront qu'avec le caractère de fausseté qu'elles portent et la note qu'elles méritent; on n'y trouvera rien autre chose que l'histoire toute pure, telle que j'ai pu la recueillir des plus anciens auteurs et que ceux des derniers siècles n'avaient pas, ce me semble, assez étudiée. Les uns ont suivi leurs préventions; les autres ont rendu tout incroyable, en débitant avec la même assurance les faits fondés dans l'antiquité et les circonstances fabuleuses qu'on n'y a mêlées que long-tems après. Il en est qui ont confondu des personnes fort différentes (1), par exemple Rivelen-Mur-Marchou, ou plutôt Mur-Maccon et Rioval, Constantin le Tyran, et Constantin, roi de l'Ile et frère d'Audren, Jean, Reith et Rioval I, et quelques autres. Il en est encore plus qui se sont crus obligés de distinguer des personnes qui n'étaient cependant que les mêmes, sous prétexte des différens noms que divers auteurs leur attribuent. Je viens d'en citer quelques exemples ; on peut ajouter ceux de Bodois et de Budic, Hoëloc et Hoël, Duvaldus, Guindual et Alain surnommé le Blanc, et plusieurs autres semblables. Ils ont fait la

(1) Voyez le chap. 1, num. 11.

même chose pour des lieux absolument les mêmes, et regardés néanmoins comme différens, parce qu'ils portaient différens noms dans les auteurs qui en faisaient mention, et qu'ils ne faisaient que copier, quoique ces auteurs fassent assez connaître que par ces différens noms ils n'entendaient parler que du même lieu.

Autre source de confusion pour notre histoire; c'est ainsi qu'on a distingué l'Armorique, la Dumnonée, la Letavie, la Cornouaille, et dans la suite du tems, la Petite-Bretagne, quoique tous ces différens noms n'ayent été d'abord employés par ces auteurs bien entendu que pour signifier dans toute son étendue le même pays, qu'on appelle aujourd'hui la Bretagne (1). Enfin presque tous ont changé l'ordre des années,

(1) Voyez la note 1.

et cette mauvaise chronologie n'a pas moins contribué à rendre leur histoire incroyable que les fables mêmes qu'on y a mêlées. Si je ne me flatte point trop, on verra dans ces mémoires un choix assez exact de faits bien autorisés dans l'antiquité : on les trouvera rangés dans leur ordre naturel ; et peut-être que cet ordre ainsi rétabli, suffira pour rendre à ce point d'histoire cet air de vérité qu'il n'a perdu que par le peu d'exactitude de quelques modernes. C'est ce que j'entreprends de démêler, et à mesure que ces parties, auparavant si confuses, se trouveront rangées dans leur véritable place, j'espère qu'il s'en formera un tout bien assorti, qui persuadera : c'est tout le but que je me propose dans ces mémoires. Pour y réussir, mon dessein est de suivre les Bretons pied à pied depuis l'an 383 qu'ils passèrent avec Maxime dans les

Gaules, et de faire voir qu'ils furent placés dans l'Armorique; d'examiner quelle fut depuis ce tems la forme de leur gouvernement; s'ils ont eu des rois; quel a été leur véritable nom, leurs exploits, l'étendue de leur royaume, le tems de leur règne, leurs successeurs, leurs alliances et leurs enfans, autant qu'on pourra pénétrer dans une généalogie des cinquième et sixième siècles: je tâcherai d'accorder tous ces faits avec l'histoire romaine, aussi loin qu'elle me pourra conduire, et depuis avec celle des nations voisines, et de démêler par ce moyen sûr, entre tout ce qui a été dit à ce sujet, ce qui doit être regardé comme vrai de ce qui n'est qu'une pure fable. Enfin je tâcherai de découvrir ce qui a pu donner occasion à toutes ces fables dont on a voulu grossir cette première partie de l'histoire de Bretagne, qu'on trouvait apparemment trop stérile, mais qui n'a paru telle, que parce qu'on n'a pas pris le soin d'y faire entrer tout ce qui devait naturellement y trouver place.

Ce projet est certainement difficile. Pour moi je ne plaindrai point les peines qu'il m'en a coûté pendant un tems assez considérable pour toutes ces longues et dégoûtantes recherches, si je viens à bout d'aplanir les difficultés qu'on a toujours trouvées jusqu'ici dans ces antiquités de la Petite-Bretagne, et si je puis les faire assez goûter à quelques-uns de nos habiles écrivains, pour leur inspirer le désir de donner à cette matière brute la forme dont elle me paraît susceptible, et qui suffirait peut-être pour en faire une histoire non seulement assez remplie, mais encore des plus intéressantes. L'ordre des tems est celui qui me paraît plus naturel et plus propre à débrouiller toutes ces choses, et c'est aussi celui que je suivrai dans cet ouvrage.

CHAPITRE PREMIER.

ÉTAT DE LA BRETAGNE ARMORIQUE OU PETITE-BRETAGNE, DEPUIS L'AN 383 JUSQU'EN L'AN 421.

I.

Les Bretons qui suivirent Maxime dans les Gaules en 183, ne retournèrent plus dans l'île de Bretagne.

QUICONQUE veut découvrir l'origine des Bretons Armoriquains et leur premier, ou du moins leur principal établissement dans le pays qu'ils occupent encore aujourd'hui, ne doit s'arrêter aux années 513, 458 et 448, mais il doit remonter jusqu'au tems de Gratien, de Valentinien et de Théodose-le-Grand, en 383. Ce fut sous leur règne que Maxime, proclamé empereur par les troupes romaines qui servaient dans l'île de Bretagne, résolut de passer dans les Gaules pour s'en rendre le maître; c'est un fait qui n'a pas besoin de preuves, parce qu'il n'est contesté de personnes. Pour exécuter ce dessein il fit de grandes levées dans cette île, et fit prendre les armes à toute la jeunesse qui était en état de les porter. Il en enleva un si grand nombre, que Gildas le Sage et le vénérable Bede, auteurs dont il serait inutile de faire ici l'éloge, ne font pas de difficulté de dire que l'île ainsi dépeuplée demeura sans défense, exposée aux insultes des barbares, auxquels les habitans de l'île ne furent plus en état de résister (1). Un auteur écossais entre

(1) Exin Britannia omni armato milite; militaribus copiis, rectoribus licet immanibus et ingenti

dans un plus grand détail : il assure que les Bretons qui furent pris pour cette expédition, se montaient à cent mille hommes. On ne trouvera sans doute rien d'outré dans ce nombre ; rien qui ne s'accorde parfaitement avec les termes de Gildas et de Bede. Il faut que Vignier (2) ne

juventute spoliata, quæ vestigiis supradicti tyranni comitata, domum nusquam ultrà rediit, et omnis belli usûs penitùs ignara...... multos stupet gemitque per annos. *Gildas, de excidio et conq. Britanniæ.*

Exin Britannia omni armato milite, militaribus copiis universis, tota floridæ juventutis alacritate spoliata, quæ tyrannorum temeritate abducta, nusquàm ultrà domum rediit, prædæ tantùm patuit, ut potè omnis belli usûs penitùs ignara. *Beda, l.* 1. *Eccles. Hist., cap.* 12.

Maximus Britanniam omni penè armatâ juventute, copiisque militaribus spoliaverat, quæ tyrannidis ejus vestigia secuta in Gallias nusquàm ultrà domum redierat. *Idem, lib. de Nat. rerum.*

(2) Vignier, *Traité de l'ancien état de la Petite-Bretagne*, pag. 8.

les ait pas assez pesés, puisqu'il ne parle dans cette occasion que d'une poignée de Bretons. Mais ce qui mérite une attention particulière, est que tous conviennent que ces troupes ne retournèrent plus dans la Grande-Bretagne: *Cette nombreuse jeunesse qui suivit le tyran Maxime, ne retourna plus désormais dans son pays*, dit Gildas le Sage. Le vénérable Bede s'explique de la même manière: *Maxime*, dit-il, *enleva de la Grande-Bretagne toute la jeunesse, à qui il avait fait prendre les armes, et toutes les troupes qui le suivirent dans les Gaules ne retournèrent plus dans leur pays*. De là vient, dit Girard de Cambrige, que la Grande-Bretagne, privée de ces secours, demeura dans un triste état et dans une extrême désolation. Tous les autres historiens bretons, que je citerai dans la suite, disent la même chose.

XIV. 3

On voit déjà que ces auteurs nous ouvrent une belle carrière, et qu'ils nous laissent une entière liberté de placer ce grand nombre de Bretons dans tout autre lieu que dans l'île de Bretagne. Gildas et Bede nous fourniront dans la suite quelques autres preuves. Il suffit présentement d'observer qu'ils ne disent rien en ce point qui détruise le sentiment de ceux qui assurent que ces Bretons furent établis dans l'Armorique, et qu'au contraire ce qu'ils disent suppose ce sentiment, ou du moins l'autorise et le confirme.

II.

Les plus anciens auteurs, qui ont écrit la vie de saint Patrice, prouvent qu'il y avait des Bretons dans l'Armorique depuis l'an 383 *jusque vers l'an* 398.

Les plus anciens auteurs de la vie de saint Patrice serviront à nous découvrir ce que devint ce grand nombre de troupes. Ils nous apprennent que dès l'an 388, cinq ans après le passage de Maxime, il y avait dans l'Armorique des Bretons *Letes*. Ils appellent cette partie des Gaules *Bretagne, Armorique*, *Letane* ou *Letanie*. Ils assurent que Calphurnius, prince breton, avec son fils et le reste de sa famille, avait passé dans ces lieux pour y voir ses parens; qu'il y demeura le reste de sa vie; qu'il y fut tué, et que dans le même tems saint Patrice fut enlevé dans ces lieux et amené captif en Hibernie avec une de ses sœurs. C'est ce que nous apprenons d'un ancien scholiaste cité par Colgan (1). Usserius convient du

(1) Contulerunt se ad Armoricam Letanam, sivè Britanniam Letheacensem, quia ibi erat quidam eorum cognatus..... fecerunt prædas in Britanniæ Armoricæ regione Letâ, ubi Patricius cùm familiâ

mérite de cet écrivain et lui donne toujours le titre d'ancien ou très-ancien, et Colgan prétend qu'il écrivit avant la fin du sixième siècle, vers l'an 530. L'auteur de la *vie Tripartite*, qui, selon Colgan, n'est pas moins ancien (1), et Probus qui vivait dans le même siècle, selon quelques savans,

fuit, et occiderunt ibi Calphurnium. *Vetus Prochi, scholiastes apud Colganum, p. 4, col. 2, nu.* 5. Is scholiastes vivebat circa annum 580, vel certè ante sæculi VI, finem. *Colgan, pag. 7, col. 2, nu* 1 *et pag.* 217.

(1) Autor septimæ vitæ S. Patricii vixit ante annum 600. *Colgan, pag.* 169 *et* 217. Tertia captivitas de Armorica, etc. *Tertia vita apud Colgan, pag.* 481. Autor hujus vitæ vixit circà annum 590, vel post annum 600 *pag.* 6, *et* 64. Scotensis exercitus frequenter transnavigabat in Britanniam et multos indè ducebat captivos. Ita autor 2 vitæ, qui fuit S. Patricius junior, circa annum 527 vivens. *Colgan. pag.* 112, 29, 32, 45, 59 *et* 60. In illo tempore classes Hiberniensium ad Britanniam causâ præ-

ou du moins dans le septième, conviennent des mêmes faits. De là vient que les autres qui nous ont donné la vie du même saint, plus anciens que ceux que je viens de citer, savoir les auteurs de la deuxième et troisième vie (Colgan estime qu'ils furent disciples de ce saint), appellent simplement Bretagne le lieu d'où ce saint fut amené captif.

On ne doit pas néanmoins conclure de là, que ce pays eût alors absolument perdu son nom d'Armorique pour prendre communément celui de Bretagne. Ce chan-

dandi venerunt : ita S. Cleranus autor 4 vitæ. *Colgan*, *pag.* 37. Sed verius tamen et certius, quod de illâ dispersione dicit, quam Britones à Romanis perpessi sunt, ita ut pars eorum terram quæ Armorica dicitur juxtà mare Tirrenum (lege Gallicum) possident. *Ibidem, cap.* 1. Autor hujus vitæ florebat sub initium sæculi VII, et obiit anno 664. *Colgan*, *pag.* 44.

gement ne se fit que près d'un siècle plus tard, lorsque d'un côté les Scots et les Pictes, et de l'autre les Anglais et les Saxons eurent assez affermi leur domination dans l'île, pour la regarder comme leur conquête : j'en rapporterai les preuves dans la suite. Mais parce que ceux qui ont parlé de ce qui s'est passé dans l'Armorique depuis l'an 383 jusque vers l'an 398 y ont trouvé des Bretons établis, quelques-uns d'eux n'ont pas fait difficulté de s'exprimer comme on faisait de leurs tems, et d'appeler Bretagne des lieux occupés par des Bretons, et qui portaient communément ce nom lorsqu'ils écrivaient.

C'est ce qu'il est aisé de remarquer dans la quatrième vie que Colgan regarde comme un ouvrage du septième siècle. Quand il s'agit du lieu d'où le saint fut amené captif, l'auteur n'emploie point d'autre nom que celui de Bretagne, comme il paraît au chapitre XV. Mais dès le chapitre 1 il nous fait assez entendre qu'il parle de la Bretagne Armorique. Il est à remarquer que ces auteurs qui s'accordent tous à reconnaître des Bretons établis dans l'Armorique depuis l'an 383 jusqu'en 398 en parlent seulement comme en passant et sans aucun dessein de traiter notre histoire ; circonstance qui rend leur témoignage moins suspect. Au reste qu'on dise tout le mal qu'on voudra de ces légendaires ; qu'on se moque des faits extraordinaires, miraculeux, incroyables, qu'ils rapportent; qu'on examine tout à la dernière rigueur pour tâcher de rendre leur bonne foi suspecte ou pour prouver qu'ils sont plus récens ; pour moi j'aurai toujours droit de m'en tenir au jugement de Bollandus, d'Usserius, de Colgan, et de soutenir que dans un même auteur la vérité d'un fait ne dépend point absolument des autres, et que celui pour lequel je les cite, est si constamment et si unanimement établi par ces auteurs et si conforme à l'histoire de ce tems-là, que quand on viendrait à bout de détruire tous les autres faits, on ne pourrait guère entreprendre avec quelque sorte de raison de détruire celui-là.

III.

Ces Bretons furent placés dans l'Armorique par le tyran Maxime, selon Henri de Hungtington, Girard de Cambrige et quelques autres auteurs.

Ce ne serait pas assez d'avoir prouvé qu'il y avait des Bretons dans l'Armorique depuis l'an 383, si je ne faisais voir encore que ce fut le tyran Maxime qui les plaça dans cette partie des Gaules; car c'est le principal fondement de l'histoire de Conan,

Nennius l'assure bien positivement (1); mais d'une manière plus simple et plus digne de foi, que ceux qui s'efforcent de le décrier ne le disent. Samuël Beulan y ajoute du sien, et Gildas Cambrius enchérit sur l'un et sur l'autre. Mais afin d'éviter les contestations qui sont entre les savans au sujet de ces auteurs, et de faire voir que je n'ai pas besoin du témoignage de ces écrivains suspects pour appuyer mon sentiment, je me contente de renvoyer à la note

(1) Maximus, qui occidit Gratianum, noluit dimittere domum milites qui perrexerant cùm eo de Britanniâ; sed dedit illis multas regiones à stagno quod est super verticem Montis-Jovis usque ad civitatem Cantiguic et usque ad tumulum occidentalem, id est, Cruch-occident. *Nennius.* Hic autor, natione Anglus, historiam condidit de origine Britannorum, cui Samuel addidit notas. *Vosius, de Histor. lat. caq.* 25r

neuvième et à la suivante ceux qui auront la curiosité de savoir quel fond on peut faire sur leur autorité. Les autres que je vais citer, n'auront pas besoin, ce me semble, d'une si ample justification.

Henri, surnommé de Hungtington (1), écrivit vers l'an 1150. Il n'avait encore vu ni le roman de Geoffroi Artur, ni les livres qui débitent de semblables fables, lorsqu'il disait que les Bretons que Maxime avait enlevés de l'île, étaient restés jusqu'à son tems dans la Bretagne Armorique, d'où ils étaient appelés Bretons Armoriquains. J'ai-

(1) Britones, quos Maximus secum abduxerat in Galliâ Armoricâ remanserunt; unde et Britones Armorici vocantur. *Hen. Hunting. Lib.* 1. *Hist.* Bedæ venerabilis ecclesiasticam, ut potui, secutus historiam; nonnulla etiam ex aliis excerpens autoribus; inde chronica in antiquis reservata librariis compilans. *Idem, in Præfat. Hist*, Vide et Epist. ejusdem ad Warinum.

me à trouver des paroles si précises dans un auteur connu, qui rend compte de son exactitude; qui proteste qu'il suit, autant qu'il peut, l'histoire ecclésiastique de Bede, qu'il a recueilli quelques faits des autres auteurs, et qu'il ne fait que compiler les chroniques qui se conservaient encore de son tems dans les bibliothèques. Et ce qui doit faire plus d'impression, est qu'aucune de ces chroniques n'était grossie des prétendus exploits ni du faux Brutus, ni du romanesque Artur, c'est-à-dire, de ce qu'on a depuis appelé les fables bretonnes.

Girard de Cambrige (1), venu depuis, mérite notre estime par un autre endroit.

(1) Contigit aliquando spiritibus immundissimis Melerio cuidam Cambriensi insultantibus, quod evangelium Joannis ejus in gremio poneretur; qui statim tanquam aves volantes penitùs evanuerunt. Quo sublato postmodùm et historia Britonum à

On venait de débiter ces fables, mais il les rejeta et traita de fabuleuse l'histoire de Geoffroi qui venait de paraître. Il fit des railleries assez vives de cet ouvrage entier, capable d'en dégoûter jusqu'aux plus simples; nulles indulgences pour l'auteur; il ne lui pardonne pas des fautes les plus légères et de peu de conséquence; par exem-

Galfrido Arturo trastata, experiendi causa loco ejusdem subrogata, non solum corpori ejus toti, sed etiam libro superposito longè solitó celerius et tædiosius insederunt. *Silvester Girard. Camb. in Itin. Camb. L.* 1. *cap.* 5. Wallia non à Wallone Duce et Wendaloena Regino, sicut fabulosa Galfredi mentitur Historia, quia reverà neutrum eorum apud Cambros invenies. *Idem in Descript. Camb. cap.* 7. Tertia Britonum extantium pars, quæ Armoricum Australis Galliæ sinum obtinuit, non post Britanniæ excidium, sed longè ante à Maximo Tyranno translata est; et post multos et graves, quos Britannica juventus cùm ipso sustinuit bellicos sudores, ultimis his Galliæ finibus Imperiali munificentia est remunerata. *Idem cap.* 1.

ple, une fausse étymologie du nom de Walles, qui ne vient point, dit-il, d'un duc nommé Wallon, ni d'une reine nommée Wandaloëne, comme l'histoire fabuleuse de Geoffroi Artur l'annonce faussement, parce qu'on ne trouve aucune mention ni de l'un ni de l'autre dans les annales de Cambrige. On voit par-là que cet auteur savait démêler ce que le faux Geoffroi et les autres écrivains de cette trempe avançaient du leur, et ce qu'il y avait dans leur histoire autorisé d'ailleurs.

Or, quand il s'agit des Bretons qui suivirent Maxime, il assure que la troisième partie des Bretons qui s'établit dans l'Armorique, ne passa pas dans ce pays après la ruine des Bretons causée par les AnglaisSaxons; mais elle y fut conduite par le tyran Maxime; et après tous les travaux de la guerre, que la jeunesse de l'île avait essuyés sous sa conduite, elle fut récompensée par la magnificence de ce prince, qui la plaça dans l'extrémité de la Gaule. On peut dire que comme Girard de Cambrige ne rejette cette fausse étymologie de Wales dont je viens de parler, que parce qu'il n'en avait rien lu dans les annales du pays, il faut qu'il y ait trouvé ce qui regarde le premier établissement des Bretons dans les Gaules dès le tems de Maxime, puisqu'il s'en explique dans des termes si précis, qu'il a réfuté par avance le sentiment de Vignier et des autres qui l'ont suivi. Je passerais les bornes que je me suis prescrites, si je rapportais les témoignages de tous les auteurs qui se sont expliqués de la même manière que Henri de Hungtington et Girard de Cambrige, sur cette matière.

IV.

Circonstances particulières ajoutées par Guillaume de Malmesbury.

On ne peut raisonnablement douter que Maxime n'ait employé tous ces Bretons ou la meilleure partie pour l'exécution des derniers desseins qu'il forma sur l'Italie. Il y périt, et toute son armée rentra dans le devoir et se soumit à Théodose, qui remporta sur ce tyran une victoire décisive. Peu de personnes périrent, ou du moins aucune après la victoire. Nul de ceux qui avaient combattu pour Maxime ne fut réduit en esclavage, ni châtié même légèrement; tous furent renvoyés dans leur pays; tous furent rendus à leurs femmes et rétablis dans leur première innocence (1). Ce

(1) Ita omnem cùm armis iram deposuisti, ut ceciderit nemo post bellum, certè nenes post Maximum, paucis Maurorum hostium.... in belli piaculum cæsis,

sont les propres termes de Pacatus dans le panégyrique qu'il fit de cette clémence héroïque l'an 389. Les Bretons jouirent donc, comme les autres, de cette amnistie générale ; ils retournèrent dans leur pays auprès de leurs femmes et de leurs enfans, non dans l'île de Bretagne, Gildas et Bede disent positivement qu'ils n'y retournèrent plus; mais dans l'Armorique. C'est ce que le continuateur de Bede (1), qui écrivait au commencement du XII siècle, et Guillaume de

reliquos omnes veniâ complexa, nullius mulctata libertas, nullius præ-terea dignitas imminuta. Nemo affectus notâ, nemo convicio aut denique castigatione perstrictus; culpam capitis aurium saltem luit molestia. Cuncti domibus, conjugibus cuncti ac liberis, cuncti denique innocentiæ, quod est dulcius, restituti sunt. *Pacatus in paneg. Theodosii.*

(1) Qui (Constantinus) ab exercitu imperator consalutatus, expeditione in superiores terras indictâ, magnam manum Britannorum militum ab-

Malmesbury (1) nous apprennent dans des termes qui sont presque entièrement les mêmes, en nous instruisant plus particulièrement de cette démarche et ses circons-

duxit; per quorum industriam triumphis ad vota fluentibus, rerum potus emeritos et laboribus functos in quâdam parte Galliæ ad Occidentem super littus Oceani locavit; ubi hodie posteri eorum manentes.... quantum convaluere moribus linguâque non nihil à cæteris Britonibus degeneres. Succedentibus autem annis Maximus ex Provinciâ omnem penè militem abradit. Constantinus quidam non multo post nominis imperatoris spe allectus quidquid residuum erat militaris roboris exhausit...., copiarum quæ illos ad bella secutæ fuerant, pars occisa, pars post fugam ad superiores Britannos concessit. *De gestis Anglorum continuator, L.* 1.

(1) Guillelmus Malmesbur. De gestis Anglorum, *lib.* 1. Initio iisdem ferè verbis. Præcepit sanè Constantinus : Veterani juxtà nostrum præceptum vacantes terras accipiant, easque perpetuò habeant immunes. *Cod. Theodos. lib.* 7, *tit.* 20..... *Apud Cambdenum de scrip. Britan, pag.* 78.

tances, et confirmant ainsi tout ce que Henri de Hungtington et Girard de Cambrige ont observé que depuis ce premier établissement les Bretons continuèrent toujours à demeurer dans l'Armorique, à laquelle ils donnèrent enfin le nom de Petite-Bretagne. Maxime, disent ces auteurs, ayant formé le dessein de passer dans les Gaules, enleva presque tous les soldats de la Grande-Bretagne....... Constantin le tyran fit la même chose..... Une partie des troupes qui les avait suivis dans leurs expéditions, fut tuée dans le combat; l'autre partie s'enfuit et se retira chez ces Bretons dont je viens de parler.

On ne peut accuser Guillaume de Malmesbury d'avoir emprunté ces circonstances des écrivains fabuleux qui l'avaient précédé, ni de ceux qui parurent de son tems. Il traite leurs visions de bagatelles, de faussetés et de délire. On peut même juger par ce qu'il en dit, qu'on ne les avait pas encore écrites comme des histoires sérieuses (1); mais seulement que c'étaient des contes qui couraient parmi le peuple. En effet on ne trouve ni dans Geoffroi de Montmouth, ni dans Gildas Cambrius, ni dans Nennius, cette circonstance qu'il vient de nous apprendre. Il faut qu'il l'ait prise ailleurs; car il est si exact en tout ce qu'il débite, que pour les faits éloignés de son tems il répond seulement de la suite des années, et pour le reste il veut qu'on s'en rapporte aux auteurs qu'il a suivis, et aux chroniques

(1) Hic est Arturus de quo Britonum nugæ huc usque delirant, dignus planè quem non fallaces somniarent fabulæ, sed veraces prædicarent historiæ. *Guil. Malmesbur, de gestis, lib.* 1. Sciat nihil me de retrô, etc. *Idem in Prologo.* Laudes Maximi Cæsaris in bellis Armoricanis edidit Vulturius. *Lib. de rebus Britonum.*

qu'il cite en plusieurs endroits de ses ouvrages, et particulièrement dans le prologue, sans néanmoins mettre jamais ni Nennius, ni Gildas Cambrius de ce nombre. Ce n'est donc point seulement sur l'autorité de ces derniers, ni sur celle de Henri de Hungtinton ou de Guillaume de Malmesbury que je fonde l'établissement des Bretons dans l'Armorique dès le tems de Maxime. C'est sur des monumens plus anciens que ces deux derniers avaient entre les mains, qu'il citent de tems en tems et qu'ils nous donnent pour garant de tout ce qu'ils avancent. On voit que je suis d'assez bonne foi pour ne me prévaloir que des auteurs qui subsistent, ou qui sont avérés et connus. C'est pour cela que je ne cite ni les prétendus ouvrages de Silvius-Bonus, contemporain, et dont il est parlé dans Ausonne, sur les louanges de Maxime-César et sur les guerres de l'Armorique, ni le traité de l'état et des affaires des Bretons qu'on dit avoir été composé par un certain Vulturius, autre Breton ancien. Ils le seraient plus que ceux que je viens de citer, et peut-être du nombre de ceux qu'ils avaient vus et qu'ils ne nomment pas; mais je ne veux me servir que de ce dont je suis en état de rendre compte moi-même.

V.

Tous ces auteurs ne disent rien en ce point, qui ne soit conforme à l'histoire romaine.

Après avoir prouvé par le témoignage de tant d'auteurs connus, que le tyran Maxime plaça des Bretons dans l'Armorique, je ne croirais pas en avoir assez fait; si je ne montrais encore que ces écrivains n'ont rien dit en cela qui ne soit conforme à l'histoire romaine ; en voici la preuve : Pacatus, auteur contemporain, dans le panégyrique de Théodose nous apprend que ce fut la Gaule que le tyran Maxime choisit pour le lieu de sa résidence ; qu'il était accompagné de satellites bretons ; qu'il avait tellement abandonné l'île de Bretagne, qu'il ne pouvait se résoudre à y retourner dans le tems du dérangement de ses affaires ; que les troupes qui avaient servi dans son armée furent envoyées dans leur pays. Ajoutez ce que Gildas le Sage et le vénérable Bede assurent que ces troupes ne retournèrent plus dans l'île de Bretagne ; ajoutez encore ce que Guillaume de Malmesbury dit après le continuateur de Bede et sur la foi des chroniques anciennes, que ces troupes vinrent s'établir dans l'Armorique ; il est aisé d'en conclure que ce pays était dès-lors celui des Bretons. En effet par un édit des empereurs, dressé l'an 395, dont je parlerai plus amplement dans la suite (1); on apprend qu'il y avait encore alors, c'est-à-dire, sept ans après la défaite et la mort du tyran et douze ans entiers après son passage, quelques-uns de ses partisans qui possédaient les mêmes fonds qu'ils avaient reçus de sa libéralité, ce qui s'accorde fort avec ce que nous lisons de Conan et dans la grande notice de l'empire, ouvrage à peu-près dans le même tems vers l'an 400 (2). Je trouverais des preuves de

(1) Qui Tyrani Maximi secuti jussionem fundos perpetui juris non ab ordinariis judicibus, sed à rationabilibus acceperunt, eorum amissione plectantur, atque ad rem privatam denuò revertantur. *Edictum dat. VI. Kal. Maii med. in Cod. Théodos.*

(2) Olyb. et Probino Coss. invicti juniores Britanniciani, exculcatores juniores Britanniciani, Victores juniores Britanniciani.

l'établissement des Bretons au-deça de la mer, si je voulais profiter de l'ouverture que nous donne le père de Laccary dans son excellent ouvrage des préfets du prétoire des Gaules (1) ; car en parlant d'un receveur établi pour l'île de Bretagne, il cite ce passage, comme s'il eût lu *la Bretagne au-delà de la mer*. Je ne trouve point ces dernières paroles dans les éditions de Gui Pancirole, et d'Alciat et du P. Labbe ; mais si elles étaient dans l'exemplaire dont ce savant jésuite s'est servi, ce serait une preuve qu'on reconnaissait dès-lors une autre Bretagne au-deça de la mer. Ce qu'il y a de certain, c'est que dans cet ouvrage il est fait mention de deux sortes de Bretons, les uns qu'on nomme Britoniciens, et les autres qu'on appelle simplement Bre-

(1) Rationalis rei privatæ per quinque provincias.... rationalis rei privatæ per Britannias transmare. *Laccary Gallia Pref. Prat. administrata, p.* 22.

tons (1). Il semble qu'on peut conclure de là, comme d'autres l'ont fait avant moi, que leurs demeures n'étaient pas moins différentes que leurs noms, et que les uns étaient ceux de l'île, et les autres ceux qui s'étaient établis dans la terre-ferme. Si néanmoins on veut absolument que ces différens noms marquent la même nation et les mêmes personnes, il faut toujours convenir que cette même notice met dans les Gaules au moins deux légions de Bretons, et peut-être trois en comptant *secundani*, ce que la notice appelle ailleurs *légion deuxième de Bretagne;* ce qui serait un nombre de 20,490

(1) Legio secunda Britannica, sivè secundarii Britones seniores. Ala quarta Britonum, Britones invicti, Juniores Britones. *Noritiâ imperii.* Qui numeri ex prædictis per infrà scriptas provincias habeantur..... intra Gallias cùm viro illustri magistro equitum Galliarum...... Britones secundani. *ibib.* Legiones comitatenses triginta duæ, legio secunda Britanica, sivè secundani. *Ibidem.*

hommes ; en sorte que si ce n'est pas une preuve positive que ces Bretons étaient placés dans l'Armorique, au moins c'en est une que ceux qui disent qu'il y en avait, n'avancent rien qui ne soit conforme à l'histoire romaine.

On dira sans doute qu'il ne s'agit point dans cet ouvrage d'une nation ou d'un peuple, mais seulement des troupes de l'empire, d'une portion de l'armée, d'un certain nombre de soldats. Il est vrai; mais aussi je ne prétend pas que ces Bretons établis dans l'Armorique fussent autres que des soldats, auxquels on avait donné, il y avait seulement 12 ou 15 ans, des terres à défricher, à cultiver et à défendre sous l'autorité des empereurs contre les incursions des barbares ; à la charge de servir dans les armées toutes les fois qu'ils seraient commandés, ce qu'on appelait *lètes*, comme je l'expliquerai plus amplement dans le nombre suivant, où je répondrai aux autres difficultés qu'on peut faire à ce sujet, à proportion que j'avancerai dans la suite de cet ouvrage.

Vers les années 430, 450 et 460 je trouve dans l'histoire romaine non seulement des marques plus évidentes de cette conformité, mais encore des preuves formelles de cet établissement des Bretons dans l'Armorique, long-tems avant que ceux qui furent chassés par les Anglais Saxons, appelés et invités par Vortigerne, eussent passé dans les Gaules, s'il est vrai qu'ils y aient passé dans cette conjoncture; on voit que ce fait n'est point un conte inventé à plaisir par Geoffroi de Montmouth, ni une de ces fables qu'on reproche à Nennius, c'est un fait autorisé par le témoignage de plusieurs écrivains anciens et dignes de foi, et très-conforme à l'histoire romaine, et c'est ce qui fait que je ne suis nullement surpris que Papyre Masson, dans son traité des Fleurs, p. 89, applique ce que Ausonne avait dit dans son épigramme 107 contre, un Breton nommé Silvius-Bonus, et contre les autres de sa nation en général, aux Bretons de la Petite-Bretagne, et qu'il assure que c'est le premier qui en ait fait mention. J'ai même quelque lieu de croire que c'est aussi d'eux que Zozime voulait parler, quand il disait que les Bretons s'étaient révoltés contre les Romains et avaient chassé leurs magistrats sous le règne du tyran Constantin, et que tous les Armoriquains les avaient imités dans leur révolte; car il ne paraît pas que les Bretons de l'île aient eu lieu de se révolter, ni qu'ils l'ait fait effectivement dans cette conjoncture, et surtout qu'ils aient chassé les magistrats romains, comme je le ferai voir plus en détail dans la note XVI.

VI.

Ces Bretons établis dans l'Armorique furent d'abord Letes, c'est-à-dire, placés par l'ordre des empereurs et soumis à leurs lois.

Il est tems d'examiner quelle fut donc la nature de ce premier établissement des Bretons, et de voir s'ils dépendirent des Romains dans le commencement et s'ils continuèrent quelque-tems dans cette dépendance ou s'ils s'affranchirent aussitôt de cette servitude: c'est un point sur lequel nous trouverons encore quelqu'éclaircissement dans l'antiquité et dans des auteurs non suspects; tels sont ceux qui ont écrit la vie de saint Patrice, et que j'ai déjà cités dans le nombre II. Ils appellent les pays occupés par ces Bretons (1), Armorique, Letane ou Bretagne, Leteace, pays Lete de la Bretagne Armorique, pays de Letanie; et ces nouveaux habitans Bretons Letes, et de là le nom d'Armoriquains Litiens, que Jornandès (2) leur donne, et d'Armoriciens Liticiens, qu'on trouve dans Paul Diacre (3).

(1.) Ad Armoricam Letanam sivè Britanniam Leteacensem...... secerunt prædas; in Britanniæ Armoricæ regione Leta. *Vetus Fiechi scholiastes.* In Armoricam Letaniensem profecti venerunt quidam ex Britanniâ nempè majori...... In Britannia Armorica in regione Letaniæ.... In ea Britanniæ Armoricæ vastatione. *VII. Vita S. Patricii.*

(2) Adsuere auxiliatores Franci.... Armoricani Litiani. *Jornandes de Reb. Goth. nu.* 66.

(3) Fuerunt pro Romanis auxilio Burgunienses... Armorici Litiani. *Paulus Dia lib.* 15. Ausonius quidem poeta de Britonibus meminit isto versu, quod à nemine ante illum factum puto, nemo bonus Brito est. *Papyr. Masson. Descrip. Franciæ per flumina, pag.* 89.

Toutes ces autorités suffisent pour décider la question, et pour nous obliger d'avouer que les Bretons dans le commencement de leur établissement furent regardés comme ces autres qui portent dans l'histoire romaine le nom de Letes. On le donnait en général à tous les peuples qu'on faisait sortir du lieu de leur demeure, soit qu'ils fussent étrangers, soit qu'ils fussent sujets de l'empire, pour les placer dans d'autres endroits qu'on leur assignait et qu'on appelait pour cela Terres Letiques, à la charge de les défricher, de les défendre des incursions des ennemis et de fournir dans l'armée des empereurs un certain nombre de troupes. Ce ne fut qu'à ces conditions que les Bretons furent placés dans l'Armorique, et ils les exécutèrent ponctuellement pendant près de 27 ans. Ce fut par l'ordre de Maxime qu'ils reçurent des terres et qu'ils s'y habituèrent (1). Il ne voulut pas les renvoyer dans leur pays; il leur assigna de nouvelles demeures comme une récompense de leurs travaux, mais une récompense digne de la magnificence des empereurs. Ce ne fut aussi que par la permission de Théodose, que ces troupes, après la défaite de leur bienfaiteur, retournèrent dans leur nouvelle demeure (2). Si elles y demeurèrent en paix, ce ne fut qu'à la faveur des édits des empereurs, qui accordèrent volontiers une amnistie générale à ceux qui avaient suivi le parti du tyran. Ces Bretons répondirent à toutes ces bontés par un attachement sincère aux em-

(1) Quoniam ex multis gentibus sequentes romanam felicitatem se ad imperium nostrum contulerunt, quibus terræ leticæ administrandæ sunt. *Cod. Theodos. Tit.* 3. *de cen. est lib,* 3. *tit.* 9.

(2) Ultimis his Galliæ finibus imperiali munificentiâ est remunerata. *Sil. Girard de Scrip. Cambr.*

pereurs. Ils leur obéirent et à leurs magistrats jusqu'en 410. Ils cultivèrent la terre qu'on leur avait abandonnée ; ils la défendirent contre les courses des étrangers, et en particulier des Scots d'Hibernie ; on en a déjà vu des preuves : ils fournirent des troupes dans l'armée de l'empereur ; la grande notice en compte trois légions (1). Toutes leurs troupes particulières et leurs garnisons étaient regardées comme faisant partie des armées romaines et soumises aux ordres de leurs généraux. Cela paraît encore par cet endroit de la même notice, qui parle du

(1) Sub dispositione viri spectabilis ducis Tractûs Armoricani et Nervicani, *Noticia imperii.* Hic desunt nonnulla, *inquit P. Labbe, pag.* 112. *suæ No. Imp.* In provinciâ Tarraconensi tribuus cohortis primæ Galliæ Veleia... Præfectus Lætorum, Batavorum et Gentiliûm. ..... Bajocas et Constantiæ lugdun. *Ibidem.*

commandant qu'elle nomme duc des frontières de l'Armorique, et par le témoignage de Zozime qui marque exactement jusqu'à quel tems l'autorité des magistrats romains fut reconnue dans cette partie des Gaules; et quand ils en furent chassés, savoir sur le déclin de l'empire de Constantin, dit le tyran, vers l'an 410. Jusqu'à ce tems on voit qu'ils firent le devoir de ceux que les Romains appelaient Letes, c'est-à-dire, soumis à leurs ordres et dépendans de leur magistrature. Les historiens modernes ne s'expliquent pas autrement que les anciens, et d'Argentré lui-même convient que Conan commanda dans ce pays sous l'obéissance et reconnaissance dudit Maxime empereur, et qu'après sa mort il fut absous du serment qu'il lui avait fait.

VII.

Réponse à quelques difficultés.

On peut faire une difficulté sur ce sujet et dire: S'il y eut eu des Bretons Letes placés précisément dans cette partie des Gaules, comme les auteurs que je viens de citer l'avancent, la notice de l'empire en aurait fait mention, comme elle fait des autres peuples Letes, qu'elle met en garnison dans tant d'autres lieux des Gaules. Mais il est aisé de répondre que la notice dans l'endroit même où elle parle de tous ces peuples Letes, est défectueuse et tronquée. C'est le sentiment du P. Labbe; après avoir rapporté ce qu'elle dit du tribun de la première compagnie gauloise placée dans la province de Tarracon, et avant de rapporter ce qu'elle dit du commandant des Letes Teutoniciens, qu'elle place à Chartres dans la quatrième Lionnaise, le P. Labbe fait cette remarque: *Ici il manque quelque chose*. Et plus bas: *Il semble encore qu'il manque ici quelque chose*; et cette remarque est fort judicieuse et fondée sur de bonnes raisons: car il n'y a pas d'apparence que l'auteur qui a dressé cet état des armées de l'empire, sous le titre de la province de Tarragone, ait mis immédiatement et sans un titre particulier *Chartres, Bayeux, le Mans, Rennes*; comme il n'y a pas d'apparence qu'après la Ligurie et les autres provinces d'Italie, occupées par les garnisons dont elle fait mention, il eût passé tout d'un coup et sans un titre nouveau, à *Poitiers, Paris, Reims, Amiens, etc.* Or d'un ouvrage défectueux et tronqué, on ne peut tirer aucune preuve négative qui puisse détruire autant de preuves positives que j'en ai rapportées.

Si on demande comment il s'est pu faire que les historiens romains se soient toujours servis des seuls termes *d'Armorique et d'Armoriquains*, sans employer jamais ceux de *Bretons et de Bretagne*, s'il est vrai qu'il y en ait eu dans ces lieux ; je réponds qu'il y a eu certainement des Saxons à Bayeux, des Français à Rennes, des Alains près d'Orléans, des Bourguignons près de Lyon, sans que pour cela les lieux occupés par ces barbares ayant perdu leur premier nom de 1, 2, 3 et 4 Lyonnaise, pour prendre ceux de France, de Saxe, d'Alanie ou d'Allemagne ni de Bourgogne, et que si on s'est enfin servi de ces derniers noms, ce n'a été que long-tems après, et quand ces peuples eurent fait dans ces lieux un assez long séjour pour leur donner leur nom. Ainsi les noms d'Aquitaine et de Septimanie ont encore long-tems prévalu dans les pays habités par les Goths ; celui de Bretagne dans l'île habitée par les Anglais et les Saxons ; celui d'Espagne depuis l'invasion des Vandales et des Alains, et celui de Gaule depuis l'arrivée des Français; et c'est de la même manière que les noms d'Armorique et d'Armoriquains se sont long-tems conservés depuis l'arrivée des Bretons, et cela pour deux raisons qui leur étaient particulières : la première, parce qu'ils ne s'étaient établis dans ces lieux que comme amis ou comme sujets et membres de la république et non comme ennemis ; la seconde, que comme l'île conservait toujours son premier nom de Bretagne, pour éviter l'équivoque on ne le donna que tard à l'Armorique, et lorsque l'île l'eut presque entièrement perdu avec la meilleure partie de ses habitans. Au reste je rapporterai dans le chapitre suivant les passages de plusieurs auteurs, comme Sidonius Apollinaris, Jornandès et autres qui ont indifféremment employé les noms de Bretons et d'Armoriquains, jusqu'à ce qu'après un long séjour de ces peuples placés de nouveau dans cette province, après la ruine de l'île et la dispersion de ses premiers habitans, après une indépendance qui fut le fruit d'une longue guerre et de plusieurs combats, les noms de Bretons et de Bretagne ont enfin prévalu. Les Bretons dans leur premier établissement furent donc Letes, c'est-à-dire, dépendans des Romains et soumis à leur empire.

VIII.

Ces Bretons Letes eurent un roi, nommé Conan dans les anciens monumens.

Il faut observer à cette occasion que souvent ces peuples Letes avaient un roi de leur nation ; soit qu'ils l'eussent déjà, comme on le voit dans les Goths, dans les Alains et plusieurs autres, soit qu'il leur fût donné de nouveau par les empereurs. Ils prenaient quelquefois ce parti par un raffinement de politique, comme Tacite l'a remarqué en parlant du roi Cogidun (1); *afin*, dit cet auteur, *d'avoir des rois mêmes pour instrumens de servitude.* Tel fut le premier établissement des Bretons dans les Armoriques ; ils eurent un roi, mais qui leur fut donné de la main de l'empereur, ou de celui qui en avait usurpé l'autorité. Les légitimes empereurs lui conservèrent ce titre, comme il continua aussi

(1) Quædam civitates Cogiduno regi donatæ. Is ad nostram usque memoriam fidissimus permansit, vetere ac jampridem receptâ populi romani consuetudine, ut haberet instrumenta civitatis et regis. *Tacitus vit. Agricol. num.* 5. *Idem, Annal. lib.* 14, *num.* 5.

de dépendre d'eux et de reconnaître leur autorité; semblable en ce point à plusieurs autres rois que les historiens romains placent en divers endroits de l'empire romain. Ce ne fut qu'environ 27 ans après, qu'il trouva l'occasion de secouer le joug, et qu'il se rendit enfin indépendant, après bien des combats et des révolutions.

Le premier de ces rois donné aux Bretons Letes par Maxime et continué dans la même dignité par Théodose, fut le fameux Conan, à qui Geoffroi de Montmouth, tel que nous l'avons et ceux qui l'ont suivi, donnent le surnom de Mériadec, fameux en effet dans l'antiquité par ses exploits, et par l'honneur qu'il eut de fonder un royaume et de le laisser à ses héritiers; non moins fameux dans ces derniers siècles par les disputes qui se sont élevées à son sujet entre les savans dont quelques-uns n'ont rien omis pour faire croire qu'il n'a jamais été. Ils n'auraient pas apparemment pris ce parti, s'ils avaient approfondi la matière. Conan est marqué clairement dans les plus anciens monumens, sous le nom qu'on lui donne plus communément et sous quelques autres qui n'en font qu'une légére altération. Je ne parle ici ni de son tombeau, qu'on voyait encore au siècle précédent dans l'église de Saint-Pol-de-Léon (1), avec cette inscription : *Ici git Conan, roi des Bretons*, ni d'une médaille, dont la légende portait : *Conan, roi des Bretons* (2), ni de la charte d'Alain Fergent (3) qui fait men-

(1) Hic jacet Conanus, Britonum rex. *Toussaint de S. Luc, Hist. de Conan, pag.* 93.

(2) Toussaint de S. Luc. Recherches générales de la Bretagne Gauloise, pag. 11, 13, 14.

(3) Vicecomes de Rohanno, qui descendit de lineâ Conani, regis Britonum. *D'Argentré, l. 1, cap. 18, pag. 87.*

tion de Conan et de quelques-uns de ses descendans. Je passe aussi sous silence une courte chronique des faits de Conan citée par le Baud (1) qui nous apprend qu'après avoir bâti le château Mériadec, il établit à Nantes le siége de son royaume. Le même auteur cite encore un catalogue des comtes de Cornouaille, à la tête desquels on lisait le nom de Conan. On voit qu'en ce point ce catalogue était différent de ceux qui paraissent aujourd'hui. Il était encore différent en ce qu'il ne poussait cette liste que jusqu'à Daniel, qu'on appelle Buna ou Unna, qui, comme je le ferai voir dans la suite, régnait dans le sixième siècle, ce qui nous donne lieu de croire que ce catalogue était plus ancien que les autres, qui commencent

(1) Le Baud, *Hist. de Bretagne*, *pag.* 40, 41 *et* 91.

à Rivelen-Mur-Marthou ou Mur-Maccon, et qui continuent jusqu'au dernier de ces comtes, nommé Alain Cagnart, mort en 1058. Toutes ces preuves ont leur force; il n'est pas aisé que tant de monumens aient été fabriqués par tant de personnes différentes pour soutenir la même imposture, surtout quand on fera réflexion que plusieurs anciens auteurs, qui sont venus jusqu'à nous, ont parlé du même roi dont le nom s'est conservé dans ces monumens publics.

IX.

Il est aussi fait mention de Conan dans des auteurs plus anciens que Geoffroi de Montmouth.

Je commence par Geoffroi, surnommé de Montmouth, non qu'il ait été le premier auteur qui nous ait appris cette circonstance, comme quelques-uns l'en accusent, mais parce qu'il s'en est expliqué plus en détail que les autres (1). Une preuve, mais convaincante, qu'il n'est pas le premier qui ait parlé de Conan, c'est que son histoire n'est qu'une traduction (2) latine d'un ancien manuscrit écrit en langage breton, comme il le dit lui-même dans sa préface, comme les auteurs contemporains et les plus sévères censeurs en conviennent. Guillaume de Neubrige(3),

(1) Voyez la note 11.

(2) Talia mihi et de talibus multocies cogitanti obtulit Walterus Oxinfordensis.... quemdam Britannici sermonis librum..... vetustissimum codicem illum in latinum sermonem transferre curavi. *God. Monumetb. Hist. Brit. Præf.*

(3) Fabulas de Arturo ex priscis Britonum figmentis sumptas et ex proprio auctas per supradictum latini sermonis colorem honesto historiæ

le plus violent de tous et celui qui le ménage le moins, ne lui reproche pas d'avoir inventé, mais seulement d'avoir rendu en latin ce qu'il appelle les fictions des Bretons ; il reconnaît en même tems qu'elles étaient plus anciennes. Antoine, surnommé le Roux (1), contemporain de l'un et de l'autre, mais moins passionné, dit dans la lettre qu'il a adressée à Guillaume de Neubrige avec l'histoire de Sigebert, que celle de Geoffroi de Montmouth avait été tra-

nomine palliavit,....dum in latinum transfunderetur, divinationum illarum nænias ex Britannico transtulit. *Guill. Neubrigius, de rebus Anglicis.*

(1) In tuo exemplari sunt quædam inserta ex historiâ britannicâ Galfredi Monumethensis, ex antiquissimis Britannici sermonis monumentis in latinum sermonem translata. *Anton. Rufus in Ep. ad Guil. parvum præfixa Additionte Sigeberti, quæ prodiit Parisiis an* 1513. *Vide Usserium, pag.* 31, 209 *ad marginem.*

duite des plus anciens monumens écrits en langage breton. Mathieu Paris (1) en dit autant, et Usserius assure que ce manuscrit ou cette chronique écrite en breton, se conservait encore de son tems dans la bibliothèque de Cotton (2). Le titre de très-ancien qu'il donne à un manuscrit traduit vers l'an 1150, doit suffire pour lui assurer un siècle ou deux d'antiquité; et pour moi j'estime qu'il fut fait ou sur la fin du huitième, ou dans le commencement du neuvième.

Une seconde preuve que Geoffroi de Montmouth n'est pas le premier qui ait

(1) Eodem anno, Gotofredus, Arturus, episcopus factus est sancti Asaph in Norwalliâ, qui historiam Britonum de linguâ britannicâ transtulit in latinum. *Math. Paris, Hist. Ang. ad an* 1151.

(2) Chronicon linguâ Cambro-Britannicâ conscriptum, quod quondam Gunfredi Lhuid fuit, hodie in cottoniana bibliothecâ est repositum. *Usserius, Antiq. pag.* 31 *ad marginem.*

parlé de Conan, c'est qu'un poëte, sous le nom de Gildas, avait écrit en vers plusieurs faits particuliers qui regardent la vie de ce roi (1). Je ne puis fixer au juste le tems dans lequel il écrivit ; mais il suffit de dire ci que Caradocus (2), cité par Geoffroi de Montmouth (3), faisait mention de ce poëte, qu'il appelle un excellent écrivain

(1) Interea Galli nimiâ feritate feruntur contrà Conanum...., Conanus mente feroci armoricum regnum deffendit, et effugat hostes.... His tota Britannia major succumbit, quoniam vires substraxerat illi, Armoricos adiens jampridem Maximianus. *Autor Gildas dictus poëta apud Usserium, cap.* 8, *Antiq.*

(2) Historiæ veteris Gildas luculentus orator hæc retulit parvo carmine plurà notans.... *Caradoc, ex Balæo apud Vossinum in hist. lat. lib.* 2, *cap.* 21.

(3) Reges autem illorum, qui ab illo tempore in Galliis successerunt, Caradoco Lancobarnensi contemporaneo meo in materiâ scribendi permitto. *Gotofred. Monumeth. lib.* 12, *cap.* 20

de l'ancienne histoire : ce qui fait voir qu'il vivait avant Geoffroi de Montmouth. Il est aussi parlé de ce roi, sous le nom de Conan, dans la vie de saint Mériadec, évêque de Vannes. Nous en avons un fragment dans Henschenius et dans du Saussai (1).

Une troisième preuve que Geoffroi n'a point inventé ce trait d'histoire, c'est qu'il est conforme à ce que les auteurs de la vie de saint Patrice et quelques autres que j'ai déjà cités, plus anciens que Geoffroi, Henri de Hungtington et Guillaume de Malmesbury, ses contemporains, et Girard de Cambrige qui vint peu de tems après, ont écrit sur cette matière. L'autorité de

(1) Meriadocus illustri strirpe Conani Minoris Britanniæ regis editus. *Henschenius, t. II. Junii ad diem 7, et Saussaius in suo Martyrol. Galliæ.*

Polidore Virgile (1), quoiqu'il soit moderne, doit être encore comptée pour quelque chose. C'est un des censeurs de Geoffroi de Montmouth et de Gildas, du neuvième siècle; mais bien loin de critiquer pour cela ce que l'un et l'autre ont dit de Conan ou des Bretons, il explique au contraire bien au long cette circonstance. Après tout, il n'en est presqu'aucune qui ne soit très-conforme à l'histoire de ce tems, telle qu'on la trouve dans les meil-

(1) Extat alter libellus, ut tempestivè lectorem nefariæ fraudis admoneamus, qui falsissimè inscribitur. Gildaæ commentarius, haud dubiè à quodam pessimo impostore compositus. *Polydor. Virgil.* Præterea fertur Maximus, cùm Gratianum fugientem insequeretur, dùm in Celticâ esset. Conanum hominem Britannum summum ducem maritimis civitatibus ad Oceanum pertinentibus, quæ Armoricæ dicuntur, præfecisse. *Ibidem lib.* 3, *Hist.*

leurs écrivains (1), comme je le ferai voir dans le nombre suivant.

X.

Ce roi est appelé Conis par quelques autres auteurs.

Enfin une nouvelle preuve de cette vérité, mais qui a échappé à tous ceux qui ont écrit jusqu'ici sur cette matière, c'est que des auteurs plus anciens que Geoffroi ont parlé de ce roi sous des noms qui dans le fond ne regardent que la même personne, et ne sont qu'une légère altération de celui de Conan. Le premier de ces noms est Conis (2), puisque la même ville, située

(1) Voyez Vignier, *Traité de la Petite-Bretagne*, p. 38, 39 et 58. Jocelinum in vitâ S. Patricii, c. 186, et Usserium, p. 425 et 426, Antiq. ecclesias.

(2) Juxtà urbem Conani, Britannis Kair-Conan, Anglis Cuningeburg dictam, Eboracensibus Conisburg, ea est ad danum sive donum fluvium posito. *Usserius, Ant.*, *p.* 241.

dans le pays d'Iorch, sur les bords du fleuve Dane ou Done, qui par les uns était appelée Kerconan, c'est-à-dire, ville de Conan, était appelée par les autres Conisburg, qui signifie la même chose ; voilà pour le nom ; voici pour la personne. Tout ce que Josselin (1), qui n'écrivit à la vérité que vers l'an 1183, mais qui ne fit que recueillir ce qu'il avait lu dans des monumens plus anciens, écrits dans différens tems depuis le sixième siècle, et l'auteur de la vie tripartite, qui paraît avoir écrit vers le milieu du sixième siècle, disent de Conis ; tout ce que le scoliaste Fiechus (2) et les autres

(1) Darercha vero, sororum ultima, erat mater episcoporum sanctorum Mel, Rioch et Munis, quorum pater dicebatur Conis. *Jocelin, vit. Patricii, cap.* 50, *quæ est VI vita apud Colganum, p.* 76, *Vide et Usserium, p.* 425.

(2) Hi enim erant filii Conii et Darereæ, quæ fuit S. Patricii soror, etc. *S. Patricii VII vita, p.* 2, *c.* 21.

plus anciens que Josselin, nous apprennent de Darerea dans la vie de saint Patrice. Geoffroi de Montmouth le dit de Conan. Celui-ci paraissait avec éclat sous l'empire de Théodose, c'est-à-dire, depuis l'an 379 jusqu'après 394, et c'était le tems où Conis vivait dans un âge avancé, puisqu'il avait épousé, avant l'an 388, la sœur de saint Patrice, née en 372 (1). Conis était natif d'Albanie, ou du moins ce fut dans cette partie de la Grande-Bretagne qu'il chercha une épouse. Et ce fut dans cette même Albanie que Conan prit naissance ou qu'il eut plus de rélation. Conan passa dans l'Armorique l'an 383, et il y demeura toujours depuis. Toute la famille de Conis

(1) Licmania et Darerea... omnes simul ex Britanniâ Arcluidensi trans-mare Joium versus austrum negotii causâ contulerunt se ad Armoricanam Letanam et Britanniam Leteacensem. *Vetus fiechi scholiastes, n. 15, quæ est I vita apud Colganum, p. 4, etc.*

ou de son épouse passa dans les mêmes lieux vers la même année; et la suite de l'histoire nous apprend qu'ils y demeurèrent plus de douze ans entiers, sans avoir pensé pendant tout ce long espace de tems à retourner dans le lieu de leur naissance, malgré le penchant qu'on conserve ordinairement pour sa patrie, surtout quand on est en état d'y faire la figure que Calphurnius pouvait faire, lui qui était un des plus grands seigneurs du pays et descendu des premiers rois de l'île.

Conis épousa Darerea. Une preuve qu'elle fut l'épouse de Conan est, 1° que l'histoire n'en donne point d'autre à ce roi; qu'aussitôt qu'il est établi dans l'Armorique, Darerea avec toute sa famille y passa pour y prendre un établissement; 2° les auteurs qui parlent de ce fait, disent que le motif de ce voyage était une affaire sans doute de conséquence, puisqu'elle portait Calphurnius à quitter sa patrie et à la faire quitter à toute sa famille. Rien n'aurait été capable de l'engager à faire une telle démarche, ni de le dédommager de ce qu'il abandonnait, qu'un établissement auprès de son gendre, devenu si puissant et si bien établi dans l'Armorique par un effet de la protection de Maxime, qui venait de faire mourir Gratien et s'emparer de ses états, et qui pour fruit de ses exploits jouissait tranquillement du titre d'empereur; 3° le but de ce voyage était d'aller trouver un parent ou allié *cognatum*, et il n'en est point de plus proche qu'un gendre; 4° l'an 388, selon Usserius, ou 398, selon Bollandus, dans une descente que les pirates firent sur les côtes de l'Armorique, Calphurnius, père de saint Patrice, fut tué et ses enfans emmenés captifs avec plusieurs personnes de l'un et de l'autre sexe. Tout ce récit s'accorde parfaitement avec ce que nos historiens ont toujours dit des descentes des pirates sur les côtes de Léon, sous les règnes de Conan et de son successeur; et Calphurnius, combattant en cette occasion, est une preuve qu'il avait quelque commandement, comme beau-père de Conan; 5° le mariage de Conis et de Darcrea ne put se faire que vers l'an 387, et c'est dans ce tems qu'on doit mettre celui de Conan; 6° enfin, entre les enfans de Conis, il y en eut un nommé Mel, un autre nommé Rioch, et notre histoire fait mention sous les règnes de Conan et de Grallon, d'un Maël ou Malgus, d'un Rioch, ou si vous voulez, d'un Riochat. Tant de rapports suffisent, ce me semble, pour persuader que ce Conis, dont il est parlé dans la vie de saint Patrice, ne fut autre que le

Conan même de Geoffroi de Montmouth. Aucun de nos historiens n'avait fait cette remarque ; et néanmoins elle remplit un grand vide dans la vie de ce premier de nos rois bretons.

XI.

Cono, Coun, Caun ou Cun ne sont qu'un abrégé, ou légère abréviation du nom de Conan.

Il me semble que Conomalgus ou Cono, dont il est fait mention dans quelques vies de saints (1), n'est qu'une légère altération du nom de Conan, et que Caun, Can ou

(1) Puer quidam nomino Mael Conomacli filius, qui Fracani caballis insidebat... Nomen illi Maglus Conomagli filius, nutritoris Fracani. *Ex. 3. vitâ S. Guingaloei autore Gurdestino*, ubi notandum Nominoe dici nutritorem regis Salomonis. Vide et acta S. Gildæ apud Usserium, p. 354. Antiq. *Voyez le chap. 7 de ces mémoires.* Vide supra nu. 8. et P. le Baud, p. 91.

Choun, dont il est parlé dans quelques autres, n'en est qu'un abrégé. Mais les éclaircissemens ou les preuves que je pourrais en tirer, ne valent pas le détail dans lequel je serais obligé d'entrer pour en faire l'application. Je m'arrêterai seulement un peu plus sur celui de Choun ou Cono; ma conjecture est qu'il se trouve assez semblablement marqué dans les catalogues des comtes de Cornouaille; je dis même dans ceux qui nous restent et qui sont entre les mains de tout le monde. Celui qu'on met à la tête de ces comtes est appelé Rivelen et surnommé *Murmarthou*, et dans le capitulaire de Quimper *Murmarchou*. Le Baud, d'Argentré, Vignier, Albert le-Grand ont lu *Murmarchou* et *Murmarchon*; j'estime qu'il faut s'en tenir à cette dernière orthographe et lire *Mur Mac-con*; car *Mur* en langage breton signifie grand;

Mac et quelquefois *Mab*, signifie enfant, fils; ensorte que ce surnom ne signifierait autre chose que Rivelen-le-Grand, ou l'aîné fils de Cone. Le second de ces comtes, nommé simplement *Marchou* ou *Mac-con*; aurait été comme le précédent également fils de Conan, portant le même nom que son frère, et c'est pour les distinguer qu'on aurait ajouté au surnom du pemier le mot *Mur*, pour marquer que c'était le plus grand ou l'aîné des deux. Il n'y a rien dans cette conjecture que de très-probable.

Ces deux *Rivelen* ne doivent point être confondus avec *Rioval*; celui-ci ne vivait que plus de cent ans après le premier Rivelen. Le *Reith* de ces catalogues, qui est ou le Rivoal même, ou du moins *Jona*, fils de *Rioval*, n'a été que le sixième successeur du premier Rivelen, surnommé *Mur-Mac-con*, et après celui-ci, et plus de 70 ou

80 ans avant Rioval. *Grallon*, *Daniel-Dremrus* et *Budic*, successivement de père en fils ont possédé ce comté, ou si vous voulez, ce titre de comte de Cornouaille. Ce qui est une nouvelle preuve tirée des catalogues des comtes de Cornouaille, c'est-à-dire, d'un monument ancien, produit et approuvé par ceux-mêmes qui sont du sentiment contraire; puisque plus de 130 ans avant Rioval il y avait un Cone ou Conan, et des seigneurs bretons, ses enfans ou ses successeurs, établis dans cette partie des Gaules, nommée dans ces catalogues Cornouaille, dans Ingomar Letanie, dans d'autres Dumnonie, et dans Geoffroi de Montmouth comme dans les historiens romains, *Armorique*. Voilà donc par cette explication, qui me paraît juste et naturelle, une nouvelle preuve de Conan et de l'établissement des Bretons dans ce pays dès la

fin du IV siècle, tirée de ces fameux catalogues. Il est d'ailleurs certain, au moins par le témoignage de le Baud, qu'un de ces catalogues, qui finissait à *Daniel Buna*, dans le VI siècle, et qui par conséquent avait tout l'air d'être plus ancien que ceux qui nous restent, mettait Conan à la tête de tous ces comtes.

XII.

Celui que quelques auteurs nomment Coton, Caton et Cathou, est aussi le même que Conan, Canao et Canon.

Mais un des noms que d'autres auteurs donnent à celui que Geoffroi nomme Conan, et qui mérite qu'on en fasse l'application dans toute son étendue, comme un des points qui peut donner plus de jour à cette première partie de notre histoire, est celui de *Caton*, si bien marqué dans les vies de saint Guingalois (1), écrit dans quelques uns *Caton* (2), et dans Ingomar *Cathou* (3), ou comme quelques autres ont lu *Cathon*, ou *Caron* (4) : toutes légères altérations de celui Conan ou Canao, et tous noms employés pour signifier la même personne. En effet et le Coton de la vie de saint Guingalois et le Conan de Geoffroi de Montmouth vivaient dans le même tems et dans le même pays :

(1) Fracanus Catonis regis Britannæ consobrinus. *Ita tertia vita S. Wingaloei autore Gurdestino.* Catonis Britannæ viri secundùm sæculum famosissimi. *Vita S. Wingaloei, nu.* 1.

(2) Rivallus, Britannæ dux, filius fuit Derochi, filii Witholt, filii Cathoni, filii Gerenthonis. Ita S. Winoci genealogia in Mss. Vedast. præfixa vitæ quæ in 3°. sæculo Bened. T. 1, p. 302 reperitur.

(3) Dom Lobineau, Hist. de Bret.

(4) Ruivallus fils de Derothus, fils de Guithonus, fils de Urbienus, fils de Caronus, fils de Gerenthonus, etc. *Le Baud, p.* 64. 65. Vide et Usserium, p. 226, Antiq.

tous deux étaient natifs de l'île de Bretagne; tous deux rois de Bretagne ou si vous voulez des Bretons; tous deux cousins de Fracan, père de saint Guingalois; tous deux portaient le même surnom; c'est ce qu'il s'agit de prouver; après cela je ne crois pas qu'on fasse difficulté d'avouer qu'ils n'ont jamais été des personnages différens.

Conan vivait à la fin du quatrième siècle; Geoffroi de Montmouth n'en parle que dans ce tems; et c'est celui dans lequel tombe également tout ce que Jocelin et les autres disent de *Conis*, et ce qu'on doit juger de *Gaun* en s'attachant aux époques les plus certaines. Entre *Caton* et *Rioval*, sans compter ni l'un ni l'autre, il y a eu au moins trois générations. *Urbien*, *Guithol*, *Derech* ou plutôt *Deronus*, et apparemment 4 en ajoutant celle de *Derochus* ou *Débrock*. Rioval vivait en 513. Laissons pour ces cinq ou six générations un peuple d'un siècle ; cela nous fera rétrograder justement à la fin du quatrième siècle, vers 380 ou 390, et c'est le tems auquel l'histoire parle de Conan. Autre preuve: Conan était contemporain de Fracan, puisque celui-ci, comme nous l'apprenons de la vie de saint Wingalois, était établi dans l'Armorique dès l'an 418, c'est-à-dire au moins trois ans avant la mort de Conan, et Fracan était cousin de Conan, comme nous l'apprenons de la même vie ; 2° Coton et Conan étaient du même pays, Coton était de Bretagne, selon cette même vie, soit que par-là on entende l'île de Bretagne ou la Bretagne Armorique, ou plutôt l'une et l'autre, et les auteurs disent tout cela de Conan ; 3° dans cette même vie, Coton est appelé roi de Bretagne ; or dans le tems dont il s'agit, qui est celui de Maxime, il ne pouvait y avoir de roi de Bretagne, que de la manière dont Geoffroi le dit de Conan, puisque cette île était sous la domination des empereurs. 4. Et cet article mérite une attention particulière; dans cette même vie on ajoute que Coton fut roi des Bretons très-fameux: or, dans tout le tems dont il s'agit on ne trouve dans l'histoire aucun autre que Conan, dont le nom approche tant soit peu de Coton, non-seulement qui ait été roi très-fameux de Bretagne, mais encore qui ait pu être roi de Bretagne, et néanmoins un roi qu'on appelle très-fameux devrait être connu par quelques endroits; il devrait en être fait mention quelque part. 5° Ce titre de roi très-fameux de Bretagne ne sera que l'explication du mot breton *Mériadec* (1), que les auteurs se sont tant

(1) Murodacius, nom très-commun des rois d'Hibernie. *Voyez Colgan. in Ind. IV, Histo.*

tourmentés inutilement à déchiffrer. *Mor* en vieux Breton signifie grand, *Rei*, *Reith* ou *Roue*, dont *Rethec* ou *Riadec* n'est qu'un dialecte, signifie roi : ainsi Conan *Meriathec* ou *Meriadec* veut dire Conan très-fameux, *Catonis regis famosissimi*. 6° Ingomar met Deronus le quatrième après *Catou*, et Geoffroi dit positivement qu'Audren, qui, comme il paraît assez, est le même que *Deronus*, est le quatrième après *Conan*, *à Canano quartus*; de même nous verrons dans la suite que *Derock* ou *Debroc* et *Dubric* qui est *Budic*, *Rioval et Hoël* qui est le même, se trouveront aussi dans le même degré de filiation. 7° Coton était cousin de Fracan, et nos historiens ont reconnu que Fracan était cousin ou du moins neveu de Conan, quoiqu'ils n'aient pas assez démêlé toutes les conséquences qui doivent être tirées de ce principe.

On voit que ce n'est pas sur de simples étymologies que je fonde le rapport que je trouve entre *Conan* et *Coton*. C'est sur des faits certains de filiation, de chronologie et de qualité de personnes, qu'on ne peut justifier qu'en reconnaissant qu'il ne s'agit que de la même. Il me reste à lever le scrupule que cette différence de nom peut causer; mais elle est si légère, qu'à peine mérite-t-elle qu'on y fasse attention. Au lieu de *Conan* on écrit quelquefois *Conoo*, *Canao* et *Canou*, qui ne sont que de légers changemens du même nom, comme on peut le prouver par Grégoire de Tours. Au lieu de Coton quelques-uns ont lu *Caton* ou *Cathou* et d'autres *Caron*. toute la différence est donc du *t* ou *r* ou du *th* à un *n*, et on voit que ce n'est qu'une minutie. Comme on a retranché un *t* du milieu de *Catalauni* pour faire *Chaalons*, un *d* de

Cadomus pour faire *Caen*, et de *Vadel* pour faire *Gael*, de même en retranchant le *t* de *Coton*, *Caton* ou *Cathou*, vous avez *Coon*, *Caon* ou *Caou*, qui n'est pas fort différent de *Conan*. De là vient qu'on ne doit peut-être pas tant blâmer Carthage Maguir, qui, sous le sixième jour de février, donne à Carantoc, fils de Conis, le surnom de Mac-Carten, ou plutôt Mac-Caten, fils de Coton, persuadé qu'était cet auteur que *Conis* et *Carthen* ou *Caten* étaient le même.

XIII.

Récapitulation selon l'ordre du tems des auteurs qui parlent de Conan, et des monumens qui nous restent de ce prince.

Jusqu'ici je n'ai rapporté que les autorités qui regardent Conan, le premier de nos rois; et néanmoins on voit déjà que depuis le quatrième siècle jusqu'au douzième il n'en est aucun qui ne me fournisse quelque monument, ou quelque écrivain pour confirmer ce point d'histoire, bien loin que ce soit une fable de l'invention de Geoffroi de Montmouth, du faux Gildas ou même de Ninnius. Dans le quatrième siècle j'ai cité Pacatus, les édits des empereurs et la notice de l'empire, qui ont servi à prouver qu'il y avait des Bretons établis dans les Gaules. C'est du même siècle que sont le château que ce roi fit bâtir, et qui a été appelé depuis *Castel-Meriadec*, c'est-à-dire, le château de Meriadec, et sa médaille dont le père Toussaint de saint Luc parle, et qui porte pour légende le nom de *Conan, roi des Bretons*. Dans le siècle suivant qui est le cinquième, Sidonius appolinaris se sert indifféremment des noms de *Bretons et d'Armoriquains*; et nous verrons plus amplement dans le chapitre III qu'il place les Bretons près de la Loire, long-temps avant le passage de ceux qui furent chassés par Hengiste et par les Saxons de Bruite. Pour ce qui est de Conan en particulier, son tombeau, sur lequel son nom est gravé et qui subsiste encore, est de ce siècle, et c'est apparemment dans le même qu'on doit placer cette briève chronique de ses exploits, que le Baud avait vue et qu'il cite plus d'une fois. Gildas le Sage, dont j'ai déjà rapporté le témoignage et que je citerai plus souvent encore dans la suite, est un auteur du sixième siècle, et j'ai tout lieu de croire que l'ancien catalogue de Cornouaille, qui nommait Conan comme le premier de tous, et qui est cité par le Baud, n'était pas moins ancien. C'est ce qu'on peut dire avec plus d'exactitude de l'ancien scoliaste ou commentateur de Fiechus. Colgan assure qu'il écrivit vers l'an 580, ou du moins avant 600. Il parle de la Bretagne Armorique et du voyage que Calphurnius fit dans ces lieux pour aller trouver un parent. L'auteur de la *Vie tripartite* n'est pas moins ancien; il parle des mêmes faits, l. I, ch. XVI, de *Conis* et de *Darerea*, son épouse, et de quelques-uns de leurs enfans, l. II, c. XXI.

Quelques savans croient que ce fut aussi vers ce tems que Probus composa la vie de saint Patrice, dans laquelle il rapporte presque les mêmes faits que les deux précédens. L'auteur de la quatrième vie de ce saint écrivit peu de tems après, et il parle de l'établissement des Bretons dans l'Armorique dès le tems de ce saint, c'est-à-dire, vers 388, comme d'un fait constant. Je ne parle ni de Fennius, ni de Samuël Beulan, pour éviter toute contestation. Dans le huitième siècle, nous trouvons Bède et Gildas Cambrius dans le neuvième ; il me semble que le manuscrit breton, traduit par Geoffroi de Montmouth environ 300 ans plus tard, est aussi de ce même tems. Pour Gurdestin, auteur de la vie de saint Wingalois, cela est sûr : il parle de *Coton* et de *Mel*, fils de *Conomagle*. Je place dans le dixième siècle les autres auteurs de la vie du même saint, qui rapportent les mêmes faits, et celui qui a écrit la vie de saint Mériadec, qui dit qu'il était de la race de Conan. Peut-être ces auteurs sont-ils plus anciens; mais je n'en ai point de preuves, et je ne crois pas qu'il y en ait qui puissent convaincre qu'ils soient plus récens. Dans le suivant, qui est le onzième, nous avons Ingomar qui décrit la généalogie de *Cathou ;* Gildas le poëte, qui entre dans un grand détail des actions de *Conan*, les annales de Cambrige et les anciennes chroniques citées par Guillaume de

Malmesbury et par Henri de Hungtington. Enfin dans le douzième nous avons ces trois derniers auteurs, Geoffroi de Montmouth; et Jocelin, auteur de la vie de saint Patrice, dans laquelle il fait mention de *Conis* et de *Darerea*, son épouse.

Je ne vois pas après cela qu'on puisse encore se plaindre que nous ne débitons à ce sujet que des fables ou des faits inventés et douteux qui n'ont aucun fondement dans l'antiquité, surtout quand on joint ces preuves à celles que je rapporterai dans le nombre XV pour faire voir que toutes les circonstances de la vie de Conan sont conformes à l'histoire romaine; qu'il n'y en a presque pas une seule, si vous en exceptez le nom de ce prince, qui ne se trouve dans des auteurs contemporains ou du moins très-anciens et très-célèbres. Des histoires des nations particulières nomment grand nombre de souverains, sur lesquels on ne dispute pas, et qui ne sont pas néanmoins à beaucoup près si bien marqués dans l'antiquité. Il n'y aura dans la suite aucuns des rois bretons pour lesquels je ne trouve également des preuves dans tous les siècles qui les ont suivis, et c'est ce qui confirme de plus en plus ce que j'ai déjà dit de Conan.

XIV.

Réponse à ce qu'on objecte du silence des historiens romains.

Une des principales difficultés que certains critiques opposent à toutes ces autorités, est que ni le nom de Conan, ni les autres circonstances de sa vie ne se trouvent marquées nulle part dans l'histoire romaine. Ce silence leur paraît assez fort pour contrebalancer toutes nos preuves ; mais il faut avouer que c'est pousser trop loin la délicatesse. Ces sortes d'argumens négatifs sont très-faibles dans toutes sortes d'occasions et plus particulièrement dans celle-ci que dans aucune autre. Quand nous parlons de Conan, il ne s'agit point d'un ennemi qui vient les armes à la main faire une irruption sur les terres de l'empire et s'y établir à force ouverte. C'est ce que fit Maxime, c'est ce que les historiens doivent dire et ce qu'ils ont dit avec assez d'étendue. Mais on ne doit pas attendre d'eux qu'ils entrent dans un détail exact de tout ce qui regarde les partisans du tyran ou de ses généraux, leurs noms et leurs aventures. Aucun ne nous a appris le nom de son oncle ni celui de son épouse, de laquelle nous trouvons tant de choses dans Sulpice Sévère ; presque aucun ne nous a appris celui de son frère.

Après la mort de Victor, fils du tyran, on ne dit rien de Nannienus ni de Quintinus, à qui le soin de ce jeune César avait été confié; rien en particulier des autres partisans de Maxime; si ce n'est qu'en général il est dit qu'on leur pardonna. Aucun ne nous apprend ni le nom ni le sort de ses autres enfans, et saint Ambroise est le seul qui, sans les nommer, dit seulement que Théodose voulut bien leur accorder la vie et tout ce qui était nécessaire pour leur entretien. On ne peut pas dire que les historiens aient ignoré ces faits; mais ils n'ont pas cru devoir entrer dans ce détail. Il faut dire la même chose de Conan : nulle raison d'en parler plutôt que de l'oncle du frère des enfans et des autres partisans de ce tyran. S'il eut plus de part à ses libéralités, s'il se trouve chef d'une colonie de Bretons traduite dans une autre partie de l'empire, s'il y a peu à peu affermi son autorité à la faveur des troubles qui survinrent dans ces tems orageux, enfin si lui ou ses successeurs se sont rendus souverains dans des conjonctures favorables à leurs desseins et dont ils ont su profiter, ce sont des choses qui ne se sont point faites tout d'un coup, mais par degrés (1); et quand on n'en trouverait point de preuves dans l'histoire romaine, ce ne serait pas à dire pour cela qu'elles ne seraient pas arrivées. On trouve des colonies établies dans différens endroits de la Gaule et ailleurs; par exemple, on en trouve une de Français, qu'on appelait *Lè-*

(1) Si enim aliqua studio brevitatis omitto, putabuntur aut mihi nunc defuisse, aut in illo tempore non fuisse. *Orosius, in Præf., lib. 3.*

tes, dans le pays de Rennes (1), sans qu'aucun historien nous en ait appris l'époque ni les progrès. On trouve des rois placés avec leurs peuples dans le milieu de la Gaule (2); par exemple, les Alains dans le pays d'Orléans et sur les bords de la Loire, sous leurs rois Eochar et Sangiban (3), que quelques-uns ne distinguent pas de Sambida (4), sans qu'aucun historien nous ait appris comment cet établissement s'était formé et

(1) Præfectus Letorum Francorum Rhedonas Lugdunensis tertiæ. *Not. imperii.*

(2) Constantius, præsbyter, et Erricus, monachus in vitâ sancti Germani, ubi de Eochar rege Alanorum.

(3) Sangibanus namque rex Alanorum..... Aurelianam civitatem Galliæ, ubi tunc consistebat. *Jornandes, de rebus Gothicis.*

(4) Deserta Valentinianæ urbis rura Alanis, quibus Sambida præerat, partienda traduntur. *Procop. Pithæi ad an. 17. Voyez aussi le P. Jourdan, hist. de France, t. 1, p. 482.*

quelle avait été la suite de ses rois. On trouve des Saxons dans le pays de Bayeux, appelés *Sennes Bessins* (1), et c'est tout ce que nous en savons.

Au reste ceux qui rejettent l'histoire de Conan avec tant de mépris, ne trouveront pas plus de vestiges ou de preuves dans l'histoire romaine, de la manière dont ils prétendent que les Bretons se sont établis dans cette partie des Gaules en 448 ou 458. Le silence des historiens romains deviendrait une preuve encore plus forte contre eux, puisqu'il n'en est aucun qui dise que ce passage se soit fait dans ces années. Nous avons cet avantage pour l'histoire de Conan et de ses successeurs que nous en voyons les commencemens et les progrès dans les

(1) Grannona in littore Saxonico. *Not. Imperii* Saxonis Baiocassini. *Greg. Turon hist., lib.* 10.

historiens romains ; qu'il n'est presque aucuns faits dont elle ne nous fournisse des preuves ; en un mot que notre ancienne histoire est entièrement conforme à l'histoire romaine. Ce n'est pas que je fasse consister ce rapport à trouver dans ces auteurs les noms mêmes de Conan et de ses successeurs ; si cela était, il n'y aurait plus de difficulté, mais à trouver seulement tous les faits qui sont le fondement de leur histoire, et, au nom près, tout le reste qui est conforme entièrement à l'état des affaires des Romains. C'est ce qu'il faut examiner présentement.

XV.

Conformité des exploits attribués à Conan avec l'histoire romaine.

Mais afin d'éviter un long détail de circonstances inutiles, ou du moins qui ne sont point essentielles, je ne m'arrêterai point à prouver ce que Geoffroi de Montmouth décrit fort au long de la guerre qu'il y eut entre Maxime et Conan dans l'île de Bretagne avant l'an 383. Je me contenterai de marquer en passant que toutes les histoires d'Ecosse (1) parlent des guerres civiles que Maxime eut à soutenir dans cette île pendant les premières années de son gouvernement, et que Grégoire de Tours dit en peu de mots (1), qu'il avait tyranniquement opprimé les Bretons, et qu'il avait remporté sur eux la victoire, lorsque [illegible] troupes lui donnèrent le titre d'emper[illegible]. Je ne m'arrêterai point aussi à fai[illegible]

(1) Fordon. Scoti Chronicon, lib. 2, c. 45 et alii apud Usserium, pag. 309, Antiq. Britan.

(2) Maximus verò cùm per tyrannidem oppressis Britannis sumpsisset victoriam, à militibus Imperator creatus est. *Greg. Turon, lib.* 1, *cap.* 38.

qu'un prince de la Grande-Bretagne a pu commander deux légions dans l'armée de Maxime. Ce tyran, selon Gildas (1), enleva toutes les troupes et une grande partie de la jeunesse de l'île. Il est assez naturel de juger qu'il donna le commandement d'une partie de ces nouvelles levées à quelque prince du même pays.

Je pourrais encore mettre entre les circonstances peu importantes le lieu dans lequel Maxime vint aborder avec ses troupes. Zozime dit que ce fut à l'embouchure du Rhin, Geoffroi de Montmouth au contraire prétend que ce fut dans cette partie de l'Armorique qui n'est pas fort éloignée de Ren-

(1) Britannia omni armato milite, militaribus copiis, rectoribus licet immanibus, ingenti juventute spoliata. *Gildas de excidio*. Tota floridæ juventutis alacritate spoliata. *Beda, Eccl. Hist. lib.* 1, *cap.* 12.

nes. Quelques modernes (1) semblent vouloir accorder ces deux auteurs, et nous faire entendre que ce fut Conan seul qui passa dans l'Armorique avec les deux légions qu'il commandait, pendant que Maxime se révoltait et entrait apparemment dans les Gaules d'un autre côté. Pour moi je m'en tiens au sentiment de Geoffroi, parce qu'il me paraît plus conforme aux termes de

(1) Maxime passa dans les Gaules avec une armée puissante..... et Conan faisant la charge de lieutenant-général sous le même Maxime, s'empara d'ailleurs d'une grande partie des Armoriquains de la Gaule avec une infinité de Bretons. *A. du Chesne, Hist. d'Anglet. L. 5, nom 5.*

Armorica, in Galliâ ad Oceanum provincia, incœpit Britanniâ appellari, nomine accepto à Britannis, quorum legiones duæ ex Insulâ Britannicâ, rebellante Maximo in eam irruperunt duce Conano Britanno Insulari. *Le P. Lacary de Colon. in Gallias exteris deductis, cap. 24, ad an. 382.*

Sulpice Sévère, d'Orose (1), de Gildas et des autres auteurs, qui disent que ce fut sur les terres de la république, dans les provinces des Gaules les plus voisines de l'île de Bretagne, dont il gagna les habitans par ses intrigues, au lieu que l'embouchure du Rhin était un pays habité par des barbares très-dévoués à Gratien, pays qui ne portait point le nom de Gaule, surtout dans le style de Zozime, qui appelle Paris une ville de Germanie (2).

(1) Brevi in Gallias irrupturus. *Sulpicius Severus, Hist. l.* 2. Imperator creatus in Galliam transit. *Orosius, l. 7, cap.* 24. Ad Gallias Maximus mittit, qui callidâ primùm arte potius quam virtute finitimos quosque pagos vel Provincias.... adnectens. *Gildas, de excidio Brit. nu.* 10. In Galliam transiit. *Beda, Hist. Eccl. lib.* 1, *cap.* 9.

(2) Hærente verò Juliano Parisiis, quod est oppidum Germaniæ. *Zozime.* Voyez Laudigier, de l'origine des Français, t. 1, p. 292. Voyez la note 6.

Enfin le sentiment de Geoffroy s'accorde mieux avec les démarches de Maxime et de Gratien dans cette occasion. Ce dernier venait d'une expédition contre les Allemands, selon Nicephore, Socrate (1) et Sozomène ; il n'était pas de la politique de Maxime d'aller débarquer dans des lieux occupés par des barbares si attachés à son ennemi, lieux entrecoupés de rivières et de canaux, et si voisins d'une armée victorieuse. Quand Gratien apprit la révolte de Maxime, il envoya les Alains pour s'opposer à son passage, et lui-même alla au-devant de lui, dit M. de Tillemont, et as-

(1) Maximus ex insulâ Britanniæ profectus imperium invasit, Gratianum contrà Alemanos tunc temporis bellum gerentem aggressus est. *Socrates, Hist. Eccl. l.* 5, *c.* 11. Sub idem tempus cùm Gratianus bello adversus Alemanos occuparetur, Maximus ex Britanniæ partibus in eum consurrexit. *Sozomenus, lib.* 7. *Hist. Eccl. cap.* 13.

sembla ses troupes à Paris, comme nous l'apprenons de Zozime et de Prosper. Se rendre à Paris de Trèves, où Sigonius dit qu'il était au mois d'avril, ou des frontières d'Allemagne, d'où il revenait victorieux, ce n'est pas aller au-devant d'un ennemi qui débarque à l'embouchure du Rhin. Maxime aurait dû marcher d'abord vers Trèves, capitale de l'empire de Gratien, et néanmoins cette ville ne fut que sa dernière conquête, et la femme de Gratien y était encore au mois d'août; elle n'aurait pas dû y rester, ni se croire fort en sûreté dans ces circonstances, au lieu que toutes ces démarches conviennent parfaitement dans le système de Geoffroi de Monmouth. Maxime est reçu dans l'Armorique par les légions romaines qu'il avait gagnées, il combat et défait les Alains envoyés par Gratien sous la conduite de Jubault; il s'avance vers

Paris, où Gratien était venu au-devant de lui. Cet empereur trahi fuit à Lyon, et laisse son épouse à Trèves, qui n'est point encore au pouvoir de l'ennemi.

Zozime se trompe si souvent quand il parle des faits et des lieux qui devaient lui être encore plus connus que celui du débarquement de Maxime, que son autorité ne méritait pas une si longue réponse. Une autre circonstance de l'histoire de Conan, rapportée par Geoffroi de Montmouth, est que les habitans de la ville de Rennes et des autres villes circonvoisines les abandonnèrent et s'enfuirent à l'approche des troupes de Maxime. Ce point est fort conforme à l'histoire de ce tems; car Pacatus (1), témoin oculaire, le marque positivement dans

(1) Quid referam vacuatas municipibus civitates, impletas fugitivis nobilibus solitudines. *Pacatus in Paneg. Theod.*

le panégyrique de Théodose, parlant des villes de la Gaule en ces termes : « Qu'est-» il donc besoin de parler ici des villes que » leurs citoyens ont entièrement désertées et » des solitudes peuplées de nobles fugitifs?» Nos historiens ajoutent que Conan fit la guerre dans l'Aquitaine dès le tems de Maxime, et ils ne disent rien encore en ce point qui ne soit conforme à l'histoire romaine. Car l'Aquitaine et l'Espagne furent réduites sous les lois de ce tyran, non qu'il y fût allé en personne, l'Espagne eut dans son malheur l'avantage de ne l'avoir jamais vu depuis son usurpation tyrannique (1), selon la remarque de Pacatus, mais par ses lieutenans, dont un entra en ce pays avec une partie de ses troupes, pendant qu'un

(1) Hispanus Tyrannum non vidit. *Pacatus, ubi supra.*

autre conduisait l'autre partie vers l'Italie, et que lui même établissait le siége de son empire à Trèves. Ce sont les propres termes de Gildas (1). Voilà donc une armée et un lieutenant général de Maxime dans l'Aquitaine; et quand nous disons que ce fut Conan, on voit assez que nous ne disons rien qui ne soit conforme à l'histoire de ce tems.

XVI.

Suite de la conformité des exploits attribués à Conan avec l'histoire romaine.

Le point essentiel et décisif qu'il s'agit d'accorder avec l'histoire romaine, est ce que les historiens déjà cités disent, que Maxime donna l'Armorique aux Bretons de la suite de Conan. Il est certain que

(1) Unam alarum ad Hispaniam, alteram ad Italiam extendens et tronum nequissimi Imperii apud Treviros statuens. *Gildas, de excidio Britanniæ.*

cette histoire nous en a conservé de grands vestiges. Le 26 avril 393, les empereurs Arcadius et Honorius firent un édit par lequel ils ordonnaient que ceux qui par l'ordre du tyran Maxime (1), avaient reçu des fonds à perpétuité, ou peut-être des fonds du domaine de l'empereur, non par le canal des juges ordinaires, fussent condamnés à les perdre et à se contenter de leurs propres biens. Il y avait eu déjà de semblables édits contre les partisans de

(1) Qui tyranni (Maximi) secuti jussionem fundos perpetui juris non ab ordinariis judicibus acceperunt, sed à rationalibus, eorum amissione plectantur VI. Kal. Maii Olybrio et Probino Coss..... *Cod. Theod.*, *lib*, 10, *de infirmandis his quæ sub tyrannis*. Omnes qui tyranni usurpatione provecti cujuslibet acceperunt nomen illicitum dignitatis, codicillos atque epistolas expromere jubemus et reddere. Dat. lib. 19. XVIII. Februari Timasio et Promoto vol. CC. CC. Coss. Med.

Maxime, le premier, environ un mois après sa mort le 22 septembre 388, le second, du 10 octobre de la même année, et le troisième que Valentinien, étant à Milan, adressa le 19 janvier suivant, au préfet du prétoire des Gaules; le quatrième fut adressé à Messier, en date du 14 juin 389, et reçu à Trèves, ce qui fait voir qu'il était fait pour les Gaules. Ces édits prouvent qu'il y avait pendant tout ce tems-là quelqu'un qui jouissait encore des libéralités de Maxime; le troisième et le quatrième nous font assez voir que c'était dans les Gaules, et celui de 395 prouve qu'il s'agissait de quelques terres qui avaient été données pour toujours. D'où l'on peut juger que c'était une concession extraordinaire, faite par Maxime, d'une terre considérable dans les Gaules, et qu'il était important de ne pas laisser dans des mains ennemies, puisqu'on faisait tant d'édits les uns après les autres pour la recouvrer.

Que faut-il ajouter pour trouver le commencement de notre histoire, que les noms de Conan et d'Armorique? Et où pourra-t-on trouver un partisan de Maxime qui se soit soutenu si long-tems dans un établissement considérable, autre que celui dont il est parlé dans notre histoire? Quand nous disons que Conan conserva cet établissement et même le titre de roi après la mort de Maxime son patron, nous n'avançons rien encore qui ne soit conforme à l'histoire. Pacatus remarque dans cette même conjoncture (1), qu'on n'avait diminué ni la grandeur ni le titre des vaincus;

(1) Nullius prætereà dignitas imminuta. *Pacatus, in Paneger.*

et Claudien (1) nous représente Théodose comme un prince qui se plaisait à les rendre plus contens et plus heureux qu'ils n'étaient avant sa victoire et leur défaite. Il le fit voir dans cette même occasion à l'égard des filles, ou comme on lit dans quelques manuscrits, des fils de Maxime (2), selon saint Ambroise. Il fit la même chose après la défaite du tyran Eugène, au rapport de saint Augustin (3). Il l'avait déjà fait pour les Goths qu'il avait reçus dans le sein de l'empire en les comblant d'honneurs et de biens, comme nous l'ap-

(1) In melius gaudens convertere fata. *Claudianus, de 4. Coss. Honorii.*

(2) Inimici tui filias (al. filios) revocasti, nutriendas apud affines dedisti, matri hostis tui misisti de ærario sumptus. *Ambrosius, clas.* 1, *Ep.* 41.

(3) Nec privavit rebus, sed auxit honoribus, in neminem post victoriam privatas inimicitias valere permisit. *Augustin, lib.* 5, *de Civitate Dei.*

prenons de Sozomène, de Sinesius et de Zozime, dans le dessein de s'en servir dans l'occasion.

Valens en avait fait autant avant lui, et l'édit que je viens de citer de 395, prouve que c'est un fait constant, que sept ans après la mort de Maxime, un partisan de ce tyran, homme distingué, subsistait dans les Gaules, dans un établissement qu'il avait reçu de cet usurpateur. Sur quoi il est nécessaire de se souvenir, comme je l'ai déjà fait observer, que de l'aveu même de d'Argentré, Conan ne jouit de son établissement, ou ne posséda le royaume armoriquain après 388, qu'avec dépendance et sous le bon plaisir de Théodose et de ses enfans, comme il ne l'avait tenu avant 388 qu'avec dépendance de Maxime, et cette seule remarque suffit pour répondre à toutes les difficultés qu'on nous fait à cette occasion. Enfin ce que nos historiens disent des guerres que Conan et son successeur eurent à soutenir contre les pirates qui faisaient des descentes continuelles sur les côtes de l'Armorique, est un point d'histoire entièrement conforme à ce que non seulement les auteurs de la vie de saint Patrice, mais encore Claudien, poëte contemporain, ont écrit sur cette matière.

XVII.

Situation, étendue et limites du royaume de Conan.

Il est encore une circonstance de l'histoire de Conan qui mérite une attention particulière; c'est la situation et l'étendue du pays que Maxime lui donna pour s'y établir, c'est-à-dire, les véritables limites de son royaume. Il me semble que j'ai suffisamment prouvé que cet établissement se fit dans l'Armorique; mais on trouve plusieurs savans qui prétendent que le pays qui portait ce nom, s'étendait tout le long de la côte, depuis l'embouchure du Rhin jusqu'à la Garonne et peut-être au-delà. Un d'eux m'a fait cette difficulté, et c'est ce qui m'oblige d'entrer dans cet examen. Car on demande aujourd'hui des preuves de tout; celles que je vais rapporter serviront à nous faire connaître dans quel endroit de la Gaule ou de l'Armorique Maxime plaça les Bretons de sa suite.

Sylvestre Girard de Cambrige (1), après avoir parlé de cette colonie de Bretons qui s'habitua dans l'Armorique, dit que ce fut dans les dernières extrémités de la Gaule. Guillaume de Malmesbury parle encore plus clairement et dans des termes qui peu-

(1) Armoricum Galliæ Australis sinum obtinuit.... ultimis his Galliæ finibus..... *Silvester Girard, Cambriæ descrip. cap.* 1.

vent contribuer davantage a nous déterminer, quand il dit que ce fut dans une certaine portion de la Gaule à l'Occident, sur les côtes de l'Océan, où leurs descendans demeuraient encore lorsqu'il écrivait, vers l'an 1142(1). et Henri de Hunglington, qui écrivit vers la même année, dit aussi qu'ils avaient demeuré jusqu'à son tems dans la Gaule armorique; en sorte que, selon ces auteurs, pour bien juger de la situation et de l'étendue du pays qu'ils occupèrent d'abord, il suffit de savoir quel était celui dont ils étaient maîtres en 1140 et 1145. Or personne, ce me semble, ne doute que dans ce tems la Bretagne ne renfermât aussi bien les cantons de Dol, de Rennes, de

(1) In quâdam Galliæ parte ad Occidentem super littus Oceani locavit, ubi hodie posteri eorum. *Continuator Bedæ et Guillelmus Malmesbur. lib.* 1, *initio.*

Nantes et de Vannes, que les autres qui s'étendent jusqu'aux extrémités de la Basse-Bretagne. Ce ne fut donc point ailleurs que dans ces cantons qu'ils furent placés d'abord; mais ils leur furent aussi tous abandonnés, aussi bien ceux de Dol, de Rennes, de Nantes et de Vannes, que ceux qui depuis ont pris les noms de Saint-Malo, de Saint-Brieuc, de Tréguier, de Léon et de Cornouaille. Ce sont ces autorités et ces réflexions qui nous mettent en état d'entendre un passage de Nennius, dont personne ne nous a jusqu'ici donné l'explication.

En parlant de Maxime et des Bretons de sa suite, il dit qu'il leur donna plusieurs cantons depuis l'étang qui est au-dessus du mont de Jupiter(1), jusqu'à la ville appelée

(1) Maximus qui occidit Gratianum, noluit remittere domum milites, qui perrexerant cùm eo ex

Cantguic, *aliàs* Cantiguine, et l'éminence occidentale, c'est-à-dire, en breton, *Cruc-Ochidient*. Ce *Mons Jovis* n'est autre chose que celui qu'on appelle aujourd'hui Mont-Saint-Michel : cet étang qu'on dit être au-delà, était ces marécages qui se trouvaient alors aux environs, et que la mer a tellement gagnés depuis plusieurs siècles, quelle s'avance aujourd'hui beaucoup au-delà de ce mont, qui était autrefois en pleine terre, environné de bois de toutes parts. En effet les Gaulois appelaient Mont-Jou ou Mont de Jupiter, les montagnes un peu

Britanniâ neque ad uxores suas, neque ad filios, neque ad possessiones suas, sed dedit illis multas regiones à stagno quod et super verticem Montis-Jovis usque ad civitatem Cantiguine et usque ad cumulum occidentalem, id est, Cruc Ochidient. Hi sunt Britonnes Armorici, et numquàm reversi sunt ad proprium solum usque in hodiernum diem. *Ninnius apud Usserium, p.* 107.

élevées ; et il n'est aucun de ces cantons qui ait plus d'élévation. La ville Cantiguic n'était autre que celle de Nantes, que les anciens appelaient Condivine : voilà les frontières de ce royaume en largeur du côté de la terre ferme. Cette éminence occidentale qui en faisait les bornes d'un autre côté, et apparemment en longueur, était assez probablement ce cap ou promontoire qu'on appelle aujourd'hui de Fine-Terre ou de Saint-Mathieu, connu des plus anciens géographes. On voit par là que cet état avait dès-lors la même étendue qu'il a conservée jusqu'à ce jour, malgré les changemens qui sont survenus de tems en tems dans l'espace de treize siècles. En effet, les auteurs que j'ai déjà cités et qui rapportent plus en détail les circonstances de la vie de Conan, parlent non seulement du pays de Léon où il bâtit le château Meriadec, mais encore de Nantes et de Rennes; et un autre, cité par le Baud, page 37, dit que Conan posséda tout ce pays, d'un côté, jusqu'à la rivière de Couesnon, et de l'autre, jusqu'à la Loire, et même beaucoup au-delà. Voyez la note 1.

XVIII.

Etendue du royaume de Conan.

Ces dernières paroles conviennent assez avec ce que d'Argentré soutient que Conan fut maître du Poitou et du Berri; qu'il eut toujours une lieutenance dans Bourges pendant sa vie, et qu'il laissa ses successeurs en possession de ce pays. Et quoique ce sentiment paraisse d'abord fort singulier, je n'y trouve néanmoins rien qui ne s'accorde avec l'histoire romaine : car 1°, si d'un côté l'Armorique fut cédée à Conan, de l'autre nous apprenons de la notice de l'empire (1), ouvrage fait à peu près dans ce tems, que les frontières du gouvernement de l'Armorique et de Tournai s'étendaient dans la première et dans la seconde Aquitaine, dont les capitales étaient Bourges et Poitiers; 2° on voit aussi que les provinces voisines, entre lesquelles on doit sans doute compter la première et la seconde Aquitaine, entrèrent dans la ligue que les Armoriquains firent, selon Zozime (2), vers l'an 410, pour défendre leur liberté contre les Romains et les Vendales, et qu'ils renouvelèrent depuis l'an 435 jusqu'en 449; 3° De là vient qu'Idace (3) dans sa

(1) Extenditur tamen Tractus Armoricani et Nernicani limitis per provincias quinque, per Aquitaniam primam et secundam. *Notitia imperii.*

(2) Et Armoricus omnis et aliæ Gallorum provinciæ Britannos imitatæ simili modo se liberarunt. *Zozimus, lib. 6, circà medium.*

(3) Adversùs Ægidium Comitem,... in Armoricana

chronique, place dans la province armoriquaine le pays voisin d'Orléans, qui s'étend entre la Loire et le Loiret, c'est-à-dire, l'extrémité du Berri ; 4° c'est aussi ce qui fait que je ne suis nullement surpris de voir que Léon (si c'est celui qui fut archevêque de Bourges en ce tems, comme les savans l'ont cru jusqu'ici) se trouve avec les évêques armoriquains dans toutes les affaires ecclésiastiques qui se passèrent pendant le tems de son pontificat (1). Il écrit, vers l'an 453, une lettre de la troisième Lionnaise ; en 453, il assiste au concile d'Angers, et à celui de Tours en 461, avec les autres

provinciâ Fretericus.... occiditur. *Idacius*, *in Chronico*. His consulibus pugna facta est inter Ægidium et Gothos inter Ligerim et Ligerecinum juxtà Aurelianes, ibique interfectus et Fredericus, rex Gothorum. *Marius*.

(1) Vide Sirmundum ad Con. Gallicana et P. Labbe. tome. 1. Con.

évêques de l'Armorique ; 5. quand les Goths veulent étendre leurs frontières depuis les villes qu'ils possédaient dans la seconde Aquitaine jusqu'à la Loire, il faut qu'ils commencent par attaquer les Bretons, comme nous l'apprenons du traité fait entre le perfide Arvand, préfet du prétoire des Gaules et le roi des Goths, dans Sidonius Apollinaris (1); et ce n'est en effet qu'après avoir chassé les Bretons du Berri, que Euric vient à bout de son entreprise, comme le marque aussi le même Sidonius(2), ainsi que Grégoire de Tours (3) et Jornan-

(1) Britannos suprà Ligerim sitos impugnari oportere demonstrans. *Sidon. Appollin. lib.* 1. *Epist.* 7.

(2) Quod necdùm terminos suos ab Oceano in Rhodanum Ligeris alveo limitaverunt. *Ibidem.*

(3) Eoricus autem Gothorum rex victorium ducem super septem civitates præposuit anno XIV. Regni sui, qui protinùs Arvernos adveniens civitatem addere voluit. *Greg. Turon. Hist. l.* 2, *cap.* 20.

dès (1) ; 6° enfin nous verrons sous les règnes d'Audren, de Riothime et de Budic, que leurs étars s'étendaient jusqu'aux montagnes qui faisaient la séparation de l'Auvergne et du Berri (2).

Je ne voudrais pas néanmoins assurer que les premiers rois de Bretagne aient possédé tout ce vaste pays en propriété, à titre de cession ni de conquête, mais j'estime seulement que comme Conan avait soumis l'Aquitaine à Maxime, celui-ci lui en laissa le gouvernement qui lui fut conservé après la mort de ce tyran, et que c'est lui dont il est parlé dans la notice de l'em-

(1) Euricus.... totas Hispanias Galliasque sibi jam jure proprio tenens. *Jornandes, de rebus Goth. nu.* 77.

(2) Regnavit per totam Armoricam terram, et in tempore suo tamdiù durantem usque ad Alpes. *Vita Oudocei apud Usserium, p.* 291.

pire (1), sous le nom de duc des frontières de l'Armorique. J'estime encore que Salomon fut conservé dans le même emploi, parce qu'il fut très-attaché à l'empereur, et que ceux de ses successeurs qui l'imitèrent en ce point, reçurent la même marque de distinction pour récompense des mêmes services. C'est ainsi que dans le même siècle les Bourguignons, les Goths et les Français possédèrent des charges de l'empire, lorsqu'ils s'attachèrent au service des empereurs qui souvent se servaient de ce moyen pour s'assurer de leur fidélité.

XIX.

Tems du règne de Conan.

Après avoir vu l'étendue du royaume de Conan, il s'agit présentement d'examiner

(1) Sub dispositione viri spectabilis ducis Tractus Armoricani et Nervicani. *Not. Imperii.*

dans quel tems il régnait et quelle fut la durée de son règne. Il m'est tombé entre les mains un manuscrit qui avait pour titre : *Réfutation de la fable de Conan Meriadec et de ses successeurs prétendus* (1). Si on veut faire passer pour fable tout ce que j'ai dit de ce roi dans cette dissertation, il sera besoin de faire une réfutation toute nouvelle et absolument différente de celle-là. Les raisons dont l'auteur se sert pour cette réfutation, ne regardent presqu'aucune de mes preuves. Quoi qu'il en soit, il ne désavoue pas qu'il n'y ait eu des Conan, des Grallon, des Budic, des Alain, des Judicaël et des Salomon ; mais il prétend

(1) Cet ouvrage avait été composé pour être imprimé dans le second tome de Dom Lobineau ; mais il est demeuré manuscrit, sans qu'on en sache les raisons. Tous les principes de cet ouvrage sont entièrement renversés dans ces mémoires.

que ce ne sont pas ceux de Geoffroi de Montmouth; ces Conan ou ces Canao, dit-il, ont été comtes de Vannes, et Grégoire de Tours en a parlé. Ces Grallons ont été comtes de Cornouaille dans le cinquième et le sixième siècle. Ces Budics, les uns ont été comtes de Nantes et les autres de Cornouaille; ainsi du reste, et parmi les uns et les autres il s'en est trouvé qui ont porté le titre de roi. Je réserve à m'expliquer sur l'article de Salomon, de Grallon et de leurs successeurs dans les chapitres qui les regardent; il s'agit dans celui-ci de Conan, qui ne devait pas être appelé le Conan de Geoffroi de Montmouth, comme si cet auteur était le seul ou le premier qui nous en eut appris le nom et l'histoire.

On a déjà vu que plusieurs écrivains plus anciens que lui nous ont dit des choses assez singulières, tantôt sous les noms de

Conan, Conis ou Caun, tantôt sous ceux de Coton ou de Caton; on ne doit pas aussi les confondre avec les Canau ou Canao, comtes de Vannes, dont il est fait mention dans Grégoire de Tours. Je ferai voir dans la suite quels furent ces comtes de Vannes; je tâcherai d'en donner la filiation et de découvrir à quel titre ils possédaient ce comté. Et on verra que le premier d'entr'eux qui a porté ce nom, n'a vécu que plus de cent trente ans après celui dont il s'agit présentement, qui fut, comme on vient d'en voir les preuves, roi de toute cette partie des Gaules qu'on appelait alors Armorique ou Létanie, et aujourd'hui Petite-Bretagne. Il y en a même eu deux autres de ce nom, non seulement comtes de Vannes, mais rois comme lui de toute la Bretagne. L'un, plus connu sous le titre de comte ou duc de Bretagne, qui ne laissait pas de prendre celui de roi, vivait à la fin du dixième siècle et mourut en 992. Il fut surnommé le Tort. L'autre, dit Comorre, Conomaur ou Conobre, c'est-à-dire, Conan l'illustre, ou Cono le grand, roi de toute la Bretagne, mais seulement par usurpation et par tyrannie, vivait vers le milieu du sixième siècle. Il aura sa place dans cette dissertation. Ni l'un ni l'autre ne fut inhumé dans l'église de Saint-Paul-de-Léon; c'est déjà la première différence.

Mais la plus essentielle est que celui dont je parle ici, vivait avant le premier des comtes de Cornouaille, et par conséquent long-tems avant Grallon, qui ne fut que le quatrième de ces comtes. Il vivait plus de cent ans avant Rioval, qui ne fut que son cinquième successeur, ou le petit-fils de son arrière-petit-fils. Il vivait quelque tems avant que saint Patrice, dont il avait épousé la sœur, fut emmené captif en 388 et 394. Enfin il vivait du tems de Maxime, de Théodose et de ses enfans, c'est-à-dire, depuis 379 jusqu'à 395. C'est l'idée que nous en donnent tous les auteurs dont j'ai rapporté jusqu'ici les témoignages qui suffisent pour faire voir en passant combien Laudigier (1) est loin de son compte, lui qui rejette le premier établissement des Bretons dans l'Armorique près de cent ans plus tard, sous le comte Gilles, et qui le fait descendre des Saxons. Ce système est aussi mal fondé, qu'il est bizarre et nouveau ; la suite des successeurs de Conan et leur filiation, sans autre preuve, détruit assez cette imagination et le nouveau plan

(1) Origine des Français et de leur empire dès le premier tems, pag. 25. Cet ouvrage fut imprimé l'an 1676. en 2. vol. in-12.

que l'abbé de Vertot vient de se faire, en renvoyant cet établissement trente ou quarante ans plus tard. On a déjà vu jusqu'ici dans quel tems tombe le premier établissement de Conan et de ses Bretons.

XX.

Durée du règne de Conan.

Tâchons de fixer plus précisément la durée de son règne. Les modernes sont fort partagés sur cet article, et nous ont laissé cette matière fort embrouillée. Quelques-uns disent que ce roi mourut en 388 ou 389 (1), en sorte qu'à ce compte, il n'aurait régné tout au plus que cinq ans depuis 383. Ils ne laissent pas de dire que ce fut

(1) Albert-le-Grand, *Vie des saints de Bretagne*, c. 360 *et vie de S. Guénolé*, p. 59. Le P. Toussaint de S. Luc, *Hist. de Conan*, p. 91, *et recherches générales*, p. 22.

de son tems que Fracan passa dans l'Armorique, lui qui n'y vint pas avant 413. D'Argentré n'est pas d'accord avec lui-même (1); tantôt il dit qu'il est mort en 393, d'autres fois il nous fait entendre que ce fut en 398, et néanmoins il prétend qu'il fit quelques courses sur les Visigoths, qui ne s'établirent dans la Gaule qu'en 412. Alain Bouchard dit qu'il régna six ans, et qu'il mourut en 392 (2); mais il me semble qu'il faut lire 398. Car en parlant de Grallon, qu'il appelle son fils et qu'il lui donne pour successeur, il dit qu'il régna sept ans et mourut en 405, ainsi, à moins de supposer six ans d'interrègne, dont aucun auteur n'a parlé, il faut conclure que son sentiment était que Conan mourut en 398, et

(1) D'Argentré, Hist. de Bretagne, l. 1, ch. 2 et 19.
(2) Alain Bouchard, Hist. de Bretagne, l. 2.

régna quinze ans. Pierre le Baud, circonspect dans ce point comme dans tous les autres, ne fixe point l'année de la mort de ce premier des rois de Bretagne (1); il nous fait seulement connaître qu'elle n'est arrivée qu'après la défaite de Maxime, et qu'il résista depuis aux Gaulois qui l'attaquèrent. Les anciens ne nous donnent pas même sur cet article tant de lumières que les modernes.

Mathieu de Westminster (2) qui approche plus de la vérité sur les époques des successeurs de ce roi, s'en écarte beaucoup

(1) Le Baud, p. 44 et 45.

(2) Maximus parato navigio Armoricanum regnum, quod postea minor Britannia dicebatur, petivit.... vocavit igitur Maximus Conanum... et dedit illi Armoricanum regnum et Minorem Britanniam jussit appellari. *Math. Westmon. ad an* 390, 391, 392.

sur celle-ci. Car il met sous l'an 390 le même passage de Maxime dans les Gaules et l'établissement de Conan, quoiqu'il soit certain que ce passage arriva l'an 383, et que Maxime fut tué l'an 388. Ainsi cet auteur fait dans cet endroit un anachronisme au moins de sept ans; si l'interpolateur de Sigebert n'est pas celui qui a donné le premier occasion à ces erreurs, au moins il n'a pas mieux rencontré que les autres, lorsqu'il a placé sous l'an 385 (1) le passage de Maxime dans les Gaules, et le don qu'il fit de l'Armorique aux Bretons de sa suite. Il s'est encore trompé plus grossièrement dans les autres points de la chronologie qu'il a dressée des faits qui regar-

(1) Maximus in Gallias transit, partem Galliæ sibi subditam Britonibus tradidit, unde usque ad hanc diem minor Britannia appellatur. *Sigebertus Interpret. ad an.* 385.

dont notre histoire, et qu'il s'est mêlé d'insérer dans divers endroits de l'ouvrage de Sigebert. Il ne serait pas tombé dans ces erreurs, s'il eût mieux étudié et suivi plus fidèlement Geoffroi de Montmouth, qu'il transcrivait ou qu'il abrégeait. Geoffroi ne s'est pas mépris pour la chronologie; ce qu'il nous dit des premiers exploits de Conan, du commencement de son règne et des actions de quelques-uns de ses successeurs, est assez juste, et peut servir à nous conduire sûrement, et à établir ce que les modernes ont confondu dans la chronologie de son histoire, mais il ne dit rien du tems de la mort de Conan. Mon sentiment est qu'étant né vers l'an 356, il a vécu environ 65 ans, qu'il en a régné 37 jusqu'environ 421, et qu'il n'est pas mort avant cette année. Tous les autres faits qui regardent Grallon, son prétendu successeur, roi des

Bretons, soit en 399, soit en 405, s'ils ne sont pas absolument faux, ont été au moins altérés et on en a changé la date; car il s'en faut beaucoup que ce roi ne soit mort en 405 comme je le ferai voir dans le chapitre qui le regarde. Pour ce qui est de Conan, quand je dis qu'il ne mourut pas avant l'an 421, je donne dans un sentiment trop différent de tous les historiens qui ont écrit avant moi, pour oser me flatter qu'on m'en croie sur ma parole: il faut des preuves.

XXI.

Preuves de cette chronologie.

Je dis donc en premier lieu que c'est le seul moyen d'accorder tout ce que les autres ont avancé de lui; car ils veulent qu'il soit mort sous le règne de Théodose (1), non de Théodose-le-Grand, qui ne vivait plus en 398, mais de Théodose-le-Jeune, qui ne commença de régner qu'en 408, et ne mourut qu'en 450. Ils disent encore qu'après la mort de Maxime, il fut absous de sa promesse et de son serment, et qu'il se rendit indépendant et souverain : on n'a des preuves de cette indépendance qu'après l'an 400. Il fit alliance, disent-ils, avec les rois de l'île, et Zozime parle positivement d'une pareille alliance, mais sous l'an 410. Ils prétendent aussi qu'il eut guerre avec les Visigoths. Ils ne furent établis dans les Gaules qu'en 412 (2). Ils veulent qu'il ait

(1) Conan étant décédé, vivant l'empereur Théodose-le-Grand, qui mourut l'an 399, entra Grallon, second roi de Bretagne. *D'argentré*, *l.* 1, *ch.* 8 *et* 19.

(1) Honoriumque Augustum derelinquens Ataul-

reçu Fracan dans ses états et qu'il le fit comte de Léon ; et ce prince ne passa dans ce pays que vers l'an 413. Enfin ils ajoutent qu'il eut guerre contre les Gaulois, et il n'en reste aucun vestige dans l'histoire, que sous l'an 407, ou peut-être 408. Puisque ces auteurs étaient convaincus de la vérité de ces principes, ils devaient donc en conclure comme moi, que Conan est mort non en 388, 393 ou 398, mais après 418 et vers l'an 421. Ces conclusions sont évidentes ; mais il faut d'autres preuves

fus Gallias tendit, ubi cùm advenisset......tali ergo casu Galliæ Ataulfo patuere venienti. Confirmato ergo Gothis regno in Galliis. *Jornandes, de rebus Gothicis, n.* 55. On dit que Conan porta les armes contre les Visigoths, et pourtant ils ne vinrent en Gaule qu'en 412. Ils cotent la mort de Conan en 399, mais sans doute qu'il y aurait bien moins de mécompte à la mettre vingt ans après. *Hist. des Français avant Clovis, page* 357. Voyez la note XII.

pour convaincre ceux qui ne seraient pas dans les mêmes principes; les suivantes devraient être moins contestées. Darerea, qui fut l'épouse de Conis ou Conan, n'a pu naître que vers l'an 371, puisqu'elle était nièce de saint Martin, et peut-être même seulement fille de sa nièce et dernière sœur de saint Patrice (1), né l'an 372. Supposons qu'elle ait été mariée dès l'âge de seize ans, elle ne put épouser Conis ou Conan qu'en 387. Elle eut de lui dix-neuf enfans (2); je veux qu'elle n'en ait eu qu'un chaque année, il faudrait toujours avouer qu'elle

(1) Darerea verò sororum ultima. *Jocelin in Vita S. Patricii*, *cap.* 50.

(2) Filios autem genuit decem et septem, filias verò duas. *Vita Tripartita*, *part.* 2, *cap.* 21. Septemdecim filios genuit Darerca, et duas filias virgines Deo dicatas.... *Cathaldus Maguir*. Vide et Colganum, page 227. Virtuosi filii Darereæ numerati reperiuntur septemdecim et duæ filiæ. *Ibidem*.

vivait encore avec son époux en 406 ou 407, et si on lui donne quelques années de plus avant son mariage, ou pour peu qu'on laisse d'intervalle plus long entre la naissance de chacun de ses enfans, nous approcherons fort de 412 ou 415.

D'ailleurs elle suivit en Hibernie saint Patrice, son frère (sans doute après la mort de Conan son époux), et elle le servit dans tous ses travaux apostoliques avec quelques autres de ses sœurs (1) : elle n'a pu le faire qu'après l'an 432. Tout ce que je dis d'elle suppose qu'elle n'était alors âgée que de soixante-un ans ; au lieu que dans le sentiment des autres qui font mourir Conan en 388 ou 398, elle aurait été âgée de soixante-

(1) Et sanctæ, Lupitæ, Tigris et Darerca moniales sacræ altaris lintea et paramenta texere et conficere miraculosè didicerunt. *Vita Tripartita S. Patricii, part.* 3 *n.* 100.

dix ans ou de quatre-vingts, et même dans le sentiment d'Usserius de près de cent ans, âge peu propre pour entreprendre un tel voyage et pour soutenir de si grandes fatigues. Enfin je trouve la naissance de Gildas, qu'on appelle Albanius, pour le distinguer de celui qui porta le surnom de Sage et de Badonic, marquée dans la chronique (1) du mont Saint-Michel sur l'année 421, et Usserius n'est pas fort éloigné de ce sentiment, puisqu'il la met en 425 (2) quoiqu'il ne cite aucun auteur pour garant de cette différence, qui d'ailleurs n'est que de quatre ans. Or, j'ai des preuves qui me

(1) Anno 421, natus est Gildas. *Chron. S. Michaelis in periculo maris apud Lagbeum, tome* 1. Voyez la note XXI.

(2) Gildas Albanius in Argatheliâ ad Cludam Fluvium natus est. *Usserius, in Indice chron., page* 515 *et page* 555, *a marginem.*

paraissent fortes et qui me déterminent à croire que ce Gildas était fils de Conan et de Darerea : car on lui donne pour père un prince nommé Caune ou Can (1). On a déjà vu que ces noms n'étaient qu'un abrégé de celui de Conan, et les catalogues des comtes de Cornouaille nous en fournissent la preuve. 1° Caune ou Can était roi d'Albanie ; j'ai fait voir que c'était le pays de Conan avant qu'il passât dans les Gaules avec Maxime, et c'est peut-être pour cela qu'un auteur compte les Albains entre les peuples qui habitaient l'Armorique dès le commencement de son règne ; 2° Caune vivait avant 421, puisque ce fut l'année de la naissance de Gildas son fils, et tout ce

(1) Johannes Tim. et Anonymus vitæ scriptor, quem ex floria. Bibliotheca Johannes à bosco in lucem edidit. Vide Usserium eccl. Antiq. page 354, 355, 356 et 452. Voyez le Baud, page 40.

que nous venons de dire de Conan fait voir qu'il vivait dans ce tems; 3° comme celui-ci régnait dans l'Armorique, on peut dire que Caune habitait le même pays, puisque ceux qui nous ont laissé la vie du premier Gildas son fils (1), conviennent qu'il passa son enfance dans la Gaule, et que ce ne fut qu'après avoir étudié sept ans dans ce pays, qu'il alla dans l'île de Bretagne; 4° Caune fut père de vingt-quatre enfans : ce que j'ai déjà dit de Conan ou Conis, et ce que j'ajouterai nombre XXIII, fait voir qu'il n'en eut pas moins; 5° l'aîné de ses enfans se nommait Cuil ou

(1) Transfretavit mare Gallicum et in civilitatibus Galliæ remansit, studens optimè spatio septem annorum, et in terminis septimi anni cùm magnâ mole diversorum voluminum remeavit ad majorem Britanniam. *Caradoc Lan., apud Usserium, p.* 237, 238.

Huelin; 6° un autre enfant de Caune se nommait Mailoc ; et Mel qui est le même, fut fils de Conis ou Conan; 7° Caune eut un autre fils nommé Æloec : Conis ou Conan eut une fille de même nom ; 8° enfin aucun auteur, que je sache, ne nous a marqué le nom de la mère de Gildas ; ainsi rien ne nous empêche de croire que ce fut Darerea, comme les preuves que je viens de rapporter ne nous permettent presque pas d'en douter. En effet le retour de Gildas dans l'Armorique, à l'age de trente ans, fait assez voir que c'était dans cette partie de la Gaule qu'il avait été élevé, et que ses parens avaient demeuré ; en un mot que c'était le lieu de sa naissance, comme ce fut celui dans lequel il fit son plus ordinaire séjour. Ainsi la naissance de Gildas en 421, prouve que Conan son père vivait encore alors, et qu'il a régné tout au moins 37 ans.

XXII.

Alliance de Conan.

Je passe à l'alliance de ce premier roi des Bretons, sur laquelle on ne trouve dans les historiens modernes aucun éclaircissement. Ils ne nous instruisent que des projets qu'il fit pour son mariage et pour ceux des Bretons qui l'avaient suivi. Quelques-uns parlent de ses enfans, mais aucun de son épouse. Pour moi j'estime qu'il fut marié deux fois, la première, vers l'an 373, à une personne dont l'histoire ne nous dit point précisément le nom, quoiqu'il ne soit pas absolument impossible d'en découvrir quelques traces. Mais ces éclaircissemens nous jetteraient trop loin. Je crois qu'il en eut trois ou quatre fils, et peut-être une fille. Il se maria la seconde fois, vers l'an 387, ou peu après, avec Darerea, sœur de saint Patrice et fille de Calphurnius et de Conchesse. Ce sont les auteurs de la vie de ce saint qui seuls nous ont instruits de cette alliance. Jocelin, chapitre 50 (1), dit que Darerea, la dernière des sœurs de saint Patrice, était mère des saints évêques Mel, Rioch et Munis, dont le père s'appelait Conis. L'auteur de la vie Tripartite, après avoir parlé des mêmes frères Munis, Mel et Rioch, ajoute qu'ils étaient fils de Conis et de Darerea, laquelle fut sœur de saint Patrice (2). Par cette alliance Gollite ou Gallus, époux d'Agris ou

(1) Darerea verò sororum ultima mater erat Episcoporum sanctorum Mel, Rioch et Munis, quorum pater dicebatur Conis. *Jocelin, in vitâ Patricii, n. 50, quæ est sexta apud Colgan, page 76.*

(2) Hi enim erant filii Conis et Darereæ, quæ fuit S. Patricii soror, ut referunt Ecclesiarum. S. Patricii rectores. *Vitâ Tripart. S. Patricii, quæ est septima apud Colgan, n. 21, page 132.*

Tigride, sœur aînée de Darerea, devenait beau-frère de Conan. Les autres circonstances de cette alliance et ce grand nombre de neveux, qui furent presque tous autant de saints évèques, ont peu de rapport à notre histoire. Ceux qui voudront s'en informer plus à fond, peuvent cousulter Usserius (1) et Colgan (2). Pour Darerea, Jocelin nous

(1) Usserius Eccl. Brit. Antiq. page 430. Colgantria Hiberniæ maximè, page 227 et seq. Voyez la note XII.

(2) Causa servitutis Patricii hæc fuit: Pater ejus Calphurnius et mater Conchessa Œmutii filia, et quinque sorores ejus, Lupita, Tigris, Ligmannia, Darerea et nomen quintæ Cinnanum, et frater ejus Diaconus Sannanus, omnes simul ex Britanniâ Alcluidensi trans-mare Joium versùs Austrum negotii causâ contulerunt se ad Armoricanam Lætanam, sivè Britanniam Leteacensem, quia ibi erat quidam eorum Cognatus, et mater tiam prædictæ proli s, nempe Conchessa fuit ex Franciâ, et cognata proxima S. Martini. Eo autem

apprend qu'elle fut la dernière des sœurs de saint Patrice, quoique quelques autres s'en expliquent autrement. Ainsi je n'avance rien de trop, quand je dis qu'elle vint au monde vers l'an 371 ou peu après: elle passa dans l'Armorique avec toute sa famille avant 388, puisque ce fut cette même année que saint Patrice, son frère, fut emmené captif pour la première fois, à l'âge de seize ans, étant né en 372. Les plus anciens auteurs de la vie de ce saint parlent de ce passage. Voici, dit le scoliaste ou commentateur de Fiechus, à quelle occasion Patrice fut emmené captif.

tempore septem filii Factmudii regis Britonum, erant relegati à Britanniâ, et fecerunt prædas in Britannicæ Armoricæ regione. *Voyez la note XI.* Letha ubi Patricius cùm familiâ fuit, et occiderunt ibi Calphurnium et captivos secum in Hiberniâ duxerunt Patricium et Lupidam. *Scholia veteris Scholiastæ, n. 5 apud Colgan, page 4.*

Calphurnius son père, et Conchesse sa mère, fille d'Oemutius, ses cinq sœurs, Lupite, Tigris, Liemanie, Darerea et la cinquième nommée Cinnenum, son frère Sanname, diacre, tous sortirent ensemble de cette partie de la Bretagne qu'on nomme Alclud, traversèrent la mer Joium, dite autrement Ic ou Ictium, et passèrent du côté du midi pour quelques affaires dans l'Armorique Letane ou Bretagne Letane, parce qu'il y avait dans ce lieu un de leurs parens, outre que Conchesse, mère de ces enfans, était de France et proche parente de saint Martin. Or, dans ce tems, sept fils de Factmudius, roi des Bretons, bannis de la Grande-Bretagne, ravagèrent la Bretagne Armorique dans les cantons de Lete, où Patrice était avec sa famille. Ils tuèrent Calphurnius et emmenèrent avec eux Patrice et Lupite, captifs en Hibernie (1). L'auteur de la vie tripartite, s'explique à peu près dans les mêmes termes; et si Probus ajoute quelques circonstances, elles ne servent qu'à nous confirmer davantage que ce saint était dans l'Armorique avec sa famille, lorsqu'il fut emmené captif en Hibernie, et que ces lieux étaient le séjour de Conis et de Darerea (2). Telle fut donc l'alliance de Conan; voyons quelle fut sa postérité: elle fut nombreuse.

(1) Qui in eâ Britanniæ Armoricæ vastatione per filios Factmudii interfecti sunt, eorum que filius Patricius, ejusque duæ sorores, Lupita et Tigrida capti, et in servitutem ductisunt. *VII. Vita apud Colgan. nu.* 16, *p.* 119.

(2) Et cum adhuc esset in patriâ cùm patre Calphurnio, fratre etiam Ruelthi et sorore Mila nomine in civitate eorum Arimutric, facta est seditio magna in partibus illis. *V. Vitâ autore Probo. nu.* 12. *apud Colgan, p.* 48.

XXIII.

Postérité de Conan.

Caradoc (1) nous apprend dans la vie de saint Gildas appelé l'Albanie, que le père de ce saint nommé par les autres auteurs Caune ou Can, qui, comme je l'ai fait voir, est le même que Conan, eut vingt-quatre fils. L'aîné fut Cuil ou plutôt Huelin, qui n'est pas différent de Rivelin, marqué sous ce dernier nom dans les catalogues des comtes

(1) Alias novus rex Pictorum Nau fuit, nobilissimus Scotorum Aquilonalium, qui 24 filios habuit victores bellicosos, quorum unus nominabatur Gildas. *Caradocus in vitâ Gildæ apud Usser, p.* 354. patre Cauno nobilissimo et catholico genitus..... Caunus ejus genitor et alios quatuor fertur habuisse filios Cuillum..... Mailocum...... Egrias verò cùm Allæco fratre et Peteona sorore Deo sacrâ Virgine. *Anonymus vitæ S. Gildæ scriptor apud Usserium, p.* 354.

de Cornouaille (1), pour le fils aîné de Conan, et nommé pour ce sujet Mur-Maccon. *Rei* signifie seigneur; le reste du nom est tout-à-fait semblable. Velin ou Huelin est le même que Hoël; *Mur* signifie *grand* et *Mab* fils. De sorte que Rivelin Mur-Maccon ne signifie autre chose que le seigneur Huelin, fils aîné ou premier du nom, fils de Cone. Tout ce qu'on sait de lui, est qu'il fut le premier comte de Cornouaille après son père, et c'est peut-être ce qui a donné lieu de dire qu'après la mort de son père, il lui avait succédé dans son royaume. Il n'y a pas d'apparence qu'il ait laissé d'enfans, ou du moins qu'ils lui aient succédé, puisqu'il eut pour successeur Rivelin, fils comme lui de Conan, et appelé

(1) Rivelen Murmarthon, *alias* Murmarchon ou Murmarcon. Rivelen Marthou, *alias* Marchou. *Lobineau, t. 2, p.* 17.

pour cela dans les mêmes catalogues, Mac-con, fils de Cone. Et c'est ce qui fait que je le regarde comme le second fils de Conan. Le troisième fut Urbien, qui, comme nous l'apprenons d'Ingomar, fut fils de Caton, Cathon ou Coton, et nous avons déjà vu que ces trois noms n'étaient qu'une légère altération de Conan. Cet Urbien mérite une attention particulière, puisque c'est de lui que les autres rois armoriquains sont descendus ; car il fut père de Withol et de Deronus, qui, comme nous le verrons, est le même qu'Audren. Je ne sais si Congar, troisième comte de Cornouaille et successeur de Rivelin Mac-Con, n'est pas le même qu'Urbien. On convient aumoins que *Cun* (1) en breton signifie *seigneur* et *Kar* ou

(1) Conan, nom propre commun en Bretagne, peut venir de *Cun* et *Cuniad*, qui en breton signifie

Kaer, ville; en sorte qu'Urbien à ce compte, serait le nom latin, et Congar, le même nom en breton. En effet, si on veut bien comparer les filiations d'Ingomar avec la suite des comtes de Cornouaille, telle que nous l'avons dans ces catalogues, on trouvera qu'autant de fois que Ingomar se sert des noms d'Urbien ou Urbon, autant de fois ces catalogues emploient à peu près dans le même degré ceux de Congar ou autres qui ont le même sens, comme Kerenoc ou Kerenos. Je laisse aux savans à juger quel fond on peut faire sur cette conjoncture.

Nous n'avons encore les noms que de trois ou quatre des enfans de Conan, et j'estime qu'ils ne furent pas fils de Darerea;

seigneur selon Davies. *Ibid. col.* 1782. Carantoir, en Breton, *ville du couvreur*. Kergurhouven, nom propre formé de *Ker*, qui signifie *ville*. *Ibidem, col.* 1802.

mais d'une première femme. Car il y a bien de l'apparence qu'Urbien vint au monde à peu près vers l'an 374, et que Conan était marié dès l'an 372 ou peu après, et ce sentiment donne une grande ouverture pour débrouiller un fait rapporté par Geoffroi de Montmouth, sur lequel je passe légèrement, parce qu'il importe peu à notre histoire. Les auteurs de la vie de saint Gildas, outre Cuil ou Huelin son frère aîné, dont j'ai déjà parlé, lui donnent trois autres frères. Mailoc est le nom du premier; son père le fit élever dès sa jeunesse dans l'étude des sciences saintes: après qu'il en fut solidement instruit, il renonça généreusement à toutes les pompes du monde, quitta la maison de son père, passa dans le pays de Liuhès, y fit bâtir un monastère, et y pratiqua jusqu'à la fin de sa vie les plus éminentes vertus; en sorte que ce lieu prit le nom du saint, et fut appelé dans la suite Ellemaille. Et comme il n'y a rien dans tout cela qui ne puisse convenir à Mel, fils de Conis, et à Maël ou Maldus, fils de Cono, je crois avoir droit d'en conclure que c'est la même personne, dont différens auteurs ont parlé, comme c'est absolument le même nom. Les deux autres frères de Gildas furent Egreas et Alleoi; l'un et l'autre imitèrent leur frère Mailoc; ils firent un sacrifice de toutes les hautes espérances dont le siècle pouvait les flatter, et se retirèrent dans la solitude avec leur sœur Peteone. 1° je mets en ce rang Gildas, quoiqu'il soit le dernier de tous et né seulement en 421. J'en ai déjà dit quelque chose, et j'en parlerai encore plus amplement ailleurs.

Pour trouver les autres enfans de Conan, il faut désormais passer aux auteurs des vies de saint Patrice. Ils conviennent presque tous qu'il y en eut quinze ou dix-sept qui furent évêques en différentes églises d'Hibernie. Celui qu'ils nomment Mel est le même dont j'ai déjà parlé sous le nom de Mailloc. Les autres, nommés par Aingustius, sont, 8° Melchuo, (quelques-uns l'appellent Milchon); 9° Munis; 10° Rioch; 11° Cruman; 12° Midgna; 13° Mogenoc; 14° Loman; 15° Lurach-Duanair; 16° Loarne; 17° Kieran; 18° Caraintoc, nommé Mac-Carten, ou peut-être Maccaten, fils de Caton, par Cathalde-Maguir, sous le sixième jour de février. 19° Columbe, dite aussi Colum, fille; 20° Brendan; 21° Brocan; et 22° Brocad. Tous ces auteurs leur donnent aussi deux sœurs, qu'ils nomment Achée et Lalloc. Sur quoi il est à propos d'observer qu'Aingustius, qui nous a laissé les noms de cette nombreuse et sainte postérité, semble vouloir nous faire entendre que les deux derniers Brocan et Brocad, fils de Conis, n'ont point été évêques comme leurs autres frères; car si dans un endroit il dit qu'il y en eut dix-sept, dans un autre il n'emploie que le nombre de quinze. En effet, pour Brochan en particulier, il y a bien de l'apparence qu'il n'est pas différent de celui qui était de la famille du grand roi Guthiern, et qui prit pour épouse Menedeux, de la race de Constantin, et en eut sainte Ninnoch, dont nous aurons occasion de parler dans la suite. Enfin, comme il y a grand sujet de croire que (22) saint Olcan ou Bolcan, fils d'une sœur de saint Patrice, et (23) Mauran, surnommé Barban, et le Sage, étaient enfans de Darerea, je puis me flatter d'avoir trouvé le nombre juste des vingt-trois frères que Caradoc donne à saint Gildas, et par conséquent des vingt-quatre fils de Conan. Je sais que ces filiations ne sont pas sans difficulté ; je ne prétends pas aussi m'en rendre le garant ; je cite mes auteurs. Ce point n'est pas essentiel, et je crains même de m'y être trop arrêté.

XXIV.

Fables débitées au sujet de Conan, et qui a pu y donner occasion.

Mais avant que de finir ce chapitre, il faut encore dire un mot des fables qu'on a mêlées avec l'histoire de Conan, et qui ont tant contribué à la décrier. Et comme presque toutes les fictions ont leur fondement, et les fables mêmes leurs vérités, tâchons de démêler l'un de l'autre et de tirer le bon grain du mauvais, comme faisait cet auteur dont il est parlé dans la bibliothèque de Pithou, au sujet d'Abbon de Fleury (1). Il me sera permis, dit-il, de rapporter ici quelques passages tirés d'un écrivain de la Grande-Bretagne qui vivait à peu près dans le même siècle, qui renferme le sujet des livres suivans, et où l'on trouve quelques autres points qui regardent notre histoire ; et quoiqu'ils ne soient pas véritables en tout, ils sont cependant tels, que les prudens et les connaisseurs peuvent s'en servir pour découvrir la vérité.

Je commence par les Albains. Un écrivain cité par le Baud, mais qui ne me

(1) Nobis hic potiùs Britannico ejusdem ferè sæculi scriptore, is est Johannes Asser, episcopus Trireburnæ, in vitâ Alphridi Britanici regis, quædam licat inserere, quæ et sequentium librorum argumentum continent, et habent alia quædam rerum nostrarum, quæ licet non omninò vera; talia tamen sunt ut veritatis eruendæ prudentibus et intelligentibus ansam præbeant. *Ex bibliot. Pithæi de Abbone Floriacensi.*

paraît pas un garant bien sûr, les compte entre les habitans de l'Armorique, dès les premières années du règne de Conan. Aucun autre auteur ne parle des peuples de ce nom dans ces lieux, et c'est ce qui pourrait d'abord faire passer cette circonstance pour une fable. Mais quand on fera réflexion sur ce que j'ai dit, que c'était de cette partie de la Grande-Bretagne qu'on appelait Albanie, que Conan et la plupart de ceux de sa suite étaient sortis, on ne trouvera plus rien d'extraordinaire ni de fabuleux dans l'expression de cet auteur. Il ne faut peut-être point y chercher tant de façon : les peuples de Vannes sont appelés en breton, Wenetes ; dans la même langue, *Guen* signifie *blanc*, en latin, *albanus*. Ainsi ces Albains ne seront autres que Guenes ou peuples de Vannes. La situation que cet auteur leur donne, peut en être une preuve. Il les place entre la ville de Teuducle, qui est Quimper, dite par les anciens, ville de l'Aigle, *Civitas Aquilæ* ou *Aquilonia*, et le fleuve *Doena*, qui est la Vilaine ou la Loire, et c'est en effet la situation des peuples de Vannes.

Une autre circonstance absolument fabuleuse (1), est que Maxime et Conan firent mourir tous les hommes qui se présentèrent dans ce pays, dont ils venaient de se rendre les maîtres; on trouve cette fable dans l'auteur de la vie de saint Goueznou. Il n'écrivit que dans le onzième siècle; il m'a paru si peu digne de foi, que je ne l'ai pas même nommé entre ceux dont je ne rapportais les témoignages qu'en passant, et sans faire beaucoup de fond sur leur autorité. Je sais qu'on lit la même chose dans l'ou-

(1) Voyez le Baud, p. 37.

vrage que nous avons sous le nom de Geoffroi de Montmouth; mais aussi je ne doute pas que ce ne soit un de ces endroits qui nous viennent, non de Geoffroi même et de la traduction simple qu'il avait faite du manuscrit breton, mais de Gautier, archidiacre d'Oxfort, qui l'a interpellé. Quoi qu'il en soit, aucun de nos historiens ne l'approuve en ce point, et d'Argentré dit au contraire (1), que Conan distribua la terre conquise, entre les anciens et les nouveaux possesseurs. Il ne faut point chercher d'autre fondement à cette fable, que l'arrivée d'une nombreuse colonie de Bretons. On a supposé que les anciens habitans disparurent, parce qu'ils ne firent plus qu'un même peuple avec leurs nouveaux hôtes; qu'ils furent également com-

(1) Galfrid Monumet. l. 5, cap. 13

pris sous le même nom, tantôt d'Armoriquains et tantôt de Bretons, et parce qu'ils suivirent le même sort. C'est encore sur le même fondement, que ces auteurs ont avancé que Conan avait fait venir de l'île de Bretagne cent trente mille hommes: on a déjà vu que la suite de Maxime était de cent mille Bretons.

Calphurnius et quelques autres y vinrent depuis avec toute leur famille, c'est tout ce qu'il y a de vrai. Une autre inhumanité que quelques-uns attribuent à Conan, est d'avoir fait couper la langue à toutes les femmes qui avaient été épargnées dans ce prétendu carnage, et qu'on réservait pour être les épouses de ces nouveaux habitans. On les avait, dit-on, réduites dans ce triste état, parce qu'on ne voulait pas qu'elles apprissent leur langue aux enfans qui devaient naître de ces mariages, afin qu'ils ne parlassent que celle de leur père, c'est-à-dire, des Bretons. On ajoute que c'est pour cela qu'on les appelle Leth-rydion, c'est-à-dire, demi-muets. L'auteur de ces puérilités n'est pas inconnu, quoiqu'elles se trouvent dans Nennius, tel que nous l'avons. On sait qu'elles ne viennent pas de lui, mais d'un écrivain (1) plus récent, qui s'est mêlé de le commenter. Quelques-uns estiment que c'est Samuel Buelan; mais quel qu'il puisse être, il n'a presque été suivi de personne. L'imposture a paru trop évidente et trop grossière. Je crois qu'elle n'est venue que de la parfaite ressemblance qui se trouvait entre la langue des Bretons armoriquains et des Bretons insulaires. Ce méchant écrivain n'en savait point la cause, ou voulait la cacher : il s'est jeté dans le

(1) D'Argentré, Hist. de Bret, l. 1, ch. 10.

pays des fables, et pour autoriser ses visions, il s'est servi d'une fausse étymologie du mot Létanie (1), qui ne vient pas de Leth-rydion, mais de Lydau, qui signifie *rivage* ou *côte de mer*.

XXV.

Suite de la même matière.

L'interpolateur de Geoffroi de Montmouth (2), qui n'a pas adopté cette dernière fable, a donné dans une autre, lorsqu'il a parlé de ce grand nombre de filles que Conan envoya, dit-il, chercher dans

(1) Voyez la note 11.

(2) Hæc altera Britannia erit. *Galfridus, lib.* 5, *cap.* 12. Fecitque alteram Britanniam. *Ibidem cap.* 14. Venerunt ad suos concives ad Armoricam, quæ jam altera Britannia vocabatur. *Ibidem, cap.* 2, 16. In minorem Britanniam, quæ Armorica sivè Letania dicebatur. *Ibidem, lib.* 6. *cap.* 4.

l'île de Bretagne, afin de les donner pour épouses à ses nouveaux sujets, et lorsqu'il nous raconte à sa manière le tragique succès de ce projet: la meilleure partie submergée sous les eaux par la violence de la tempête; la moindre partie, mais la plus heureuse, jetée sur les bords d'une île, qui devait être un asile pour cette troupe innocente et désolée, mais qui fut pour elle un lieu de triomphe, à la honte des barbares qui les attaquèrent inutilement, et dont tous les efforts se terminèrent à leur procurer une mort précieuse devant Dieu et consolante pour son église. Après tout, ce que le faux Geoffroi dit sur ce sujet, n'est rien au prix de ce que les autres ont ajouté dans la suite. Et la chose est venue jusqu'à ce point, qu'à peine oserait-on s'expliquer et prendre parti sur cet article sans se décrier, ou du moins sans s'exposer à des contradictions et à des disputes sans fin. Je laisse aux savans à démêler cette matière si embrouillée ; pour moi, je me contente de dire que ce qui a pu donner occasion à cet auteur de rapporter ce fait dans ces conjonctures, est que Conan fit venir de l'île dans l'Armorique les épouses de ceux de ses soldats qui en avaient ; qu'il put en demander pour ceux qui n'en avaient point ; que lui-même prit Darerea pour épouse, et que toute sa famille vint avec elle, comme j'en ai déjà rapporté les preuves.

Je ne rapporterai point ce que j'ai déjà dit ailleurs des exploits de Conan, dans l'Aquitaine, et de la ville de Bourges mise au nombre de ses conquêtes. Je crois avoir suffisamment fait connaître, par le témoignage des auteurs contemporains, ce qu'il y a de vrai dans ces expéditions, et ce que quelques auteurs ont ajouté qui a pu donner à ces faits, tout véritables qu'ils étaient, un air de fable. Il ne me reste plus qu'à m'expliquer sur un autre qu'on trouve dans le faux Geoffroi de Montmouth, lorsqu'il fait dire à Maxime que ce nouveau royaume serait une seconde Bretagne. S'il veut dire que dès-lors elle porta ce nom, il se trompe et il n'a pas bien suivi le sens de l'auteur qu'il interpolait. Car plus de soixante ans depuis, en parlant d'Andren, Geoffroi lui-même dit que ce pays s'appelait encore Armorique ou Létanie. Et la seule comparaison de ces deux endroits, suffirait pour nous faire connaître clairement que l'ouvrage que nous avons sous son nom a été fort altéré. Au contraire, si cet auteur ne prétend autre chose, sinon que ce pays fut désormais habité par des Bretons; qu'ils continuèrent d'y demeurer et de le regarder comme leur patrie ; qu'ils eurent un certain ascendant sur les anciens habitans du pays ; que plusieurs autres habitans de l'île vinrent dans ces lieux chercher un asile contre la fureur des barbares ; et que dans la suite de ce tems, cet état, devenu indépendant et libre, fut regardé comme un royaume et porta le nom de Bretagne, il n'a rien dit en cela que de très-conforme à la vérité, comme nous allons le voir dans les chapitres suivans.

CHAPITRE II.

ÉTAT DE LA PETITE-BRETAGNE, DEPUIS L'AN 421 JUSQU'EN 445. RÈGNES DE SALOMON ET DE GRALLON.

I.

Les fréquens passages des princes qui

quittèrent l'île de Bretagne pour aller s'établir dans l'Armorique, prouvent qu'il y avait des Bretons dans ce pays, depuis l'an 421 *jusqu'en* 445.

J'avoue que je ne comprends pas bien comment on peut soutenir, avec tant de chaleur, que jusqu'à l'an 458 il n'y a point eu de Bretons dans l'Armorique. Les fréquens passages des princes de la Grande-Bretagne, qui sortirent de leur pays pour venir chercher un établissement dans ces lieux, suffiraient pour convaincre du contraire (1). J'ai déjà fait voir dans plus d'un endroit, que depuis l'expédition de Conan, Calphurnius fut un des premiers qui passa, peu après l'an 383, dans cette partie des Gaules, avec toute sa famille. Elle consistait principalement en deux fils, cinq filles

(1) Chap. 1, nom, 2, 6, 10, 13, 21, 22, 23.

et quatre gendres, qui tous quatre laissèrent grand nombre d'enfans. Mais leur suite était encore sans doute plus nombreuse (1). On avait autrefois vu celle d'un seigneur gaulois se monter à dix mille hommes, comme nous le lisons dans le premier livre des Commentaires de César, de la guerre des Gaules. Cette coutume n'était pas entièrement abolie dans les tems dont il s'agit (2). Orose nous apprend qu'en

(1) Orgentorix ad judicium omnem suam familiam ad hominum millia decem coegit undique. *Cesar, de Bello Gal, lib.* 1, *cap.* 4.

(2) Hi vero plurimo tempore servulos tantùm suos ex propriis prædiis colligentes, ac vernaculos alentes sumptibus, nec dissimulato proposito absque cujus quam inquietudine ad pepronæi claustra tendebant. Adversus hos Constantinus Constantem.... in Hispanias misit. Hinc apud Hispanias prima mali labes: nam interfectis fratribus, etc, *Orosius, lib VII.*

410, Didime et Véronien, avec le seul secours de leurs domestiques, furent en état de défendre quelque tems les Espagnes contre le tyran Constantin. On peut croire que les seigneurs bretons ne donnaient pas moins dans le faste. Calphurnius était un des plus distingués de son tems. On prétend qu'il était descendu des premiers rois de l'île. Il faut ou rejeter le témoignage de tous ceux qui nous en parlent, ou juger qu'il ne passa qu'avec un grand cortège.

Je dis la même chose de Fracan, père de saint Wingalois (1); il était cousin de Coton, roi très-fameux de Bretagne. Il vint dans ce même pays avec toute sa famille, c'est-à-dire, non seulement avec Wen, son épouse; avec ses deux fils Guethenoc et

(1) Fracanus Catonii regis Britannici, viri secundùm sæculum famosissimi, consobrinus. *Vitâ S. Wingal. apud Usserium, p.* 226.

Jacob, et peut-être sa fille Creirbria, mais encore avec ses domestiques. Je sais que les anciens auteurs, quand ils décrivent ce passage, disent qu'il y avait très peu de monde, *cùm paucis et multo paucis*, et qu'ils n'eurent besoin que d'un vaisseau, *concensâ rate;* c'est-à-dire, qu'il ne vint point avec une flotte, à la tête d'une armée, accompagné de tous ses compatriotes fugitifs, comme quelques auteurs modernes ont voulu nous le faire connaître; j'en conviens, mais aussi ce n'est pas à dire qu'il n'eut une assez nombreuse suite pour être en état de faire dans les lieux où il se rendait une figure digne de son rang et de sa qualité, comme l'histoire le témoigne formellement, et qu'il n'eut assez de monde pour remplir un vaisseau, pour ne rien dire de ceux de ses autres parens, amis ou vassaux, qui purent dans la suite prendre la même route, venir tenter une meilleure fortune, et chercher, auprès de lui et sous ses auspices, des établissemens. Or, ce passage se fit avant l'an 418, comme je le ferai voir autre part (1). Je pourrais dire la même chose de quelques autres seigneurs dont les noms sont marqués dans l'histoire, et qui prirent le même parti (2). Fabius Helverdus dit en général que le grand nombre des plus fameux négocians quittèrent, en 418, l'île de Bretagne et se retirèrent dans la Gaule (3). On lit à peu près la

(1) Voyez la note 18 et l'article suivant.

(2) In nono anno post eversionem Romæ à Gothis, relicti qui erant in Britanniâ Romanâ ex gente, multiplices non ferentes gentium minas, scrobibus occultant thesaurum..... Exules Gallias tenent partes. *Fabius Ethel. apud Usserium*, *p.* 313.

(3) Anno 418, Romani omnes thesauros Britanniæ in terram abscondunt, et multos secum in Gallias portaverunt. *Annales Saxon. Ibidem.*

même chose dans les annales des Saxons (1). Tant de princes établis dans un même pays, en l'espace de trente ou trente-cinq ans, étaient déjà capables d'y apporter un grand changement, et d'y faire une colonie considérable de Bretons. Mais ce n'est pas à cela que je m'arrête, et ce n'est que la moindre de mes preuves. Il faut ajouter que les uns et les autres ne s'y rendirent que pour venir trouver leurs parens, leurs amis, leurs compatriotes. C'est ce que nous avons vu pour Calphurnius, dans les auteurs de la vie de saint Patrice, que j'ai déjà cités. Nous trouverons la même chose pour Fracan, dans ceux qui nous ont ap-

(1) Quia ibi erat quidam eorum cognatus. *Fiechus Schol. in vitâ S. Patricii.* Venerunt quidam ex Britannia, nempe majori, ad visendum suos cognatos et Amicos in Britanniâ Armoricâ *VII. vitâ S. Patricii apud Colgan. c. 1, nu. 2.*

pris les actions de saint Wingalois son fils.

II.

Preuves de la même vérité, tirées des vies de saint Wingalois, du Cartulaire de Landevenech et des catalogues des comtes de Cornouaille.

Tous conviennent que le père de ce saint abbé vint s'établir dans l'Armorique (1).

(1) Vir in prædictâ Insulâ per illustris Fracanus Catonii Regis Britannici consobrinus, secundùm Abrahæ formam, per id tempus quo grassabatur pestis, exivit de terrâ et de cognatione suâ cùm geminis natis suis, Guethenoco et Jacobo, cùm uxore suâ, quæ Alba dicebatur. Itaque conscensa rate contentit in Armoricam, ubi tunc temporis alta quies vigere putabatur. Tandem tranfacto ponto Britanniæ in portum, qui Brehacus dicitur, faustè apulit horâ quasi secundâ cúm suis; fundum ibi quemdam silvis dumisque altè circunseptum reperit, qui ex inundatione fluvii, cui nomen sanguis, lo-

Il passa la mer et vint aborder au port de Bréhat. Il avança dans la Terre-Ferme jusque sur les bords d'un fleuve, nommé par ces auteurs, *Sang* : c'est ce qui signifie en breton, *Gouet*, nom de la rivière qu prend sa source sur les confins des évêchés de Saint-Brieuc, de Cornouaille et de Tréguier, qui passe sous les murs de Quintin, et va se perdre dans la mer au-dessous de Saint-Brieuc. L'ancienne paroisse de Ploufragan, située entre ces deux dernières villes, est encore une preuve que ce fut en effet dans ces lieux que Fracan s'établit. Il était cousin de Coton, roi très-fameux des Bretons. Il y avait dans ce pays un Budoc

cuples est hunc habitare cœpit securus à morbis. *III. Vitâ sancti Guingaloei, apud Bolland. ad 3, Martis, et Usserius, p.* 226.

ou Rioch (1), une Domnonie, une Cornubie ou Cornuaille occidentale, tous noms venus sans doute de l'île de Bretagne, un Grallon, roi de la Cornubie occidentale et de la Bretagne. Tels étaient les noms que ce pays portait, les peuples qui l'habitaient, les princes qui leur commandaient, lorsque Fracan s'y établit, et depuis, lorsque Wingalois son fils était enfant, ou dans un âge plus avancé, sous la discipline de Budoc son maître, et dans les premières an-

(1) Budocum in Insulam Lauream.....die quadam orta est contentio inter Fracanum et Rivallum Domnoniæ ducem, caballorum suorum.....pervenit sancti fama ad Grallonum regem Occidentalium Cornubiensum; captus est studio visendi S. Wingualoeum.... nesciebant omnes usum vini, et hæc lex fulsit in isto monasterio, à quo tempore Grallonus appellatus Magnus Britanniæ sceptrum tenebat. Ad an. Ludovici imperatoris. V. dom. inc. 818. *Tertia vita Ant. Gurdestino apud Bolland.*

nées de sa retraite : c'est de Gurdestin (1) que nous apprenons toutes ces circonstances. Il écrivit l'an 884, c'est-à-dire, plus de 250 ans avant Geoffroi de Montmouth, qu'on voudrait faire passer néanmoins pour le premier auteur de tout ce que nous disons de Conan et de ses successeurs. Gurdestin ne doit pas être suspect ; il était moine de Landevenech, et il devait être mieux informé qu'un autre de tout ce qui regardait ce saint, le premier fondateur de cette fameuse abbaye dans laquelle il demeurait. Ce n'était point l'histoire générale de son pays qu'il écrivait, mais une vie particulière. Or tous ces faits, qu'on trouve dans la vie de Fracan ou de saint

(1) Grallonus et ipse tunc temporis rex primùm feroci animo regni negotia pertractans. 2. *vita ibid.* Vide Annal. Bened. t. III ad an 884. Voyez aussi la note XVIII.

Wingalois son fils, sont autant de preuves qu'il y avait alors des Bretons dans l'Armorique, arrivés en ce pays avant l'an 445. Car Fracan était contemporain de Coton, puisqu'il était son cousin, *consobrinus*; et j'ai fait voir dans le chapitre précédent, que Coton, qui est le même que Conan, régna depuis l'an 383 jusqu'en 421. Fracan quitta l'île de Bretagne pour passer dans la Gaule vers l'an 418. Saint Wingalois, qui ne vint au monde qu'après ce passage, était déjà grand lorsque Maël ou Malgus était encore dans l'Armorique, et néanmoins, Maël passa dans l'Hibernie avec saint Patrice son oncle, dès l'an 432. Enfin saint Wingalois avait déjà choisi Landevenech pour le lieu de sa retraite sous le règne de Grallon, et ce roi mourut en 445, comme je le ferai voir nombre 21 de ce chapitre. C'est un point de chronologie qui mériterait d'être traité avec plus d'étendue. Les vies de saint Wingalois prouvent donc qu'il y avait des Bretons dans l'Armorique, depuis l'an 418 jusqu'en 445.

Les Cartulaires de Landeveneeh nous fournissent encore des preuves de la même vérité dans les actes qui font mention des fonds donnés à cette nouvelle abbaye, par Grallon (1). On voit qu'il vivait dans le

(1) Mira Gradloni dona à viro recensentur, quæ in ipsum rex contulit. Infinitas enim tribus donavit et villas tùm pro animâ suâ, tum pro animâ amantissimi sui Riveleni, post quem obiit. Hepunon filius Riveleni et Ruantis dedit ecclesiam S. Wingaloeo. Ego Gradlonus rex hæc affirmo..De his qui colloquio sancti frui meruerunt, ista traduntur. Ego Gradlonus rex veni usque Lantguen ad S. Wingaloeum anno Domini 400...Gradlonus gratiâ Dei rex Britanniæ, nec non ex parte Francorum... Gradlonus gratiâ Dei rex. *Apud Henschenium, t.*

tems de ce saint; qu'il était roi; que son royaume s'étendait dans la Cornubie ou Cornouaille; qu'il était roi des Bretons, et en partie des Français; en un mot, qu'il avait en main le sceptre de la Bretagne. Le catalogue des comtes de Cornouaille, conservé dans la même abbaye, et conforme à quelque chose près à celui que l'on voit dans les archives de l'église de Quimper, prouve assez clairement que cette Cornouaille dont il s'agit, n'était point ailleurs que dans l'Armorique, ou même qu'elle n'était point différente de ce qu'on appelle aujourd'hui la Petite-Bretagne; que ces premiers comtes, qu'elle nomme Rivelen Mur-Mac-Con et Rivelen Mac-Con étaient fils de Conan, et vivaient vers les

1. *ad diem 3, Martis. Voyez Lobineau, t. 2, col. 17 et le chap, de ces mémoires* I *nom.* 11. *Voyez aussi les notes I. et XVIII.*

années 420 et 430 ; sous son règne, ou peu de tems après lui ; et par conséquent que Grallon, qui dans ces catalogues est le quatrième de ces comtes, et Daniel ou Dremrus, son successeur, vivaient vers les années 440, 450 et suivantes, c'est-à-dire, que durant tout cet espace de tems il y avait des Bretons dans cette partie des Gaules.

III.

L'auteur de la Chronique des rois bretons armoriquains et Ingomar prouvent la même chose.

Les anciens auteurs qui ont fait profession d'écrire l'histoire de ce pays, et ce qui s'y est passé dans les premiers tems, conviennent tous des mêmes faits. Le Baud nous a conservé les précieux fragmens de quelques-uns de leurs ouvrages ; il en est un entr'autres qu'il cite souvent sous le titre de (1) *Breve chronique des rois bretons armoriquains*. Il ne nous apprend ni le nom de cet auteur, ni dans quel tems il écrivait; mais il en rapporte les passages avec tant de soin et de précision, qu'il est aisé de voir qu'il l'estime et qu'il l'avait lu. Tout ce qu'on peut en juger de plus, est qu'il n'était fait mention dans cet ouvrage que de Judicaël et des autres rois ses prédécesseurs. Si ce n'est pas absolument une preuve que cet auteur était ancien, et qu'il écrivait peu de tems après la mort de saint Judicaël, c'est-à-dire, vers la fin du septième siècle, au moins ce qui nous reste de lui fait voir qu'il n'a donné dans aucune de ces fables que les historiens des siècles suivans ont inventées, ou du moins

(1) Voyez le Baud, ch. 5, p. 48 et ch. 7, p. 53. Voyez aussi la note 10.

adoptées avec trop de facilité. Ce qu'il dit de Salomon, premier du nom et de ses successeurs, de Daniel, de Dremerus et de quelques autres, dont les noms se trouvent aussi dans les catalogues des comtes de Cornouaille, ne doit pas être mis au rang de ces fables. On verra dans toute la suite de ces mémoires, que ce sont des circonstances très-véritables et des faits très-autorisés. Or, on ne peut recevoir le témoignage de cet écrivain, sans être obligé d'avouer qu'il y avait des Bretons dans l'Armorique avant l'an 445, et qu'ils y étaient gouvernés par des rois, puisque Salomon, dont il est parlé, régnait avant ce tems, comme je le ferai voir dans le nonbre XVII de ce chapitre. Et tout ce qu'il nous apprend de la chronique des rois suivans, en est une preuve évidente.

Ce n'est encore que sur le témoignage et

sur la foi du même le Baud, que je cite Ingomar (1). Il est vrai qu'on connait mieux dans quel tems il vivait, puisqu'il était contemporain de Huguetin, abbé de saint Meen de Gael; vers l'an 1024. Il paraît que quelques-uns sont si prévenus du mérite de cet auteur (2), que tout ce que je dirais en sa faveur, ne pourrait rien ajouter à la bonne opinion qu'ils ont conçue de lui. Selon eux, il ne s'agit pas tant de s'arrêter à prouver qu'on doit le croire quand il dit quelque chose, que de faire voir quelles sont celles qu'il a dites, afin qu'on les croie. Or je parle de Coton, ou si vous voulez, de Cathon, comme un des ancêtres

(1) Voyez le Baud, p. 64 et 65 et les annales Bened. sous l'an 1024.

(2) Lobineau, Hist. de Bret., t. 1. Table généalogique et sa réponse au Traité de la mouvance de Bret., p. 91.

de Rioval, et j'ai fait voir dans le chapitre précédent que c'était dans l'Armorique, c'est-à-dire, dans la Petite-Bretagne, que Coton était établi. C'est donc aussi dans cette partie des Gaules qu'on doit chercher les successeurs de Coton, nommés dans cet auteur, Urbien, Witol, Deronus et les autres; comme c'est en effet dans ces lieux et non dans l'île de Bretagne qu'on les trouve sous les noms de Concar, Audren et quelques autres, qui, quoiqu'ils paraissent différens, signifient néanmoins la même chose, et ne regardent en effet que les mêmes personnes. Il est vrai qu'Ingomar, aussi bien que tous les auteurs qui ont parlé de Rioval, le fait venir de l'île de Bretagne; mais il ne faut pas croire pour cela que ce fut le lieu de sa naissance, ou le pays et le domicile de ses ancêtres. S'il quitta cette île; s'il vint dans l'Armorique pour en chasser les Frisons qui s'en étaient emparés, ou du moins s'il vint chercher un établissement dans ces lieux, après que ces barbares les eurent abandonnés; s'il y régna, s'il distribua une partie de ses terres à ses parens et à ses amis, il ne fit que les rétablir dans les biens dont ils avaient été dépouillés par les Frisons. Son passage ne fut qu'un retour. Le fruit de sa victoire, fut qu'il remonta sur le trône de ses ancêtres, et qu'il rétablit ses parens dans les mêmes possessions dont ils avaient été chassés, comme je le ferai voir dans le chapitre qui le regarde, sur le témoignage d'Ingomar, de l'auteur de *la briève chronique des rois bretons armoriquains*, et des autres qui ont parlé de Rioval. Tout cela prouve qu'il y a toujours eu dans l'Armorique des Bretons soumis à des princes de leur nation, depuis Coton ou Cathon, c'est-à-dire, depuis l'an 383 et 420, non seulement jusqu'en 445, mais encore jusque vers 509, que les Frisons ravagèrent ces lieux pendant quelques années. Mais comme quelqu'un pourrait dire que ces auteurs ne sont pas assez connus; qu'on ne peut juger de leurs ouvrages, parce qu'ils ne subsistent plus que dans des citations ou dans des traductions d'un historien trop récent, ou qu'ils doivent passer pour suspects, parce que c'est l'histoire de leur pays qu'ils écrivent; il faut rapporter d'autres garans de cette même vérité, sur lesquels de semblables reproches ne puissent tomber, puisque ce sont des historiens de la Grande-Bretagne.

IV.

Preuves de la même vérité tirées des historiens de la Grande-Bretagne.

Je puis avancer hardiment que c'est le

sentiment unanime de tous les historiens de cette nation qui ont traité cette matière. J'ai déjà fait voir que Gildas le Sage, quand il s'agit des Bretons qui suivirent Maxime dans les Gaules, assure positivement qu'ils ne retournèrent plus dans l'île, et que le vénérable Bede dit la même chose de ceux-là et des autres qui servirent depuis sous le tyran Constantin (1). Ce dernier auteur était si persuadé qu'il y avait des Bretons dans l'Armorique long-tems avant l'an 458, qu'il a rapporté comme une tradition reçue de son tems, que c'était de ces lieux que les habitans de l'île étaient venus. Ce-

(2) In primis hæc insula Britannos solum à quibus nomen accepit, incolas habuit, qui de tractu armoricano, ut fertur, in Britanniam advecti australes sibi partes illius vindicaverunt. *Beda ecc. His. l. 1, c. 2.*

lui qui a continué l'histoire de Bede (1) jusqu'au commencement du règne de Henri I, roi d'Angleterre, vers l'an 1100 (le catalogue des livres de l'académie d'Oxfort et de Cambrige, page 86, attribue cet ouvrage à Simon de Dunleme), cet auteur, dis-je, après avoir parlé des Bretons, placés par Constantin, le premier des empereurs chrétiens, dans cette partie de la Gaule qui est à l'occident, sur les côtes de la mer, dit que leurs descendans avaient continué de demeurer dans ces mêmes lieux, et s'y étaient fort accrus; que ce fut chez eux que les restes des armées des tyrans Maxime et Constantin se réfugièrent dans les années 388 et 411, et qu'ils y demeuraient encore de son tems.

(1) Ubi hodiè eorum posteri manentes... post fugam ac superiores Britannos concessit. *Continuator Bedæ*. V. le ch. 1 de ces Mém., n. 4.

Guillaume de Malmesbury, que j'ai déjà cité dans le chapitre précédent, nombre IV, s'est expliqué sur les mêmes faits dans les mêmes termes. En sorte que, si l'un n'ajoute rien aux expressions de l'autre, il adopte au moins son sentiment et le confirme, c'est-à-dire, que l'un et l'autre de ces auteurs a cru qu'il y avait, depuis l'an 420 jusqu'en 445, des Bretons dans le même pays qu'ils occupent encore à présent, comme il y en avait en 388 et en 411. Henri de Hungtington (1) parle encore sur cet article plus positivement et d'une manière plus conforme à notre histoire. Les Bretons que Maxime avait emmenés avec lui, dit cet auteur, sont restés jus-

(1) Britones verò, quos Maximus secum abduxerat, in Galliâ Armoricâ usquè hodiè remanserunt. *Henricus Hungt. Hist., lib.* 1,

qu'à présent dans la Bretagne armorique ; c'est pour cela qu'on les appelle encore aujourd'hui Bretons armoriquains. S'ils sont restés dans ces lieux depuis l'an 383 jusqu'après l'an 1150, ils y étaient donc aussi depuis l'an 420 jusqu'en 445, la conséquence est naturelle. De même Girard de Cambrige ne réfute le sentiment de ceux qui rejetaient le premier établissement de ces peuples (1) jusqu'au tems de la fuite des habitans de l'île, chassés par les Anglo-Saxons et par Hengist leur chef, c'est-à-dire, jusqu'en 470, que pour nous apprendre qu'ils étaient en possession de ces lieux, non seulement avant 445, mais encore dès l'an 383. On voit que je n'ai pas plus besoin ici que dans le chapitre précédent, du secours du manuscrit bre-

(1) Voyez aussi le ch. 1 de ces Mém., nom. 3.

ton, ni de Geoffroi de Montmouth qui l'a traduit, ni des autres auteurs, dont le témoignage pourrait être suspect. J'en omets à dessein beaucoup plus que je n'en cite. Je me contente de faire cette réflexion, qu'il n'est aucun écrivain anglais ou breton, qui ait entrepris l'histoire de ces premiers tems, qui ne soit du même sentiment. Que dirai-je de plus? Guillaume de Neubrige (1), inexorable et peut-être trop emporté sur le chapitre de Geoffroi, et d'une attention

(1) Sanè Walenses reliquæ Britonum esse noscuntur, qui hujus Insulæ, quæ nunc Angelia dicitur, incolæ primi fuerunt, ejusdem nationis et linguæ esse probantur, cujus et Britones transmarini. Cùm autem Britonum gens à supervenientibus Anglorum populis exterminium pateretur, qui evadere potuerunt, refugerunt in Wallias contra irruptionem hostium tutas naturæ beneficio; ibique hæc natio perseverat usque in præsentem diem. *Guil. Neubrig. Rerum Anglic. l. 2, cap.* 5.

outrée à relever les erreurs de cet auteur, contre lequel il était piqué, ne lui fait aucun reproche sur cet article, qui néanmoins revient souvent dans cet ouvrage, et qui était d'une assez grande importance pour mériter d'être censuré, si ce critique eût jugé qu'il le dût être. Ensorte que si l'on veut se défaire de tous préjugés, ce silence peut assez raisonnablement être regardé comme une espèce d'approbation, d'autant plus qu'il convient d'un côté que les Bretons armoriquains ou d'au-delà de la mer, et ceux de Walles, sont de même nation et de même langue; et que de l'autre, loin de dire que les Bretons chassés de leur pays par Hengist, aient passé dans l'Armorique dans ces conjonctures, il dit au contraire assez nettement qu'ils se réfugièrent tous dans le pays de Walles.

V.

Preuves des mêmes vérités tirées des historiens romains.

Si je passe des auteurs de la Grande-Bretagne aux historiens romains, je dis ceux-mêmes qui étaient contemporains, d'ailleurs désintéressés, incapables de donner dans tout ce qu'on appelle fables bretonnes, dont ils ne pouvaient tirer aucune teinture, en un mot qui étaient au-dessus de tout soupçon, ils me fourniront eux-mêmes des preuves de ce point d'histoire. A mesure que j'avancerai dans cette matière, je trouverai de plus grands éclaircissemens. Jusqu'ici tout ce que j'avais pu faire, était de montrer la conformité qui se trouvait entre l'histoire romaine et la nôtre. Elle ne disait rien de contraire, rien qui ne s'accordât parfaitement; mais elle ne disait aussi rien d'assez positif. Les faits s'y rencontraient, mais les noms n'y paraissaient pas encore. Désormais elle nous fournira l'un et l'autre. Ce n'est pas que je veuille déjà me prévaloir de ce que Jornandès nous apprend de Riothime et des Bretons, dont il était roi, ni de ceux qui étaient établis sur les bords de la Loire, selon Sidonius Apollinaris (1). Je réserve ces premiers pour le chapitre suivant, afin de ne point prévenir l'ordre des tems, et d'éviter, autant qu'il me sera possible, toute sorte de chicane; je parle seulement de Fauste, abbé de Lerins, ensuite évêque de Riez. Le même Sidonius lui adresse plusieurs lettres, et les disputes contre Lucide et contre les autres Prédestinatiens,

(1) Sidonius, l. 9, Epist. 3 et 9.

l'ont rendu fameux dans tout ce siècle et dans le suivant. Alcime Avite, qui vivait à peu près de son tems (1), dit positivement qu'il était Breton de naissance, ou si vous voulez, né parmi les Bretous ou dans la Bretagne. Avant lui Sidonius (2), parlant des ouvrages que cet évêque de Riez envoyait aux Bretons, fait assez comprendre que ces peuples étaient ses compatriotes. J'ai lu, dit-il, vos livres que Riochat porte

(1) Ne Monichæi ipsius Fausti opus infaustum, vel alterum quem etiam gloria vestra noverat ortu Britannium, habitaculo Regiensem titulo nominis accusaret. *Alcimus Avit. Ep. 4 regi Gundebaldo.*

(2) Legi volumina tua, quæ Riocatus antistes et monachus, atque istius mundi peregrinus Britannis tuis pro te reportat..... Igitur hic ipse venerabilis, apud oppidum nostrum cùm moraretur, gentium concitatarum procellam deprimeret... sed post duos aut iis amplius menses sic quoque à nobis profectus. *Sidonius Apol. lib. 9, Epistola 9.*

à vos Bretons. Si nous voulons juger sainement quels étaient ses compatriotes et quels lieux ils habitaient, il faut d'abord accompagner le moine chargé de ce dépôt. Il part de Riez et vient à Clermont, capitale de l'Auvergne; les troubles excités par les nations voisines sont un obstacle à son voyage. Il reste deux mois dans cette ville, jusqu'à ce qu'ils soient apaisés et qu'il ait la liberté de continuer sa route. Il paraît qu'il prend assez naturellement celle de la Loire, et que le sujet de son retardement fut quelque mouvement des Goths, accoutumés à porter la désolation et la guerre dans les lieux circonvoisins. Or, le même auteur, qui dans sa lettre détaille ce fait avec tant d'exactitude (1), fait mention dans

(1) Sidonius Riotamo suo, salutem. Servatur nostri consuetudo sermonis; namque miscemus cùm

un autre, des Bretons soumis aux ordres de Riothime plus de dix ans avant ; il marque de plus l'ancien commerce de lettres qu'il avait avec ce prince et l'étroite liaison qui était entr'eux. Tout cela nous fait comprendre que la demeure de ces deux amis n'était pas fort éloignée, car on reconnaît assez que Riothime en avait une fixe, et que ce n'était point un étranger sans feu et sans lieu (1). Et dans une lettre écrite long-tems auparavant, le même Sidonius marque nettement qu'il y avait, au moins

salutatione quærimoniam. Gerulus Epistolarum mancipia sua Britannis clàm sollicitantibus abducta deplora... *Sidon. Apol. l. 3, Epist. 9.*

(1) Hæc ad regem Gothorum charta videbatur emitti, pacem cùm græco imperatore dissuadens, Britannos suprà Ligerim sitos impugnari oportere demonstrans, cùm Burgundionibus jure gentium Gallias dividi debere confirmans. *Sidon. Apol. l. 1, Epist. 7.*

dès l'an 464, des Bretons établis sur les bords de la Loire, assez puissans pour faire ombrage aux Goths, qui ne les souffraient dans leur voisinage qu'avec peine. Il ne faut point chercher d'autres sujets des troubles qui arrêtaient Riochat à Clermont. Tels étaient les Bretons qu'il allait chercher, c'était ceux qui demeuraient dans l'Armorique. C'est dans ces lieux, et non dans l'île qu'on trouve un Riochat, moine et prélat, comme on y trouve un Riothame, prince voisin de Sidonius, et les autres compatriotes de Fauste, auquel il adressait ses livres. C'est là qu'on doit aussi chercher la patrie d'où il avait été relégué, comme il en convient en propres termes (1). Il se

(1) Inter hæc positi bona, præsenti insultamus exilio, et patriam nos non amisisse, sed commutasse cognoscimus. *Faustus, reg. Episcopus Ep. 6, ad Ruricum Lemov. Ep. apud Usser. p.* 236. Qui

regarde lui-même à Riez et à Lerins, et n'y est regardé des autres (1) que comme étranger. Sa patrie qu'il avait été forcé de quitter et qu'il regrettait, était celle où il envoyait ses ouvrages, comme la seule chose qu'il avait la liberté de déléguer à ses proches. De-là vient que les évêques Facundus et Possessor, quoiqu'ils ne pussent ignorer qu'il était Breton, puisqu'ils étaient contemporains, ne laissent pas de l'appeler Gaulois, parce qu'il était l'un et l'autre, Breton et Gaulois, c'est-à-dire, comme le P. Sirmond conclut en plusieurs

nobis patriam in peregrinatione fecisti; qui indefessa liberalitate patriæ desidéria temperasti.... vos nostro ditaret exilio. *Ibidem.*

(1) Faustus Gallus in Quæstione liberi arbitrii. *Facundus Hermian. initio libri contra Messiam. Scholiastes, apud Usser. p.* 233. De codice Fausti cujusdam natione Galli, Reginæ civitatis Episcopi. *Possessor Ep. ad Hormisdam apud Usser. p.* 255.

endroits de ses ouvrages (1), qu'il était né des Bretons armoriquains. Il y en avait donc avant l'an 433, et même avant l'an 430, puisque ce fut cette même année, qu'après avoir quitté le lieu de sa naissance et avoir fait quelque séjour dans l'abbaye de Lerins, Maxime, qui en avait été le second abbé, le choisit pour son successeur dans cette même dignité (2). Usserius a bien senti la force de cette conséquence, et il n'ose (3) assurer qu'il fut natif de la

(1) Britannum hunc ortu fuisse docet Avitus, quod non de Insulanis, sed de Armoricis britannis accipiendum monuimus in notis ad epist. facundi ad Murianum scholast. *Sirmandus, not. ad epist.* 4. *Aviti, p.* 10.

(2) V. Vincent Bar. chron. Lirin. parte 1, p. 193, et Usserius, p. 185.

(3) Alcimus Avitus Faustum... ortu Britannum, habitaculo regiensem disertis verbis fuisse asserit. E majori utique Britanniâ ortum si, ut dictum est, et ante Saxonum in Britanniam adventum ad Gallos

Grande-Bretagne, si ce n'est, dit-il, qu'il ait passé dans les Gaules avant l'arrivée des Saxons dans la Grande-Bretagne, et que les habitans n'aient point conduit une colonie dans l'Armorique, avant que les Saxons se fussent emparés de leur pays.

VI.

Réponse à une objection de Vignier, tirée d'un passage de Grégoire de Tours.

C'est ici le lieu d'examiner un passage dont Vignier a prétendu tirer un grand avantage pour prouver tout le contraire de ce que je viens d'établir, et pour faire voir qu'il n'y avait point encore de Bretons dans l'Armorique vers l'an 448. Ce passage est

Faustus accesserit, et non prius in Armoricam à Britannis deducta fuerit colonia, quam ipsorum patriam Saxones occupavissent. *Usserius, p.* 136.

tiré de Grégoire de Tours au livre 2 de son histoire, chapitre 9. Après avoir dit que Clodion (1), qu'il appelle Clegion, demeurait dans le château de Disparg sur les frontières des Thoringiens, il ajoute ces mots : *Or, dans ces quartiers, c'est-à-dire, du côté du midi, les Romains habitaient le pays qui s'étend jusqu'à la Loire ; les Goths régnaient au-delà de la Loire, et les Bourguignons, qui, comme eux, étaient de la secte des Ariens, demeuraient au-delà du Rhône.* Sur quoi Vignier fait cette ré-

(1) Fertur etiam tunc Clodionem nobilissimum in gente fuisse, qui apud dispargium castrum habitabat, quod est in termino Thoringiorum. In his autem partibus, id est, ad meridionalem plagam habitabant Romani usque Ligerim fluvium: ultrà Ligerim verò Gothi dominabantur, Burgundiones quoque Arianorum sectam sequentes habitabant trans Rhodanum, qui adjacet civitati Lugdunensi. *Greg. turon, l. 2, cap. 9.*

flexion, page 28 de son Traité de l'ancien état de la Petite-Bretagne : *S'il y eût eu des Bretons régnans dans l'Armorique, est-il croyable qu'il les eût ignorés ou oubliés?* Pour moi je ne suis nullement surpris que cet auteur ne fasse aucune mention des Bretons, ni même des Armoriquains dans cette occasion. Je le serais bien davantage s'il en eût parlé, car il borne sa description aux parties de la Gaule qui s'étendaient vers le midi, depuis le château de Disparg, habité par les Français, soit que ce fût Duysbroch entre Bruxelles et Louvain, ou quelqu'autre place; les termes le rapportent nettement : *In his autem partibus, id est, ad meridionalem plagam.* C'est pour cela qu'il ne nomme ni le Rhin, ni la Seine, ni les autres rivières qui n'étaient pas au midi, mais seulement la Loire et le Rhône, et les peuples qui habitaient les pays arrosés de ces fleuves, sans dire un seul mot ni des Suèves, ni de la nation entière des Saxons, situés néanmoins aux environs de Disparg, mais d'un autre côté que celui que l'auteur avait entrepris de décrire. Il ne parle non plus ni des Frisons, ni des Varnes placés vers le nord de cette place, ni de quelques autres peuples établis vers l'occident, aussi bien que les Bretons, parce qu'il faisait profession de ne parler que de ceux qui régnaient dans la partie méridionale, *ad meridionalem plagam*. Or, il est certain que l'Armorique n'est point dans cette partie de la Gaule, qu'on peut appeler méridionale par rapport à la situation de Disparg. Elle est à l'extrémité la plus reculée entre le nord et l'occident. De là vient que Grégoire de Tours ne parle dans cet endroit ni des Français Letes, dont la demeure était à Rennes, comme nous l'apprenons de la grande notice de l'empire, ni des Alains, qui, sous leurs rois Eochoric et Sangiban (1), avaient un établissement, et formaient un petit état sur les bords de la Loire vers Orléans; ni des Saxons qui s'étaient maintenus sur les côtes de cette partie de la Gaule qu'on appelle aujourd'hui la Basse-Normandie.

Celui qui voudrait conclure de ce passage qu'il n'y avait point de Saxons dans ces lieux, parce que l'auteur n'en parle point dans cette occasion, conclurait mal contre l'autorité de la notice de l'empire et de Prosper; pour ne rien dire de Jornandès, de Paul, diacre, et de Grégoire de Tours lui-même, qui reconnaît qu'il y en avait encore de son tems à Bayeux. Ceux qui voudraient encore conclure qu'il

(1) V. le ch. précédent, nom. 14.

n'y avait point d'Alains sur la Loire, conclurait mal, contre le témoignage exprès de Constance, prêtre d'Auxerre, et contre ce qu'on lit dans la vie de saint Germain, évêque de cette ville, et dans plusieurs autres auteurs. De même, quand Vignier prétend que l'autorité des Romains s'étendait encore alors dans l'Armorique, il force le sens de ce passage en voulant appliquer, contre les termes de l'auteur, aux parties septentrionales ou occidentales de la Gaule, ce qu'il n'a dit que des parties de cette province qui étaient au midi de Disparg, *in his autem partibus, id est, ad meridionalem plagam*. Il conclut mal contre le témoignage exprès de Zozime, de Rutilius Claudius Numatianus, de Sidonius Apollinaris, du prêtre Constance, de Jornandès, et de Paul, diacre, qui tous nous représentent les Armoriquains comme un peuple indépendant et libre, comme nous allons le voir bientôt. Et quand le même Vignier soutient qu'il n'y avait point encore alors de Bretons dans les Gaules, il contredit le témoignage précis et formel de Pacatus, de la notice de l'empire, de Sidonius Apollinaris, d'Alcime Avite et de tant d'autres que j'ai cités dans le chapitre précédent, qui tous prouvent qu'il y avait des Bretons dans la Gaule, dans les mêmes tems dont il s'agit dans ce passage. Il faut même avouer que Grégoire de Tours n'a pas prétendu donner un détail fort exact de tous les peuples qui régnaient dans les parties méridionales de Disparg, puisqu'il ne parle ni des Ostrogoths, ni des Juronges, ni des peuples que les historiens appellent *Hori* ou *Novi*; ni des Alains placés aux environs de Valence, qui tous étaient néanmoins des peuples libres et situés dans ces mêmes quartiers dont il fait la description, c'est-à-dire, dans les mêmes contrées qu'on trouvait au midi de Disparg, *ad meridionalem plagam*.

Cette réponse est trop claire et trop naturelle pour avoir besoin d'être fortifiée de quelqu'autre qu'on pourrait rapporter en examinant quels étaient ceux que Grégoire de Tours appelait Romains. J'aurais tout lieu de dire, que sans faire aucune violence à ses termes, les Bretons armoriquains pouvaient être compris sous ce nom, soit parce qu'ils étaient catholiques, et qu'il ne s'agit peut-être dans ce passage que de la différence de religion; soit parce qu'ils étaient alliés des Romains, et que cet auteur n'a voulu parler que de ceux qui leur faisaient la guerre; soit parce que le langage des Romains était encore celui qui dominait dans ce pays; car il y en a cent exemples qui prouvent qu'on a pris, depuis l'invasion des barbares, le nom de Romains en tous ces sens. Je pourrais ajouter que cette description n'est pas fort exacte, puisque dans ces mêmes tems les Romains étaient encore maitres d'un grand terrain tant au-delà de la Loire qu'au-delà du Rhône, et qu'au-delà même de l'un et de l'autre de ces fleuves, ils possédaient plus de villes que les Goths et les Bourguignons. Enfin, je pourrais dire que ce n'est qu'un argument négatif, qui ne peut avoir de force contre toutes les preuves positives et toutes les autorités que j'ai rapportées. Je dis la même chose à plus forte raison d'un semblable passage tiré de la vie de saint Remi, écrite et corrigée par Hincmar, dans laquelle l'auteur emploie presque les mêmes termes sous les règnes d'Alaric, de Gondebaud et de Clovis, tems dans lequel aucun néanmoins n'avait douté jusqu'ici qu'il y eût des Bretons dans l'Armorique; et l'autorité de Grégoire de Tours suffit pour en convaincre, puisque c'est dans ce même tems qu'il dit qu'ils furent chassés du Berri par les Goths, comme je vais l'expliquer plus amplement.

VII.

On examine plus à fond le sentiment de Grégoire de Tours

Puisque je suis tombé sur l'article de Grégoire de Tours, avant de passer à une autre matière, il est à propos d'examiner une bonne fois plus à fond quel système cet auteur favorise, ou celui de Vignier et des autres qui l'ont suivi, ou celui que je défend. il dit peu de chose, ou plutôt il ne dit rien du tout du premier établissement des Bretons dans la Gaule, comme il ne dit rien de celui des Goths, des Bourguignons et des Alains, et nous ignorerions absolument ce qui regarde l'origine de tous ces peuples, si nous ne le savions d'ailleurs. La première fois qu'il parle des Bretons, c'est pour nous apprendre qu'ils furent chassés du Berri par les Goths (1), et qu'ils perdirent beaucoup de monde auprès de

(1) In illo tempore in illis partibus circà Rhenum usque Ligerim fluvium habitabant Romani, quorum princeps erat Egidius; ultrà Ligerim autem dominabantur Gothi, quorum princeps erat Alaricus. Burgundiones quoque Ariani et Gothi habitabant juxtà Rhodanum fluvium usque ad civitatem Lugdunum et ei confines urbes, quorum princeps erat Gaudebaudus. Eo tempore mortuus erat Egidius, etc. *Vitâ S. Remigii ab Hincmaro emendata et scripta apud Duchesne, t. 1, Hist. Fran., p.* 524. Britanni de Biturica à Gothis expulsi sunt multis apud vicum Dolensem peremptis. *Freg. Tur., l. 2, Hist. cap.* 18.

Bourg-Dieu. S'ils eussent regardé ces Bretons comme de pauvres fugitifs, qui paraissaient pour la première fois dans ces lieux, comme Vignier l'a prétendu, c'était là, ce me semble, une occasion de le dire. Au contraire, quand il les nomme indifféremment avec les Goths, ne semble-t-il pas qu'il veut nous faire entendre que les uns et les autres étaient des peuples de la Gaule, établis depuis long-tems dans le même pays qu'ils occupaient. D'ailleurs, si ces Bretons n'eussent été que de pauvres étrangers fugitifs, arrivés en petit nombre depuis peu de tems, après avoir perdu tant de monde, après avoir été forcés de fuir jusque chez les Bourguignons, les restes de ces fugitifs, si maltraités dès leur première entrée dans la Gaule, auraient absolument disparu sans retour ; ils n'auraient plus été en état de revenir du pays de Bourgogne pour se placer dans l'Armorique, dans le voisinage des Goths victorieux, et pour s'exposer à soutenir sans cesse une nouvelle guerre contr'eux. Ils n'auraient pu leur résister dans ces conjonctures, dans lesquelles les Romains eux-mêmes ne furent plus en état de leur résister. Ils n'auraient pu former un établissement, fonder un royaume, se maintenir sous leurs rois jusqu'au tems de Clovis. Et c'est néanmoins la seconde chose que Grégoire de Tours nous apprend de ces peuples; car lorsqu'il appelle leur état un royaume (1), et lorsqu'il dit qu'après la mort de Clovis leurs prin-

(1) Canao quoque Britannorum Domes tres fratres suos interfecit... quod ille audiens regnum ejus integrum accepit; nam semper Britanni sub Francorum potestate post obitum regis Clodovæi fuerunt, et comites non reges appellati sunt. *Greg. Tur.* l. 4, *Hist. cap.* 4.

ces ne furent plus appelés rois, mais comtes, il marque assez qu'avant la mort de Clovis, depuis leur défaite, vers l'an 474 jusqu'en 511, ils avaient conservé leurs états avec le titre de royaume contre les entreprises des Goths, qui dans cet intervalle étendirent les frontières de leur royaume jusqu'à la Loire et jusqu'à la ville de Tours, et peut-être au-delà, dans le tems de la plus grande faiblesse des Romains, qui perdaient chaque jour de nouvelles provinces, dans le tems de la plus grande violence des barbares, qui faisaient sans cesse de nouvelles irruptions, de nouveax ravages et de nouveaux progrès. C'est dans ces tems difficiles qu'ils avaient conservé leur royaume et qu'ils eurent toujours des rois, selon Grégoire de Tours.

Je crois que ces réflexions suffisent pour faire connaitre combien le sentiment de cet auteur est contraire au système de Vignier ; mais il l'est encore plus au système de ceux qui mettent Rioval à la tête des rois bretons, et qui le font chef de la première colonie de ces peuples dans la Gaule. Car ce prince, ou, selon eux, ce premier roi des Bretons, n'a commencé de régner qu'après l'an 511, comme je le ferai voir dans la suite, c'est-à-dire, lors même que cet auteur prétend qu'ils cessèrent d'avoir des rois, après en avoir eu jusqu'alors ; au lieu que le sentiment que je soutiens n'a rien qui ne soit conforme aux termes de Grégoire de Tours. Car premièrement, je prétends que les Bretons étaient dans l'Armorique long-tems avant que les habitans de l'île eussent été chassés par les Saxons, sous la conduite de Hengist, vers l'an 470, et que dès l'an 466 ils étaient assez puissans pour faire ombrage et causer de la jalousie à la puissante et formidable nation des Goths, comme nous l'apprenons de Sidonius Apollinaris. Il faut dans le système de Grégoire de Tours que les choses fussent dans cet état, puisqu'après que les Bretons eurent perdu dans une seule journée douze mille hommes, ou tués ou dispersés et fugitifs à plus de cent lieues de l'Armorique, on ne laisse pas de trouver depuis dans ces mêmes lieux des peuples de ce nom en assez grand nombre et assez puissans pour arrêter les progrès des armes victorieuses des Goths, leurs ennemis déclarés. J'ajoute en second lieu, que pendant toute la fin de ce siècle ils eurent des rois de leur nation, ce qui ne peut exister dans aucun autre système; et Grégoire de Tours convient en effet, comme on vient de le voir, qu'ils en eurent avant Clovis et jusqu'à sa mort. Je crois que c'est assez pour faire voir que les deux passages de cet auteur, quand on les prendrait séparément, et surtout lorsqu'on les joint ensemble, sont très-forts contre les autres systèmes, très-favorables et même décisifs pour celui que je défends; et que je ne dis rien qui ne s'accorde avec le sentiment de cet auteur, quand je dis qu'il y avait des Bretons dans l'Armorique, non seulement avant l'an 466, mais encore avant l'an 445. Je compte même ne rien avancer en ce point qui soit contraire au passage de Girard, du poëte de Paderborne et de l'auteur anonyme qui les a suivis, comme je le prouve ailleurs.

VIII.

Ces Bretons ne portaient encore communément que l'ancien nom d'Armoriquains.

Il faut néanmoins avouer de bonne foi,

que ces Bretons, dans le commencement de leur établissement et depuis 40 jusqu'à 445, n'étaient presque point encore connus que sous l'ancien nom des peuples avec lesquels ils étaient mêlés depuis environ 30 ans, je veux dire des Armoriquains, et que c'est celui que la plupart des historiens romains leur donnent plus communément pendant tout cet espace de tems. Mais aussi c'est d'eux qu'ils ont prétendu parler, toutes les fois qu'ils ont employé ce terme. Zozime, lorsqu'il nous apprend leur révolte vers l'an 410, n'excepte aucun de ceux à qui ce nom pouvait convenir, puisqu'il dit (1) que tous les Armoriquains entrèrent dans cette ligue.

(1) Totus ille tractus Armoricanus et aliæ Galliarum nationes Britannos imitatæ simili se modo liberarunt. *Zozimus*, *l.* 6.

Rutilius Claudius Numatianus les fait assez connaître par le caractère qui les distingue le plus, quand il marque (1) les côtes armoriquaines. Le prêtre Constance dans la vie de saint Germain l'Auxerrois, ou plutôt le moine Erric (2) qu'il a suivi, se sert d'un autre caractère qui ne leur est pas moins propre, puisqu'il les enferme entre deux mers, ou si vous voulez, entre deux fleuves. Il y a plus de difficulté pour un passage de Sidonius Apollinaris (3), qui dit un mot de leur défaite vers 439 par Littorius, général de l'armée romaine.

(1) Cujus Armoricæ parter Exuperantius oras, ect. *Rutilius Claud. Numat. in itinere.*

(2) Gens inter geminos notissima clauditur amnes, Armoricana prius veteri cognomine dicta. *Erricus, in vitâ S. Germani Antid.*

(3) Littorius Scyticos equites tùm fortè subacto Celsus Armorico Geticum rapiebat in agmen. *Sidonius, in Car. 7, de Panegeryeo Aviti.*

Savâron, qui, au lieu d'*Armorico*, lit *Arecomico*, prétend que ce fait regarde les habitans de Languedoc : le P. Sirmond au contraire s'en tient à la lecture ordinaire et naturelle d'*Armorico*, et ce qui me détermine à préférer son sentiment, est que pendant tout ce tems il ne s'agissait d'aucune révolte des habitans de Toulouse contre les Romains, puisque les Goths étaient depuis long-tems et dès l'an 419, maîtres de ce pays, au lieu que le prêtre Constance (1) et le moine Erric sont de bons garans que pendant tout ce tems les Armoriquains n'étaient point soumis aux

(1) Regibus hunc fidei numquam servasse tenorem, sæpiùs expertum. *Erricus, in vitâ S. Germani.* Offensus enim superbæ insolentia regionis... pro rebellionis præsumptione... nisi titubationis permobilem et indisciplinatum populum ad rebellionem pristinam révocasset. *Constantius, in vitâ Germ.*

Romains. D'ailleurs, pour aller de Toulouse contre les Goths qui ravageaient les frontières de l'empire, et qui, résolus d'étendre les leurs jusqu'au Rhône, assiégèrent dans cette occasion la ville de Narbonne; le chemin n'est pas assurément de chercher l'Auvergne, que Littorius avait occupée après cette victoire; au lieu que ce chemin est celui qu'on peut prendre fort naturellement quand on vient des Armoriques.

On ne peut encore attribuer à d'autres ennemis la guerre que les habitans de Tours craignaient vers l'an 444 (1) ni les mouvemens de ces peuples en 445 au même tems que les Goths et ceux qui habi-

(1) Cum bella timentes defendit Turones, aberas. *Sidonius Car. 5, in Panegyrico Majoriani.*

taient la Belgique, armaient aussi de leur côté contre l'empire, circonstance que nous ne savons que de Sidonius Apollinaris (1), qui fait assez voir de quels peuples il veut parler, lorsqu'il emploie le terme de rivage, qui convient mieux à ceux dont il s'agit dans cette dissertation, qu'à tous autres peuples. Il paraît assez aussi que ces Armoriciens que Jornandès et Paul Diacre (2) comptent entre les troupes auxiliaires, qui se trouvèrent dans l'armée d'Aétius contre Atila, étaient ceux mêmes qui, mêlés avec les Bretons, ne faisaient plus qu'un même peuple. Le nom de Liticiens que ces auteurs leur donnent, en est une preuve; il n'est qu'une altération assez lé-

(1) Quis nostrum Belgica rura, littus Armoricum, Gethicas quis moverit iras, non latet. *Sidonius Car. 7, in paneg. S. Aviti.*

(2) V. le chap. 1, nom. 6 et 25. V. aussi la note 1.

gère de celui de Cetes qu'ils avaient porté dès le commencement, ou de celui de Letaniens, qu'ils conservèrent long-tems depuis. Outre tous ceux-là, nos historiens particuliers et quelques chartes leur en attribuent quelques autres, comme celui de Cornubiens, de même que leur pays est aussi nommé quelquefois Cornouaille et Domnonie ; mais il faut convenir que le plus usité pendant tout ce tems fut celui d'Armoriquains. De là vient qu'un auteur anonyme, que j'ai cité dans le nombre III de ce chapitre, a cru qu'il devait donner à son histoire le titre de *Chronique des rois armoriquains*, ou Bretons Armoriquains. Et le Geoffroi de Montmouth que nous avons, tout altéré qu'il est aujourd'hui, convient qu'en 446 ce pays était encore appelé Armorique ou Letanie.

IX.

Ces Bretons Armoriquains n'étaient plus sujets de l'empire en 421.

Ces Armoriquains, de quelque nom qu'on veuille les nommer, ne se regardèrent dans le commencement que comme les autres sujets de l'empire, soumis aux lois des empereurs, gouvernés par leurs magistrats, assujettis aux charges publiques. J'en ai rapporté les preuves dans les sixième et septième nombre du premier chapitre. Sur la fin de l'usurpation du tyran Constantin, vers l'an 410, ils secouèrent ce joug (1),

(1) Transrhenani barbari eum pro libitu invadentes eo tum incolas insulæ britannicæ, tum quasdam celticas nationes redegerunt, ut ab imperio romano deficerent, Romanorum legibus non amplius obedirent, arbitratu suo viverent. Itaque Britanni sumptis armis, et pro salute suâ periclitati suas civitates à barbaris imminentibus liberaverunt. Iti-

ils se révoltèrent, ou plutôt ils se servirent de ce qu'ils avaient de force pour conserver leurs biens et leurs libertés contre les attaques des nations barbares dont la Gaule était inondée. Ils réussirent; leurs biens ne furent point exposés à ces ravages, et le fruit de leur mouvement fut qu'ils demeurèrent indépendans. Ils n'obéissaient plus aux ordres des Romains; ils ne suivaient plus que leurs lois. Ils avaient chassé leurs magistrats et s'étaient fait une nouvelle forme de gouvernement à leur guise. C'est Zozime qui nous apprend toutes ces particularités.

dem totus ille Tractus Armoricanus aliæque Gallorum provinciæ Britannos imitatæ simili se modo liberarunt, cunctis romanis præsidibus ejectis; et propriâ quâdam republicâ arbitrio suo constitutâ. Hæc britonnum celticarumque gentium rebellio, quo tempore Constantinus iste regnabat, accidit; cùm illius in imperando moti socordiâ barbari has grassationes instituissent. *Zozimus*, *l*. 6.

Mais il en est qui prétendent que ce ne fut qu'une révolte, qu'elle ne fut pas de durée et qu'Exuperantius, en 419, les fit rentrer dans le devoir. Ils fondent ce sentiment sur un passage de l'Itinéraire de Rutilius Claudius Numatianus, que quelques modernes ont cru natif de l'Armorique (1). Les vers de cet auteur sont extrêmement obscurs en cet endroit; je vais les traduire le plus à la lettre qu'il me sera possible. Après avoir parlé du jeune Palladius, il ajoute ces mots (2): Exuperantius son père, par affection pour les Armoriquains, leur apprend

(1) Cujus Aremoricas pater Exuperantius oras, nunc postliminium pacis amore docet. Restituit leges libertatemque reducit, et servos famulis non finit esse suis. *Rutil. Claud. Numat. in itinere.*

(2) Claudius Rutilius Numatianus Gallus, oriundus è minori Britanniâ. *Papyrius, Masson. in Descrip. Franciæ per flumina, p.* 550.

présentement le droit qu'ils ont de profiter du retour de la paix, *Postliminium pacis.* Il rétablit les lois ; il fait revenir la liberté, et il ne permet pas qu'ils soient esclaves de ses domestiques, ou qu'ils soient les serviteurs de ceux qui lui sont soumis. » Quelqu'obscurité qu'il y ait dans le latin, le terme de paix qui s'y trouve, et qu'on n'emploie guère qu'entre des peuples indépendans, et surtout celui de *Postliminium* dont l'auteur se sert en parlant des Armoriqnains, fait assez voir qu'ils étaient libres.

Le droit, dit le juriconsule Paul (1), est établi par la coutume et par les lois entre nous (il parle des Romains) et les peuples libres et les rois, et c'est cependant celui dont Exupérantius se prévalait auprès des

(1) Jus.....inter nos et liberos populos regesque moribus ac legibus constitutum. *Digest. cap.* 49, *tit.* 15.

Armoriquains en 419. Il fallait donc qu'il reconnût qu'ils étaient libres et gouvernés par leurs rois particuliers. Les lois remises en vigueur, la liberté du commerce rétablie, celle de ces peuples maintenue, furent donc le fruit de la paix qu'on venait de faire, et les marques de l'affection que ce magistrat, qui était lui-même Armoriquain (1) et natif de Poitiers, avait pour ces peuples, sont une preuve incontestable de leur indépendance. Expliquer autrement ce passage, c'est en forcer le sens. C'est un traité fait entre deux peuples libres, *Postliminium*; c'est un traité de paix *pacis*, qui n'a point été l'ouvrage de la force et de la violence; mais de l'amitié *amore*, et dont

(1) Castino et Victore Coss. hoc tempore Exuperantius Pictavus, præfectus prætorii Galliarum in civitate Arelatensi militum seditione occisus est, idque apud Joan. inultum fuit. *Chron. Prosperi.*

le but était que ces peuples ne fussent plus esclaves ou soumis *servos non sinit esse* (1). Ceux qui font consister la liberté dont il est parlé dans ces vers, à rentrer sous le joug des Romains, ne font pas assez attention combien il était dur, combien les sujets de l'empire en étaient las, quels efforts ils faisaient pour s'en affranchir, et combien les Armoriquains en particulier tra-

(1) Quant à la réduction des Armoriquains, nous ne savons si elle se fit par la négociation ou par la force : mais nous recueillons de l'itinéraire de Rutilius, qu'un certain Exupérantius fut employé pour les remettre dans le devoir. Ce poëte dit qu'il rétablit l'autorité de l'empire, qu'il y ramena la liberté, et qu'il ne souffrit plus que les maîtres fussent esclaves de leurs serviteurs, c'est-à-dire, des barbares qui étaient aux gages de l'empire. C'est ainsi que les Romains, les plus rudes maîtres qu'on pût avoir, voulaient faire croire qu'il n'y avait de liberté que sous eux. *Hist. des Fran. avant Clovis, p. 394.*

vaillèrent toujours depuis pour n'y être plus assujettis. Il est vrai que pendant quelque tems et presque vers l'an 434, ils furent étroitement unis avec les Romains, non comme sujets, mais comme alliés. Ils ne furent point réduits par la force, mais ils furent ménagés par la douceur et par l'amitié *amore*; leurs rois n'obéissaient plus aux magistrats romains; mais ils ne laissaient pas que de rechercher leur faveur et leur appui par des mariages. S'ils prenaient le parti des empereurs, ce n'était point par devoir ou par nécessité, mais par politique, par raison ou par bonne volonté. Notre histoire en convient; on en verra bientôt la preuve dans les nombres suivans, et c'est apparemment tout ce que le passage de Rutilius, que j'examine, peut signifier.

X.

Depuis 421 les Armoriquains conservèrent leur indépendance et leur liberté.

En effet Salvien, témoin oculaire de l'état ou les Gaules étaient réduites lorsqu'il écrivait, vers l'an 440 (1), reconnait dans le cinquième livre de son traité de la providence (2), que ces étrangers étaient

(1) Denique probavit hoc bello, proximo infelicitas nostrâ; cùm enim Gothi metuerunt, præsumpsimus.....hoc agnovit ille dux nostræ partis, qui eamdem urbem hostium, quam eodem die victorem se intraturum præsumpsit, captivus intravit. *Salianus de Providentiâ.*

(2) Itaque passim vel ad Gothos, vel ad Bagaudas, vel ad alios ubique dominantes babaros non confugiant, barbari tamen esse coguntur, scilicet ut est pars maxima Hispaniæ, minima Galliæ: omnes denique quos per universum Romanum orbem fecit Romana iniquitas jam non esse Romanos. *Ibidem*, l. 5.

établis, et dominaient de toutes parts, et que ceux qui ne cherchaient pas un asile auprès de ces barbares étaient obligés de le devenir, c'est-à-dire, de se soustraire à la domination des Romains, et c'est, ajoute-t-il (1), l'état où se trouve présentement la plus grande partie des Espagnes et la plus petite des Gaules. Ce n'est pas qu'elles aient été pillées de tous, dit-il dans le livre précédent, et c'est pour cela qu'elles respirent encore dans un très-petit nombre de quartiers éloignés ou de recoins. Ces mots *recoins, petite partie des Gaules qui n'avait point été pillée, qui respirait encore un peu, mais qui était devenue barbare*, c'est-à-dire, qui ne reconnaissait plus les empe-

(1) Fuerunt Galliæ devastatæ, sed non ab omnibus; et ideò in paucissimis adhuc Angulis vel tenuem spiritum agentes. *Ibidem, l. 4.* Voyez aussi la note XVIII.

reurs pour leurs souverains, me paraissent convenir à l'Armorique si parfaitement que le nom est la seule chose qui manque à cette description. A cela près vous diriez qu'il n'a fait qu'exprimer précisément la même chose que Zozime avait dite de ces peuples sous l'an 410. Pierre Pithou, qui nous représente fort naturellement quelle était alors la face de l'empire, nous apprend en même-tems (1) qu'il n'y avait aucune province qui ne fût habitée par les barbares. Cela se trouvait vrai de la Gaule en particulier. Les Français étaient maîtres d'une partie de la Belgique et des Germaniques. On venait de céder aux Bourguignons la Savoie, qui renfermait les can-

Hac tempestate valde miserabilis reipublicæ status apparuit, cùm ne una quidem ubique barbaro cultore vacua provincia. *Chron. Prosperi Editum à Pitheo ad an. Valentini et Marciani*, 1.

tons voisins des Alpes, et s'étendait jusqu'à la première Lyonnaise; on avait accordé aux Alains une partie de la Viennoise. Les Goths, non contens d'une portion de l'Aquitaine et de la Narbonnaise, qu'on leur avait assignée, faisaient sans cesse de nouvelles entreprises sur les pays voisins qui étaient à leur bienséance. D'autres Alains étaient placés dans la quatrième Lyonnaise, près d'Orléans; les saxons dans la seconde, le long de la côte, et surtout à Bayeux; les Armoriquains ou Bretons dans la troisième. Car dans ce tems ils étaient les seuls habitans de la troisième Lyonnaise, qui, depuis qu'ils avaient secoué le joug en 410, pouvait être mis au nombre des barbares ou de ceux qui n'étaient plus sujets de l'empire. Procope, qui, comme je l'ai fait voir ailleurs, nous apprend, sous le nom des Arborichs, l'état des Armoriquains dans cette conjoncture, témoigne assez qu'ils étaient indépendans et libres. Selon cet auteur ils avaient extrêmement changé de coutumes et de lois. S'ils résistaient si courageusement aux Français, ce n'étaient pas les intérêts ou les ordres des empereurs qui leur mettaient les armes à la main; ils ne les prenaient que pour défendre leur propre terrain. S'ils avaient quelque liaison avec les Romains, ce n'était qu'une liaison d'intérêts communs, d'union, d'alliance, d'affection et de bonne volonté. En un mot, ils étaient comme les Bourguignons, les Suèves, les Thoringiens et les Allemands, indépendans et libres : ils faisaient à leur gré la guerre ou la paix, sans prendre droit d'aucun autre et sans attendre le consentement de personne (1). Je ne crois pas

(1) Ut qui pristina.... his finitimis Arborichi habitabant.... quos Germani subditos sibi facere volen-

qu'on puisse demander des preuves plus plausibles d'une indépendance et d'une souveraineté autorisée.

XI.

Preuves de la même vérité.

Si l'on veut faire quelque difficulté sur ce que ces passages n'expriment point le nom de ces peuples, ou ne leur en donnent qu'un douteux, les suivans s'expliqueront d'une manière moins obscure et plus précise ; non seulement les Armoriquains rompirent l'alliance entretenue avec les Romains depuis l'an 419, mais encore ils

tes, ut pote finitimos, vastabant ; et cùm universâ populi multitudine bello lacessentes in ipsos irruebant..... et vim infere illis Germani non poterant.... illi liberi omnes, se suis legibus vivebant, et nullius imperio suberant *Procop. de bello Gothico, l.* 1, *cap.* 12.

firent quelque chose dont les empereurs furent mécontens. Les écrivains romains ne nous apprennent point quel fut le sujet de cette rupture; c'est dans notre histoire qu'il faut la chercher; car dans ce point comme dans tous les autres, elle s'accorde parfaitement avec la romaine. Quoi qu'il en soit, on en vient de part et d'autre à une action, et les Armoriquains furent soumis, dit Sidonius Apollinaris (1), par le général Littorius. Ceci se passa en 439, mais, s'ils furent vaincus, ils ne furent ni réduits sous le joug, ni altérés sans ressource. Ils se relevèrent bientôt de cette perte (2). Les peuples de Tours craignaient

(1) Littorius Scyticos equites tùm forte subacto celsus Aremorico Geticum rapiebat in agmen. *Sidon. Car. 7, in Paneg. Avitii.*

(2) Cum bella timentes defendit Turones, aderas. *Sidonius, Car. 5, in Paneg. Majoriani.*

une guerre prochaine en 444. Majorien les défendit; c'est toujours le même Sidonius qui parle. Le P. Sirmond, dans la note qu'il a faite sur ces vers (1), prétend que les Armoriquains furent les auteurs de cette entreprise. En effet, il n'y avait alors dans le voisinage aucune nation de qui cette ville pût craindre de pareils assauts. La résistance de Majorien put bien arrêter ces peuples; mais elle ne leur fit pas perdre courage. Cette opiniâtreté les fit regarder à Rome comme une nation remuante, indisciplinée, insolente et superbe. Ce sont les termes de Constance, prêtre d'Auxer-

(1) Timebant, opinor, à vicinis Armoricis, qui ad libertatem jam dudum, ut ex Zozimo, lib. 6. patet, aspirantes, aut Romanos armis appetebant, aut ab ipsis appetebantur. *Sirmundus ad Sidonium, p.* 119.

re, dans la vie de saint Germain (1). Le moine Erric ajoute (2) qu'une fréquente expérience avait fait voir qu'ils n'avaient jamais gardé la fidélité aux empereurs. Cela se doit entendre après qu'ils eurent entrepris de se mettre en liberté, vers l'an 410. Depuis cette année jusqu'en 447, il n'y a que l'espace de 37 ans, qui n'est pas trop long pour répondre au *jamais* du poëte Erric, et j'ai cru pouvoir en conclure que pendant tout ce tems ils n'avaient point été sujets de l'empire, d'autant

(1) Offensus enim superbæ insolentia regionis pro rebellionis præsumptione.... nisi titubationis perfidiæ mobilem et indisciplinatum populum ad rebellionem pristinam revocasset. *Constantius in vita S. Germani.*

(1) Regibus hunc fidei numquàm servasse tenorem sæpius expertum... *Erricus, in vitâ S. Germani.* Mobilis ac priscæ, etc. *Ibidem.*

plus que ce poëte dit un peu plus bas qu'*ils se disposèrent à la guerre, comme ils avaient coutume de faire*, et qu'ils eurent la hardiesse d'armer contre eux les haches romaines, ce qui signifie, ce me semble, que pour continuer cette guerre on ne se contenta plus d'en charger Eocharic, roi des Alains, mais que quelque Romain marcha contre eux, à la tête de l'armée de l'empire.

Si néanmoins quelqu'un s'avisait encore de douter de l'état d'indépendance où les Armoriquains étaient alors, il n'aurait qu'à rappeler ce qui se passa deux ou trois années après dans le tems de la guerre contre Attila. Le général Aétius fut assez heureux pour assembler contre cet ennemi commun, une nombreuse armée, composée, dit un ancien historien (1), *de pres-*

(1) Fuêre in terrâ Romanis auxilio Burgundiones,

que tous les peuples de l'occident. Les Armoriquains s'y trouvèrent avec les Français, les Sarmates, les Bourguignons, les Saxons, les Alains, les Ripariols et les Ibrions; et ce qui est décisif, Jornandès (1) et Paul, diacre, qui entrent dans ce détail, ne donnent point à tous ces peuples d'autres qualités que celles d'*alliés* et de *troupes auxiliaires;* au lieu qu'autrefois

Alani cùm Sangibano suo rege, Franci, Saxones, Riparioli, Ibriones, Sermatæ, Armoriciani, Litiani, ac penè totiùs populi Occidentis. *Paulis Dia. de Gestis Rom. l.* 15.

(1) A parte veró Romanorum tanta Patricii Ætii providentia fuit, ut undique bellantibus congregatis adversùs ferocem, et indisciplinatam multitudinem non impar occurreret. His enim adfuere auxiliatores Franci, Sermatæ, Armoriciani, Litiani, Burgundiones, Saxones, Riparioli, Ibrioni quondàm milites, tunc veró in numero auxiliatorum quæsiti, aliæque nonnullæ Celticæ vel Germanicæ nationes. *Jornandes, de Rebus Gothicis, nu.* 60.

ils étaient soldats romains et sujets de l'empire. Personne n'ignore la différence que ces historiens veulent marquer dans cette occasion entre les différens corps de troupes qui composaient l'armée d'Aétius. Vegue (1), Feste (2), tous les autres auteurs qui ont parlé de la milice de l'empire et les lois mêmes faites par les empereurs, distinguent toujours les troupes auxiliaires et les légions. Ils reconnaissaient que les premières étaient tirées des alliés et des confédérés, et que les autres étaient formées des sujets de l'empire. Il y avait long-tems que

(1) Ipsi pedites in duas divisi sunt partes, hoc est, in auxilia et legiones; sed auxilia à sociis et fæderatis gentibus mittebantur. Romana autem virtus prœcipuè in legionum ordinatione præpollet. *Vegecius, lib.* 2, *cap.* 1.

(2) Vide Festum in verbo *auxiliares*. Vide etiam lib. 7, tit. 13, cod. Theod. de Tyron. Item, legem 22 de Erogat. milit. annonæ cùm notis Gothofredi.

les Armoriquains n'étaient plus de ce nombre, puisque ces historiens, pour en fixer l'époque, se servent des termes *jadis*, *autrefois*, qui supposent un long espace de tems et une longue suite d'années ; et dans cette dissertation on a vu qu'il n'y avait alors que 41 ans, qu'ils s'étaient dits alliés de l'empire, et avaient formé un état à part en 410. Après tant de preuves il serait inutile de rapporter le sujet de mécontentement qu'ils crurent avoir en 445 (1), qui les fit remuer de nouveau ; ni leur intelligence avec les Goths et avec d'autres nations de la Belgique (2), ni le

(1) Quorum milites Rom. *Jornand.* Romanis subditi olim, seu ex antiquo erant... politiam quam habebant olim, cum profecissent seu immutassent. *Procop.*, *de bello Getico*, *l.* 1, *cap.* 12.

(2) Quis nostrûm belgicanum littus Armorici, Geticas quis moverit iras, non latet. *Sidon*, *in paneg. Aviti.*

secours qu'ils attendaient des autres peuples indépendans et libres. Tous ces faits ne me permettent pas de douter, que, comme eux, il ne fussent libres et indépendans.

XII.

Réponse à quelques difficultés.

On ne doit point chercher à chicaner sur certains termes qui se trouvent souvent dans quelques-uns des auteurs que j'ai cités, ou dans quelque autre que ce puisse être. Par exemple, je sais que Procope donne aux Arborics, qui sont les mêmes que les Armoriquains, le titre de soldats Romains. Mais il ne faut que connaître un peu le style des écrivains de ce siècle pour convenir qu'on appelait de ce nom tous ceux qui portaient les armes pour soutenir les intérêts de la république, ou qui servaient dans l'armée de l'empire, soit qu'ils fussent libres ou dépendans, alliés ou sujets, souverains ou vassaux (1). Il y en a cent exemples pour un ; il serait trop long de les rapporter tous. Claudien fait une riche métaphore et une heureuse application de ce terme au ciel même et aux vents (2). Et pour ce qui est de Procope (3), il met une

(1) Tibi militat omni Caucasus Scyticæ pater Tanaiticus undæ. *Sidon. Apol. Car.* 5, *in Paneg. Majoriani V*, 419. Romæ tùm te duce amicus principe miles... ait rex Gothorum ad Avitum. *Id. Car.* 5, *in Panegyr. Aviti, V.* 512.

(2) O nimium dilecte Deo, cui militat æter. *Claudian. de 3 consulatu imp. Honorii.*

(3) His vicini, vel finitimi, Arborichi habitabant, liberi omnes... Erant autem Arborichi tunc Romanorum milites facti, quos Germani subditos sibi volentes facere, ut potè conterminos existentes, et qui politiam quam habebant olim, mutassent, ut cùm vim ipsis inferre Germani non possent, sodalitatem inire postulabant, et sibi invicem affines fieri... Milites Romanorum alii ad Gallorum extremitatem seu oras custodiæ causâ erant instituti... se ipsos cùm

différence si visible entre ces Arborics ou Armoriquains dont il parle, et les autres soldats sujets de l'empire, qu'on n'aura pas de peine à convenir qu'il regarde les premiers comme un peuple très-libre. Sidonius Appollinaris est le premier auteur, que je sache, qui nous ait appris qu'ils furent vaincus depuis l'an 410. Lorsqu'il veut exprimer l'avantage que Littorius remporta sur eux vers l'an 439, il dit qu'ils furent soumis, *subacto...Armorico.* Mais ce serait outrer la matière que de vouloir en conclure qu'ils n'étaient que des sujets rebelles, qui par cette défaite furent obligés de rentrer dans le devoir, et de rendre l'obéissance qu'ils avaient refusée. Tous les

signis et regionem quam Romanis olim custodiebant, Arborichis et Romanis tradiderant. *Procopius, de bello Goth., cap.* 12.

auteurs emploient les mêmes termes pour exprimer des ennemis vaincus, mais qui n'étaient pas pour cela devenus sujets de l'empire (1), comme ils ne l'étaient point aussi avant ces défaites. Le nord dompté, désarmé, subjugué, réduit en servitude, et les Saxons domptés, selon l'expression de Claudien et dans le langage du même Sidonius Appollinaris, qui s'est servi du terme que j'examine; les troupes de la Lybie domptées, les Suèves soumis et subjugués, les Goths réduits et assujettis,

(1) Omne quod Oceanum fontesque interjacet Austri, unius intercursus tremuit, sine cæde subactus servitio Boreas, exarmatique Triones, post domitos Arctos. *Claudian, de lund. stilicon, l.* 1. Domito quod Saxone Tethis mitior. *Idem, in Eutrop., l.* 1. Te Lybicas pariter domuisse catervas. *Sidon. Apoll. cap.* 1, *et in Panegyr. Majoriani V.* 595. Subacto victor Vindelico. *Idem, car.* 7, *in Paneg. Aviti, V.* 233.

et comme dit Jornandès, les Suèves insolens, et les Français, malgré leur barbarie, obligés par Aétius (1), après des carnages immenses, de se soumettre à l'empire romain, et une infinité d'autres semblables exemples, sont de bonnes preuves qu'en prose comme en vers, on se servait des termes *soumis* ou *subjugués*, *subacto*, pour exprimer les avantages que les généraux romains remportaient sur les nations libres, mais ennemies de l'empire.

On dira : le prêtre Constance (2) et le

(1) Ætius, reipublicæ romanæ singulariter natus, qui superbiam Suevorum, Francorumque barbariam immensis cædibus servire Rom. imperio coegisset. *Jornandes, de rebus Geticis, nu.* 34.

(2) Pro rebellionis præsumptione... nisi perturbationis perfidia mobilem et indisciplinatum populum ad rebellionem pristinam revocasset. *Constantius præsbyter, in vitâ S. Germani.*

moine Erric (1) appellent ces Armoriquains des rebelles. J'en conviens ; mais aussi Claudien dit la même chose des Français (2) sous l'empire d'Arcade et d'Honorius. Il n'est plus besoin, dit-il, d'attaquer les rebelles, il ne s'agit que de les punir en les chargeant de fers. Ce n'est pas que les Français se fussent asservis au joug des Romains ; on avait remporté sur eux quelque avantage, ils prenaient les armes pour s'en venger, pour réparer leur perte et défendre leur liberté, et c'était ce qui portait Claudien à les traiter de rebelles. C'est

(1) Gens inter geminos notissima clauditur amnes, Armoricana priùs veteri cognomine dicta; torva, ferox, ventosa, procax, incauta, rebellis. *Erricus monachus, in vitâ S. Germani.*

(2) Provincia missos expellet citius falces, quam Francia reges. Quos dederis, feriat; nec jam pulsare rebelles, sed vinclis punire licet. *Claudian., de laud. Stilicon, l.* 1.

de la même manière et dans le même sens que Sidonius (1) traite de rebelles les Huns et les Scytes habitans du Tanais, qui néanmoins n'étaient point sujets des Romains. Gildas (2) et Bede (3) emploient les mêmes termes quand ils veulent exprimer les efforts que les habitans de l'île de Bretagne faisaient pour résister aux barbares qui les avaient chassés ou pillés. Je n'en rapporterai point

(1) Primi cadit hostia belli, quisquis rebellis erat. *Sidon. Apollinar., car.* 3. *in Paneg. Majoriani, V.* 503. Vel africanæ telluris Tanaiticum rebellem. *Idem, car.* 23, *V.* 257.

(2) Alios veró nunquàm, quin potiùs de ipsis montibus, speluncis ac saltibus, dumis consertis, continuó rebellabant. *Gildas, de Con. Britanniæ, n.* 17.

(3) Quin potiús confidentes in divinum, ubi humanum cessabat, auxilium, de ipsis montibus, speluncis ac saltibus continuó rebellabant, et tùm primúm inimicis, qui per multos annos prædas in terrâ agebant, strages dare cœperunt. *Beda eccl. Hist. lib.* 1, *cap.* 14.

d'autre exemple : ceci suffit pour faire voir que la force de ce mot n'est pas de signifier des sujets ni des vassaux qui se soulèvent contre leurs seigneurs, mais des ennemis, quels qu'ils soient, libres originairement ou nés sujets, qui, après avoir été vaincus, reprennent les armes pour tenter de nouveau la fortune de la guerre ; et c'est dans ce sens que Constance (1) use de ce terme au sujet des Armoriquains. Il faut dire la même chose de celui de *pardon*, employé deux fois dans la même occasion par le même auteur, terme qui marque seulement une soumission forcée ; mais utile, dont un ennemi plus faible se sert à l'égard de son vainqueur ou d'un ennemi plus

(1) Ea conditione ut venia, quam præstiterat, ab imperatore vel Aetio peteretur... obtentâ veniâ et securitate perpetuâ. *Constantius, in vitâ S. Germani.*

puissant, dont il redoute les forces. Sidonius Appollinaris ne parle point autrement des Allemands, qui néanmoins n'étaient point sujets de l'empire (1). *Vous députez* dit-il, *ô Allemands, des personnes pour demander pardon de votre fureur.* En effet Constance emploie également (2), quand il parle de l'empereur et d'Eocharic, et personne ne dira que les Armoriquains fussent des sujets de ce roi barbare. Une preuve qu'ils ne l'étaient point aussi de l'empereur, selon cet auteur même, est qu'il s'agissait d'un traité de paix, et qu'ils furent les premiers à en rejeter les conditions, et que les auteurs qui nous apprennent qu'ils se trouvèrent deux ou trois ans après dans

(1) Legas qui veniam poscant, Alamanne, furoris. *Sidon. Apoll. car. 7, in Paneg. Aviti. V.* 389.

(1) Venia, quam præstiterat, ab imperatore vel Aetio peteretur. *Constantius, in vitâ S. Germani.*

l'armée du général Aétius contre Attila, déclarent précisément qu'ils n'étaient plus soldats romains, (1), c'est-à-dire, sujets de l'empire, et qu'ils ne servaient qu'en qualité d'alliés et de troupes auxiliaires, comme les Français, les Goths, etc. Après tout quand il serait vrai qu'à Rome on les regardait comme des rebelles, ce ne serait toujours qu'en conséquence de leur révolte en 410 et non à cause de leur défaite, ou de leur soumission depuis ce tems, puisque Erric lui-même dans cette occasion dit (1) qu'ils n'en avaient jamais eu pour les empereurs.

(1) Pacis securitatem fidissimam pollicetur. *Constantius, in vitâ S. Germani.*

Et fortuna quidem firmissima cautio pacis. *Erricus, ubi suprà.*

(1) Quondam milites romani; tunc verò in numero auxiliatorum quæsiti. *Jornandes, de rebus Geticis, nu.* 60. Regibus hunc fidei nunquam servasse tenorem. *Erricus, ubi supra.*

XIII.

Comparaison de l'état armoriquain avec celui des autres nations qui étaient libres.

Afin de donner encore plus de jour à cette matière, comparons l'état de ces peuples pendant tout le tems dont il s'agit, avec l'état des autres nations établies dans la Gaule, et qui étaient regardées comme libres et indépendantes de l'empire. On verra que les Armoriquains ne l'étaient pas moins, et qu'ils pouvaient même passer pour tels à plus juste titre. Je ne parle point des Vandales, des Suèves ni des Alains; quelques actes d'hostilité, quelques ravages qu'ils aient faits sur les terres de la république, quoique presque toujours ennemis déclarés de l'empire, errans et vagabonds dans les Gaules et dans les Espagnes qu'ils désolaient, continuellement aux prises ou les uns avec les autres ou avec les Romains, affaiblis par de fréquentes défaites, nullement à portée de réparer leurs pertes par de nouvelles colonies : souvent vaincus, rarement vainqueurs et toujours craintifs au milieu de leurs victoires mêmes, on ne laisse pas de les regarder comme des peuples libres et capables de former un état indépendant dans le sein de l'empire et dans le même pays qu'ils avaient désolé. Je ne parle point aussi des Goths; leurs violences, leurs entreprises continuelles, malgré les conditions des traités faits avec eux, devaient les rendre encore plus odieux. Tous ces peuples étaient originairement libres, et c'est ce qui fait que je passe légèrement sur leur article. Je parle des Bourguignons : dans les commencemens ils étaient sujets de l'empire. Ils ne furent d'abord que des soldats romains placés en divers forts, qu'ils appelaient bourgs, le long des frontières de la Germanie. Ils se multiplièrent, de sorte qu'ils devinrent un peuple considérable. Ils servirent encore contre les Allemands, sous l'empire de Valentinien; mais vers l'an 406, de gaieté de cœur, sans aucun sujet de mécontentement qu'on sache, ils prirent parti avec les Vandales et les Suèves. Ils se jetèrent comme eux dans les Gaules et les ravagèrent. Ils ne laissèrent pas, malgré toutes ces violences, d'obtenir dans cette province une habitation des plus avantageuses dans un des lieux les plus agréables sur le Rhône et dans le voisinage de la fameuse ville de Lyon. Non contens de cette grâce ils veulent envahir la Belgique: Aétius les défait, la guerre continue, et ils périssent presque tous. Ils trouvent encore grâce, ils ont la liberté de demeurer dans le même pays. S'ils font la guerre, on se sert du terme de rebellion ; s'ils désarment, on appelle ce changement une paix; s'ils prennent les intérêts des Romains, on convient que c'est en qualité d'alliés et de confédérés, et on ne fait nulle difficulté de les regarder comme un peuple libre. Pourquoi refuserait-on le même titre aux Armoriquains, eux qui ne se déclarèrent point contre l'empire, en faisant irruption sur les terres de la république ; mais qui prirent les armes par nécessité, pour se défendre contre les barbares, et qui furent assez forts pour leur résister, ensorte que pendant près de neuf ans, ils ne firent pas de grandes pertes : au contraire ils se virent sans cesse fortifiés par de nouvelles colonies de Bretons, qui venaient se réfugier chez eux. D'ailleurs ils passèrent plus de 24 ans sans rien entreprendre, ou sans vouloir rien usurper au-delà de leurs frontières. Lorsqu'on parle d'eux, on se sert des mêmes termes qu'on emploie pour les Bourguignons, de *guerre* ou de *paix*, d'*alliance* ou de *rebellion*, d'*affection* ou de *bienveillance*. Il n'en est pas ainsi des Bagaudes, qu'on doit regarder comme étant nés sujets, et n'ayant jamais fait que de vains efforts pour se mettre en liberté. On ne donnait à leurs soulèvemens d'autres noms que ceux de mouvemens, de conspirations (1), de tumulte, de faction et de sédition. On n'appelait point *paix*, mais un simple repos, la fin d'un vain effort qui ne méritait presque

(1) Gallia ulterior Tibatonem principem rebellionis secuta, atque tracto initio omnia penè Galliarum servitia in Bagaudam conspiravere. *Prosper. Pith. ad an. Theod. XII.* Tibatone et cæteris seditionis partim principibus vinctis, partim necatis Bagaudarum commotio quiescit. *Ibidem ad an. XIV.*

pas le nom de guerre (1). Alors on les dépouillait, on les chargaient de fers, on les punissait en sujets révoltés et séditieux, par des moyens juridiques. C'était l'office des juges, qui les châtiaient, et qui les condamnaient aux tourmens et à la mort.

Il en est tout autrement des Armoriquains. Ce n'était point une simple faction, c'était une nation téméraire, perfide, insolente, si vous voulez, mais hautaine, rusée, fière, cruelle, indisciplinée, et qui depuis long-tems n'était plus fidèle aux empereurs. Leur rebellion (car ce terme est équivoque) n'est point une sédition; c'est une guerre pernicieuse et réitérée. Quelques

(1) De Bagaudis nunc mihi sermo est, qui per multos Judices et cruentos affecti, necati, postquàm jus Romanæ libertatis amiserant, etiam honorem Romani nominis perdiderunt. *Salviani de Providentia, Lib.* 5.

escarmouches ne suffisent point pour les dompter ; il faut une armée commandée par un roi belliqueux et très-cruel : la fin de cette guerre est une paix très-sûre et très-durable, mais qu'ils rejettent. Pour les réduire ou les punir, il faut recommencer la guerre, et le roi des Alains, tout belliqueux qu'il est, ne paraît pas suffisant. Il faut que les haches romaines paraissent, et que les généraux de l'empire en prennent le soin, et malgré tous ces préparatifs quelques années après, et la première fois que l'histoire en parle, elle nous apprend expressément qu'ils n'étaient plus sujets, mais alliés, et qu'ils ne servaient dans l'armée romaine qu'en qualité de troupes auxiliaires. Les auteurs qui nous apprennent ces circonstances, sont les mêmes qu'on cite contre nous, et la plupart sont contemporains. C'est assez, ce me semble, pour faire voir que depuis l'an 410 jusque vers l'an 445 les Armoriquains étaient indépendans et libres; et je ne crois pas avoir rien avancé de trop, quand j'ai dit, dès le commencement de cette dissertation, que cet état fut un des premiers démembremens de l'empire, puisque pour en trouver le commencement il faut remonter jusqu'à l'an 410, au lieu que les Bourguignons, les Alains et les Goths ne purent obtenir des terres pour les habiter qu'après l'an 412 et qu'ils n'eurent de demeures fixes, les uns après l'an 419 et les autres encore plus tard.

XIV.

L'état des Armoriquains était monarchique, et depuis l'an 421 *ils eurent des rois.*

Quand il s'agit d'expliquer quel fut l'état de ces Armoriquains, depuis qu'ils furent mis en liberté, vers l'an 410, Vignier et quelques autres après lui, ont fort philosophé sur le passage de Zozime qui parle de ce fait, et que j'ai cité ci-devant, nombre IX. Ils n'emploient que le terme de république, et veulent nous faire entendre que ce n'était point un état monarchique. Néanmoins le passage de Zozime, pris dans la plus grande rigueur, ne signifie qu'une forme nouvelle et particulière de gouvernement, qui n'exclut point la souveraineté d'un seul prince, qu'on appelle monarchie et royaume. Ils furent mis, dit cet auteur, dans la nécessité de vivre à leur gré; ils se firent une forme de gouvernement domestique à leur volonté; il ajoute même que les peuples de l'Armorique et les autres provinces de la Gaule se mirent en liberté de la même manière. Et comme les Gaulois élurent un souverain, qui fut Jovin, on peut conclure de ce passage même, que les Armoriquains en élurent un à leur exemple. En effet nous avons déjà vu dans le huitième nombre de ce chapitre, que lorsque Rutilius Claudius Numatianus parle de ces peuples, il se sert d'une expression qui suppose un peuple libre et gouverné par des rois. De là vient que les évêques de ce pays, assemblés dans le concile de Vannes vers l'an 455, finissent leur lettre synodale par ces mots, selon quelques exemplaires : « *Que Dieu protège et préserve le* » *royaume de toutes sortes de malheurs.* » Et dans la suite Jornandès nous apprend le nom de celui qui gouvernait les Bretons, et lui donne le titre de roi, ensorte que comme nous avons vu qu'ils en avaient un avant 420, comme Jornandès (1) et les autres au-

(1) In minorem Britaniam, quæ tunc Armorica

teurs que je citerai dans la suite, ne nous laissent plus lieu de douter qu'ils n'en aient eu après l'an 445, on ne doit rien trouver d'extraordinaire dans l'expression de ceux qui leur en donnent pendant le tems qui s'est écoulé entre ces deux époques, et on ne peut se dispenser de convenir qu'ils ne disent rien en cela qui ne s'accorde parfaitement avec l'histoire romaine, et qui ne soit conforme aux expressions des auteurs les moins suspects. On ne doit donc point aussi regarder comme une fable ce que Geoffroi de Montmouth a dit en peu de mots, qu'Audren fut le quatrième roi après Conan. On ne doit point aussi condamner le

seu Letavia dicebat, ut auxilium à confratribus suis postularet. Regnabat tunc in illâ Aldroenus quartus à Conano, cuio Maximianus regnum illud donaverat, sicut jam dictum est. *Galfridus Monamet. lib. 6, cap. 4.*

sentiment de l'auteur de la vie de S. Iltute (1), quand il donne à ce saint pour père un noble chevalier nommé Bican, et pour mère Remguilide, fille d'un roi de la Petite-Bretagne. Tous ceux qui ont fait mention de ce saint (1) conviennent qu'il fut disciple de saint Germain, évêque d'Auxerre, mort en 448. Portons les choses à la dernière rigueur, et supposons que tout ce qu'il prétend, est qu'il eut le bonheur d'être baptisé par ce saint. En fait de légendaires, c'est plus qu'il ne faut pour être mis au rang de ses disciples. Supposons encore que ce fait n'est arrivé que pendant le se-

(1) Iltutus filius nobilissimi militis Bicani et Riemguilidæ filiæ regismin. Britanniæ. *Joannes Tinmunth. in vitâ Iltuti apud Usser. p.* 253.

(2) Iltutus discipulus S. Germani erat. *Vitâ sancti edita per Joan à Bosco.* Item vita S. Maglorii apud Surium, to. V. et alibi. *Voyez la note* 19.

cond voyage de ce saint dans l'île de Bretagne ; ne donnons à la mère de cet enfant que 16 ans, elle serait née au moins en 430, c'est-à-dire, qu'il y avait dès ce tems-là, selon les auteurs de la vie de saint Iltute, un royaume et un roi des Bretons Armoriquains.

XV.

L'un de ces rois porta le nom de Salomon.

Un de ceux qui régnèrent depuis l'an 421 jusqu'en 445 est appelé par quelques auteurs Salomon. Pour prouver qu'il a existé et que tout ce qu'on en a dit n'est point une fable, je ne prétends point relever ici le titre (1) de roi III des Bretons donné dans quelques actes au roi Salomon,

(1) Salomoni tertio et ultimo Britonum regi. *Decretum Gratiani.*

qui vivait dans le neuvième siècle, titre qui suppose néanmoins assez qu'il y en avait eu déjà deux autres du même nom (1). Je passe aussi légèrement sur un monument qui subsiste encore près de Brest, qui nous conserve la mémoire d'un roi Salomon tué dans ce lieu, d'où vient qu'on appelle en Breton *Merzer-Salaun*, c'est-à-dire, lieu du martyre de Salomon. Il est vrai que de trois de nos rois qui ont porté ce nom, il n'y a que celui dont je parle qui ait pu perdre la vie dans cet endroit. Mais comme l'auteur de la chronique de Nantes, d'ailleurs assez moderne (2), en parle autre-

(1) Le Baud, p. 49. Voyez d'Argentré, l. 2, ch. 59, et Albert-le-Grand dans la vie de Salomon, qui, sur certaines traditions, applique à Salomon III ce qui ne peut convenir qu'à Salomon II.

(2) Voyez *Dom Lobineau*, histoire de Bretagne. to. 2, col. 42.

ment, quoiqu'en ce point il mérite peu qu'on le croie, je veux bien néanmoins le lui passer, afin de ne pas multiplier les disputes sans nécessité. La chronique des rois bretons armoriquains parlait aussi de Salomon (1), mais d'une manière fort abrégée ou du moins tout ce qu'on cite de cet auteur à ce sujet, est que la vie de ce roi fut très-pieuse. J'ai déjà fait connaître dans le nombre 3 de ce chapitre ce que je pensais, et ce qu'il me semble qu'on doit penser de cet ouvrage. Tout ce que je puis ajouter est de témoigner le regret que j'ai de voir qu'il ne subsiste plus que dans des citations et dans des traductions qui ne nous en ont conservé que des fragmens si peu étendus; mais après tout le peu qu'il nous apprend de Salomon et des autres rois ses

(1) Voyez le Baud, ch. 5, p. 47. Voyez aussi la note 17.

successeurs, est si conforme à tout ce que les autres en ont dit, qu'on voit assez que cet ouvrage n'a été fait que sur de bons mémoires. Je ne puis me dispenser de m'étendre un peu plus sur l'article de Paul, Paulin, Paulinien ou Politien, qui nous a donné l'histoire de la translation des reliques de saint Mathieu. Un auteur moderne, dont je respecte d'ailleurs l'érudition (1) et l'autorité, n'en parle que comme d'un inconnu. Cependant le Baud (2), Henschenius (3) et quelques autres nous en ont ap-

(1) On dit, mais sur la foi d'un inconnu, à qui on a donné le nom de S. Paulin, que le corps ou du moins le chef de S. Mathieu, qu'on croyait être l'Apôtre, fut apporté par des marchands à Léon, ou Leondoul. *Baillet au 21 de Septembre.*

(2) *Le Baud*, p. 47, dit que Paulinus était Evêque de Léon et qu'il fit l'histoire de la translation du corps de S. Mathieu.

(3) Historia translationis Mathæi Apostoli des-

pris des choses assez particulières. Le dernier reconnaît qu'on avait dans l'abbaye de Vaucelle un ancien exemplaire de cet ouvrage sous le nom de Paulin, évêque de Léon. Il convient qu'on a tout lieu de croire que ce Paulin était le même que Paulinien, évêque de cette ville, avant l'an 974, plus de 175 ans avant Geoffroi de Montmouth. Un autre qui ne se distingue pas de l'abbé, nous apprend qu'il souscrivit à l'acte du rétablissement de l'église abbatiale de Saint-Pierre-en-Vallée, près de Chartres (1) et qu'il signe en ces termes : *Pau-*

cripta à Paulino; eumdem credere possumus Episcopum Legionensem, ut habet titulus in antiquâ membranâ Bibliot. Vallicell. *Bollandus, de S. Paulo Leon. ad* 12 *Martii, p.* 110.

(1) Il fut présent au rétablissement de l'église abbatiale de S.-Pierre-en-Vallée, près Chartres, l'an 954, où il se nomme Paulianus in Britanniâ Episcopus. *Albert, Catalog. des Evêq. de Léon, p.* 272.

linien, évêque en Bretagne. Le nom, la dignité de cet auteur, le tems où il écrivait, le lieu ou l'on conservait un exemplaire de son ouvrage ne sont donc point des choses inconnues. Or cet auteur entre dans un grand détail des circonstances du règne de Salomon. Il dit qu'il épousa la fille de Flavius, patrice romain; qu'il fit alliance avec l'empereur Valentinien; que ce fut sous son règne que le corps de saint Mathieu fut apporté dans la Bretagne par des marchands qui l'avaient pris en Egypte; que dans ce tems un Ruival était duc de la province de Cornouaille; que Salomon abolit à cette occasion la coutume qui s'était conservée jusqu'alors de vendre les enfans de ceux qui n'étaient pas en etat de fournir au trésor du prince la portion des charges publiques ou des impôts à laquelle ils étaient taxés; que ce roi fut tué par

ses propres sujets dans une émeute populaire; que Flavius son beau-père en porta ses plaintes à l'empereur Valentinien, et que cet empereur envoya contre les Armoriquains une armée qui ravagea leur pays pour les punir de leur sédition et pour venger la mort de leur roi, qui était son allié. Dans tout ce récit, qui renferme presque tout ce que nous savons de ce roi, je ne trouve aucune circonstance qui ne s'accorde parfaitement avec l'histoire romaine, comme je le ferai voir bientôt. S'il y a quelque difficulté, ce ne peut être que dans ce qui regarde l'article de cette translation du corps de saint Mathieu.

L'auteur de la chronique de Bretagne (1)

(1) Voyez *Dom Lobineau*, tom. 2, col. 31 et 32. de l'Hist. de Bret. Anno 825 translatum est corpus S. Mathæi Apostoli ab Æthiopiâ in min. Britanniam. Anno 825 translatum est corpus S. Ma-

ne place ce fait que dans le neuvième siècle, sous l'an 825, et néanmoins sous l'an 852 il ne laisse pas encore d'en parler en ces termes: *Erispoé, roi des Bretons, est tué par Salomon; du tems de ce Salomon le corps de saint Mathieu, apôtre, fut rapporté dans la Petite-Bretagne;* mais cette affectation de parler deux fois du même fait, et la contradiction visible dans laquelle l'auteur tombe en le plaçant dans deux différentes années si éloignées l'une de l'autre, ne permettent pas de faire beaucoup de fond sur cette pièce, qui d'ailleurs n'est qu'une compilation du quatorzième siècle, et qui n'a peut-être pas cent ans d'antiquité

thæi Apostoli ab Æthiopiâ in min. Britanniam. Anno 857, Herispoius, rex Britannorum, à Salomone occiditur. Hujus Salomonis tempore delatum est ab Æthiopiâ corpus Mathæi Apostoli in min. Britanniam.

plus que l'ouvrage de le Baud. Aussi cet historien, qui avait apparemment vu cette chronique, n'a pas laissé de s'en tenir au témoignage de celui qui s'appelle Paulinien, qui était plus ancien d'environ 400 ans, et d'attribuer, comme lui, à Salomon premier, avant le milieu du cinquième siècle, ce que cette chronique rejette jusqu'au tems de Salomon III sur la fin du neuvième. En effet, l'auteur qu'il nomme Paulinien, était évêque du même diocèse, dans lequel cette relique avait été placée. Il prend le soin de la mettre à couvert de la fureur des barbares; il nous rend compte des particularités de son voyage et du succès de son entreprise. Il ne faut pas douter qu'il ne fût mieux informé qu'un autre dans quel tems et de quelle manière on avait reçu ce précieux dépôt; et quand il nous en fait une histoire si détaillée, quand il nous assure que ce fait arriva sous le règne d'un Salomon qui vivait du tems de l'empereur Valentinien, on doit juger qu'il l'avait appris de la tradition ou de quelques histoires qui ne sont pas venues jusqu'à nous. Au reste l'abbaye de saint Mathieu, qui ne fut bâtie à l'honneur de ce saint que depuis la translation de ses reliques, est un monument durable (1), qui confirme tout ce que Paulinien a dit à ce sujet; puisque dès le sixième siècle il y avait dans ce lieu des moines sous la conduite de saint Tangui,

(1) Monasterium Gerberense, cui Relicense successit, à Paulo constructum, cui Tanguidis abbas præfectus, is qui S. Mathæi monasterium in extremo Armoricæ apud Leonenses promontorio sub medium sæculum VI construxisse perhibetur...... occasionem tradunt S. Apostoli caput ex Æthiopiâ à quibusdam mercatoribus allatum. *Annal. Bened. Autore Mabiloniol, tom. 1, Lib. 6.*

qui fut inhumé dans ce monastère. Voilà donc dans des auteurs du huitième et du dixième siècle la preuve et le nom de Salomon premier roi des Bretons Armoriquains. Je pourrais ajouter qu'il y a bien de l'apparence que c'est aussi ce Salomon, duc de Cornouaille, père de saint Kebius, qui passa la meilleure partie de sa vie sous la discipline d'un saint Hilaire, que Jean Tinmouth a confondu mal à propos avec celui de Poitiers; mais cette preuve demanderait un trop long examen: je me contenterai de l'avoir seulement indiquée.

XVI.

Salomon paraît être le même que d'autres auteurs nomment Guithol et Vitrio.

J'estime que c'est de ce roi nommé Salomon par ces trois auteurs, que d'autres ont voulu parler sous le nom de Guithol ou Guiton ou Vitric. Il me paraît que ce n'est point une simple conjecture, et soit que ce prince ait porté ces deux noms, comme c'était assez la coutume des seigneurs bretons armoriquains d'en porter deux, soit qu'un de ces noms ait du rapport avec l'autre, et n'en soit que l'explication dans une autre langue, il paraît que ces auteurs n'ont rien dit de Guithol ou de Vitric, que nos historiens n'aient dit de Salomon : famille, qualité, domicile, tems dans lequel il vivait, exploits, tout convient absolument. Ingomar (1) et l'auteur des actes de saint Vinnoc (2) sont ceux qui l'appellent

(1) Ingomar, pour prouver l'Histoire de Judicael, dans son Epître à l'Abbé Huguetin, dit que Ruivalle, fils de Derothus, fils de Guithonus, fils Urbianus, fils Caracus, fils Gerenthonus, vint dans la Bretagne Armorique, avec un grand nombre d'insulaires. *Le baud. p.* 64.

(2) Ruivallus, Britanniæ dux, filius fuit Derochi'

Guithol, ou comme quelques autres ont lu *Guithon*. Ces auteurs supposent qu'il était du moins prince et plus vraisemblablement

filii Witoli, filii Urbieni, filii Gerenthoni. *Ita Geneal. S. Vinoci saeculo* 3. *Benedictino p.* 302. Voyez aussi *Dom Lobineau*, Hist de Bret., tom. 2, Table Généal.

Ubi Kebius, ab Hilario Pictaviensi Episcopo gradu Episcopali accepto, consedisse traditur. *Usserius Britan. Eccl. cap.* 5, *p.* 49. Hilarius Pictavorum Episcopus.... apud quem Kebium Britannum, postquàm 20 annis apud Cornubienses suos liberalibus disciplini incubuisset, per. 50 annos mansisse, graduque Episcopali ab eò accepto, in patriam suam posteà remeasse referunt in ejus vitâ Joannes Tinmunth. et Capgravius. *Ibidem, p.* 105. Kebius Britannus, Salomonis ducis Cornubiæ filius et Celestii Scoti parentes jam sequuntur : è quibus Kebium gradu Episcopali ab Hilario Pictavorum antistite accepto, in patriam reversum Meneviam consedisse, et indè transfretantem in Hiberniam, in quâdam Insulâ, constructâ Ecclesiâ, annis quatuor mansisse ; ac demùm cùm suis discipulis indè recedentem in insulâ Monâ sivè Anglesiâ consedisse refert in illius vitâ Joannes Tinmunth. *Ibidem, p.* 411. Nota :

roi, puisqu'ils disent qu'il était d'un côté petit-fils de Coton, roi de Bretagne ou des Bretons ; et de l'autre, un des aïeux de Rioval, aussi roi du même pays, et père de Cornus, qui, comme nous verrons dans le chapitre suivant, fut aussi roi de Bretagne, soit qu'il ait été prince ou roi, ce ne peut être que dans l'Armorique, puisque c'est dans ces lieux qu'il faut chercher les ancêtres de Rioval, depuis Cothon et Cathou. C'est de ce Coton, qui est le même que Conan, que Guithol était petit-fils ; il fut père de Eroch ou Deron, qui, comme il paraît assez et comme je le ferai voir plus amplement ailleurs, n'est autre qu'Audren, et nos historiens disent tout cela de Salomon.

S. Sanctanus, qui colitur 9. Masi in Ecclesiâ de Kill. Daleas in Lageniâ, fuit genere etiàm Britannus, filius Samuel regis Britanniæ et Drechuræ, filiæ Murodacii regis Ultoniæ. *Colgan, p.* 8.

D'ailleurs le vrai fils de Conan ou Coton qui régnait vers la fin du quatrième siècle, et fut le bisaïeul de Rioval, qui ne commença de régner que vers l'an 513, n'a pu vivre que sous l'empire de Valentinien, c'est-à-dire, après l'année 425 et dans les suivantes, et selon Paulinien, c'est dans ce tems que Salomon vivait. Enfin on trouve, par une rencontre assez singulière, que tous ceux qui dans ces premiers siècles ont porté le nom de Salomon, ont aussi porté celui de Guithol, ou quelque autre qui n'est pas fort différent. Car outre celui dont il s'agit, il y eut dans le même siècle un Witaël (1), frère d'Erech ou Riochame et fils d'Audren, et quelques-uns le nomment Salomon (2). J'espère faire voir dans la

(1) Voyez les actes de sainte Ninnoch.

(2) Généalogies imprimées et Mss. de la maison de Rieux.

suite que Salomon II du nom est celui des frères de Judicaël, que les généalogies de saint Vinnoc nomment Gozelus ou Wotselus, mot qui n'est qu'une altération de celui de Witsalaun. On peut ajouter que celui dont il s'agit ici est le Jugon ou Witton de l'histoire fabuleuse (1) de saint Rioch.

Si on demande quel rapport il peut y avoir entre ces deux noms, Salomon et Guithol ou Withol, je réponds en premier lieu qu'il m'importe peu qu'il y en ait, ou qu'il n'y en ait pas, puisque ce n'est point sur la ressemblance des noms que je fonde tout ce que je viens de dire; mais sur la filiation, sur les qualités, sur la demeure des personnes, et sur le tems où vivait celui qui portait ces deux noms; car je n'ai pas dit que ce fût absolument

(1) Vie de S. Rioch dans Albert-le-Grand, page 39.

le même. Il se peut qu'un des deux ne fût qu'un surnom. J'ajoute néanmoins que Pontan, dans ses Origines des Français, p. 587, dit que Wite en langue teutonique signifie prudence, sagesse, et Witrich, très-sage ou très-savant. Peut-être se servait-on de l'un des deux noms comme d'une explication, ou comme d'une épithète de l'autre. Pour ce qui regarde Nitric, c'est Prosper qui nous en parle sous l'an 439 (1). Il dit que ce fut pendant le même tems que Vitric passait pour fidèle à la république, et qu'il en avait donné beaucoup de preuves par ses actions belliqueuses. On voit que Paulinien a dit expressément la même chose, et presque dans les mêmes termes, de Salomon, qui est Withol, et c'est ce qui me porte à

(1) Per idem tempus Vitricus reipublicæ nostræ fidelis et multis documentis bellicis habebatur. *Prosper, in chron. part. ultima, Theod. 17 et festo Coss.*

croire qu'il ne s'agit que de la même personne; Vitric et Vithol ou Guithon diffèrent si peu, surtout si on fait réflexion que reith ou rei signifie roi, seigneur, et que le reste du nom est absolument semblable; que le tems et les actions s'accordent parfaitement; qu'on ne risque rien en disant que ce n'est qu'un même nom employé par divers auteurs, avec très-peu d'altération, pour exprimer la même personne. Je ne pourrais éviter les redites, si je m'arrêtais à faire voir plus particulièrement la conformité qui se trouve entre les exploits attribués à Salomon et l'histoire romaine. Je passe au tems où vivait ce roi et à la durée de son règne.

XVII.

Tems dans lequel Salomon vivait, et durée de son règne.

J'avoue que c'est l'endroit de cette dissertations le plus difficile, et celui qui m'a le plus coûté. Presque tous les modernes, en s'attachant trop au sentiment d'Alain Bouchart, ont tellement dérangé la chronologie de ces premiers règnes, que j'ai eu besoin d'une extrême attention pour m'empêcher de heurter contre le même écueil. Le Baud, plus exact que tous les autres, ne l'a pas été même en tout, puisqu'il a mis le règne de Grallon avant celui de Salomon, quoique ce fût une nécessité de le mettre après, comme je le ferai voir en son lieu. Pour ce qui regarde Salomon, ce n'est point depuis 405 jusqu'en 412 qu'il a régné. Je ne sais comment d'Argentré ne s'est point aperçu de l'anachronisme (1), lui qui prétend que ce prince eut des démêlés avec les Visigoths; car ces peuples ne

(1) D'Argentré, hist. de Bret., L. 1, ch. 20

passèrent de l'Italie dans la Gaule qu'en 412. Ce fut aux environs de Narbonne qu'on leur accorda ce premier établissement, dans un pays éloigné des Armoriquains, et ils n'obtinrent une demeure fixe dans le territoire de Toulouse qu'en 419. Le Baud avait pensé plus juste sur ce qui regarde le tems dans lequel Salomon vivait (1), puisqu'il convient que ce fut pendant son règne que les Romains chassèrent de l'île de Bretagne les barbares qui la désolaient, et qu'ils firent bâtir un mur; et ce fait, selon Usserius (2), n'arriva qu'en 426. Ainsi, selon le sentiment de le Baud, c'était dans ce tems que Salomon régnait. En effet, Paulinien nous a déjà dit formellement qu'il était contemporain de Valentinien; qu'il fit al-

(1) Le Baud, page 49.

(2) Usserius Brit. Eccl. Antiq. ind. Chron. ad an. 426, page 314 et seq.

liance avec lui ; que ce fut du vivant de cet empereur que ce prince fut tué par ses sujets ; et que pour venger la mort de son allié, Valentinien envoya des troupes qui ravagèrent l'Armorique. On sait que cet empereur ne commença de régner qu'en 425. Alors il n'était encore âgé que de sept ans, et tout le maniement des affaires fut entre les mains de Plecidie, sa mère, jusqu'après l'an 430. Mais aussi, puisque Salomon conserva si fidèlement l'alliance qu'il avait faite avec cet empereur, on ne doit point placer son règne après l'an 434 ou 437 puisque les années suivantes, jusqu'après 449, ne furent qu'un tems de trouble et de guerres. Il faut que son règne ait finit avant la rupture qui fut cause de la guerre et de la défaite des Armoriquains, dont parle Sidonius Apollinaris, et qu'on doit rapporter à l'an 439. Cette rupture arriva dans le même tems que la révolte des Bagaudes, qui commença (1), selon Prosper et Sigebert, en 434, et finit, suivant le premier, deux ans après, c'est-à-dire, en 436, et suivant le second (2), cinq ans après, ce qui nous conduirait jusqu'en 439, véritable année (3) de la défaite des Armoriquains par Littorius. J'estime donc que ce fut dans le commencement et à l'occasion

(1) Gallia ulterior Tibatonem principem rebellionis secuta à Romanorum societate discessit, à quo tracto initio omnia penè Galliarum servitia conspirarunt. *Prosp. Pithæi ad an. Theod.* 12. Capto Tibatone et cæteris seditionis partim principibus vinctis, partim necatis Bagaudarum commotio conquiescit. *Ibidem, ad an.* 14.

(2) Sigebertus ad an. 437, qui verè est 434, in Galliis, principibus seditionis attritis, et Tibatone capto quiescit Bagaudarum commotio. *Idem, ad an.* 442, *qui est* 439.

(3) Sub anno, ut ostendemus, 438. *Sirmundus in Notis ad Sidon., page* 119.

de ces troubles, vers l'an 434 que Salomon perdit la couronne avec la vie, après treize ans de règne, depuis l'an 421 jusqu'en 434. Il ne pouvait être âgé tout au plus que de quarante-deux ans, puisqu'étant petit-fils de Conan et fils d'Urbien, il n'a pu venir au monde avant l'an 392.

XVIII.

Alliance et postérité de Salomon.

Pour ce qui regarde son alliance, nous avons déjà vu qu'il épousa la fille d'un patrice romain, nommé Flavius : l'embarras est que ce nom fut fort commun pendant tout ce siècle ; pour ne rien dire de Flavius Jovin, qui fut consul avec Lupicen, l'an 367. Flavius Evodius fut premier ministre du tyran Maxime. Constantin, aussi tyran, et qui fut consul en 409, s'appelait Flavius. Flavius Varanes ou Varari, selon

Cassidore, fut consul en 456 et portait apparemment le même nom ; ce fut un de ceux de Maxime Avit, qui parvint à l'empire en 455. On voit qu'il n'est pas aisé de démêler quel fut celui de ces patrices dont Salomon épousa la fille. Il semble que le Baud veut nous insinuer que ce fut Flavius Varanes ou Varari. Pour moi, s'il était bien constant que ce nom fût héréditaire dans la famille d'Avit, j'aurais plus de penchant à croire que ce fut son père (1). Sidonius nous apprend que le titre de patrice était dans cette famille, une des plus illustres de l'Auvergne, dans le voisinage de l'Armorique. Avit eut beaucoup de crédit

(1) Rutilat cui maxima dudùm stemmata complexum germen palmata cucurrit per proavos gentisque suæ, te testé, Philagri..... Patricius resplendet apex. *Sidon. Apoll. Car 7, in Paneg. sancti Aviti V.* 155

pendant tout ce tems. Dès avant l'an 421, lorsqu'il était encore jeune, il fut député vers l'empereur Honorius. Depuis il eut presque toujours part aux exploits d'Aétius, entre lesquels on doit compter la défaite des Bagaudes, qui arriva dans le même tems à peu près que celle des Armoriquains. Quoi qu'il en soit, j'estime que ce mariage se fit vers l'an 408 qu'Audren vint au monde. Or, la même année ou la suivante, est né Constantin, le second fils, peu de tems après. S'il est vrai qu'une dame romaine, nommée Cécile, ait été l'épouse d'un Salomon, roi des Bretons Armoriquains, c'était de celui-ci le premier du nom; au lieu que si cette princesse s'appelait Oren (1), comme un auteur moderne n'a pas fait difficulté d'avancer l'un et l'autre, quoiqu'il

(1) Albert-le-Grand, vie des saints de Bretagne, catalog. des rois armoriquains.

n'en donne aucune preuve, on ne doit point regarder ce dernier nom comme barbare ; il n'est qu'une altération et un abrégé de celui d'Eugénie, qui n'était rare ni parmi les dames romaines, ni parmi les dames gauloises. Le premier de leurs enfans fut Audren, qu'Ingomar nomme Deronus et dont je parlerai dans le chapitre suivant; le second fut Constantin, père d'Aurèle Ambroise, et bien différent de Constantin surnommé le tyran, qui régna l'an 407 et mourut l'an 411. Je ferai voir dans le même chapitre que c'est sans fondement que quelques modernes les ont confondus ; je réserve à m'expliquer en même tems sur l'article de l'un et de l'autre, parce que la plupart des auteurs ne parlent d'Audren qu'à l'occasion de son frère Constantin, père d'Aurèle Ambroise, et qui fut roi de l'île de Bretagne vers l'an 447. On ne peut séparer les preuves de l'un sans s'exposer à tomber dans des redites.

Outre ses deux fils, Audren et Constantin, l'ordre des tems demande aussi qu'on regarde Salomon comme ce roi de la Petite-Bretagne (1), dont Riemguilide était fille. Elle eut pour époux un noble chevalier de l'île de Bretagne (2), nommé Bican. L'auteur de la vie de saint Cadoc ou Sophie, lui donne le titre de roi. De leur mariage sortit le fameux Hidulte ou iltute, disciple de saint Germain, évêque d'Auxerre et maître à son tour de tant de pieux solitaires et de saints évêques (3). Quelques-uns ont

(1) Hiltutus nobilissimi militis Bicani et Riemguilidæ filiæ regis min. Britanniæ, filius. *Joannes Timunth. apud Usserium*, *page*. 252. Voyez ce même chapitre, nomb. 14.

(2) Vide Bollandum, tome 2. Januarii, page 604.

(3) D'Argentre, hist. de Bret., l. 1, page 66.

écrit que ce fut à Dol, c'est-à-dire, dans le pays de ses ancêtres du côté de sa mère, qu'il fut inhumé; et puisque saint Kebius fut fils d'un Salomon, comte de Cornouaille, comme il n'est fait mention d'aucun comte de ce nom dans l'île de Bretagne, il est tout naturel de croire que c'était de Salomon même dont je parle (1), et que saint Kebius fut un des fruits de son mariage. C'est tout ce que j'ai pu découvrir de l'alliance et de la postérité de Salomon.

XIX.

Fables qui regardent le règne de Salomon, et à quelle occasion on les a débitées.

Je pourrais me dispenser de faire un article exprès pour rechercher l'origine et le fondement des circonstances fabuleuses qu'on

(1) Voyez ce même chap., nomb. 16.

a pu mêler dans la suite de l'histoire toute simple de ce roi, telle que je viens de la rapporter. On n'en trouve aucune de ce caractère dans nos historiens. Celle qui pourrait paraître plus extraordinaire, est que jusqu'au tems de son règne c'était une coutume de vendre les enfans pour fournir au trésor du prince, comme je l'ai dit sur le témoignage de Paulinien. Mais cette coutume, toute dure qu'elle parait, n'est point néanmoins imaginaire, ni fabuleuse. Il ne faut que lire ce que Salvien (1) a dit dans le quatrième livre de son traité de la

(1) Nam illud latrocinium et scelus quis dignè éloqui possit, quod cùm Romanâ republicâ vel jam mortua, vel certè extremum spiritum agente, in eâ parte quæ adhuc vivere videtur, tributorum vinculis quasi prædonum manibus strangulata, moriatur. *Salvianus, de providentiâ, l.* 4. Omnes denique quos per universum orbem fecit humana iniquitas jam non esse Romanos. *Ibidem, l.* 5.

providence, pour convenir qu'elle n'était qu'une suite de la rigueur avec laquelle on exigeait les impôts du tems des Romains. Dans le livre suivant il s'en explique dans des termes qui ne sont pas moins vifs. Cet auteur (1) ne dit rien en ce point que Pacatus, qui vivait long-tems avant, n'eût dit sous le règne du tyran Maxime. Il nous reste jusque dans les lois des empereurs, des vestiges et des preuves de l'obligation où les peuples étaient souvent d'abandonner

(1) Luget, credo, fratrem, sed habet filium. Ita flere non licebat amissa metu reliquorum....comportabantur interim spolia provinciarum, exuviæ exulum, bona peremptorum. Hic aurum matronarum manibus extractum, illic raptæ pupillorum bullæ, hic dominorum cruor, perfusum rependebetur argentum. Sic cum immitis tyranni et stilus timeretur et gladius, transierat in vota paupertas, et ut possimus effugere carnificem. optabamus subire sectatorem. *Pacatus in Paneg. Theod.*

leurs biens et leur liberté, pour se mettre à couvert des dures exactions, plus insupportables que la pauvreté même et que la servitude. S'ils étaient obligés de se réduire dans l'esclavage et d'engager leur propre liberté, on peut bien juger que ce n'était qu'après avoir vendu celle de leurs propres enfans. Il me paraît aussi que j'en ai dit assez pour faire voir que l'alliance de Salomon avec la fille d'un patrice romain, nommé Flavius, n'a rien qui puisse la faire regarder comme une circonstance fabuleuse. Il en est une qu'on trouve dans la plupart de ceux qui ont écrit l'histoire de France dans les quinzième et seizième siècle (1); aucun de nos historiens ne l'a

(1) Les grandes chroniques et annales de France, par Nicolas Gilles, à Paris, en 1541..... sous Mérovée, l'an 448. Histoire universelle, par Jacques Charon, sous Mérovée. Le P. Berhaut *Flores Franci*, l. 1, cap. 10.

adoptée; mais telle qu'elle est, s'il est vrai qu'elle ait quelque fondement, elle ne peut avoir de rapport avec aucun autre règne qu'avec celui de Salomon. C'est ce que ces écrivains ont avancé, que Mérovée, roi de France, avait un fils, qui fut cause de la mort d'un roi de l'Armorique, d'autres l'appellent roi de Cornouaille; qu'un certain Galuron ou Galaor fut un des principaux instrumens de ce meurtre; que ce père, comme un autre Brutus (1), exact observateur de la justice aux dépens de son propre sang, fit mourir son fils; que ce fut à cause de cette sévérité qu'on lui donna le nom de Néron, comme si sa sévérité eût en ce point égalé toute la cruauté de Néron.

(1) Exuit patrem, ut consulem ageret, orbusque vivere, quam publicæ vindictæ deesse maluit. *Valer. Maxim. l.* 5, *cap.* 8. Dans l'original il y a un mot en blanc, qui peut être *Brutus*.

Voilà la fable dans toute son étendue : voici ce me semble, quel peut être le fondement. Mérovée, prince français (1), père de celui qui fut la tige des Mérovingiens, vivait en effet vers l'an 434, année dans laquelle Salomon fut tué. Paul, diacre, qui parle de Mérovée long-tems avant 434, l'appelle Néronée. Selon cet auteur, il fit, de concert avec Claudion ou Claon, une irruption bien avant dans la Gaule. D'ailleurs on trouve que Grallon (2) recut une grande somme d'argent des fils du roi des Français, avec lesquels il avait une étroite liaison, Salomon est tué dans ce même tems

(1) Voyez le P. Jourdan, hist. de France, tome 1, page 494, et Laudigier, de l'Origine des Français, tome 1, page 402 et suivantes.

(2) Hæc memoria retinet, quod emit Gradlonus Eneshir... de oro atque argento, quod accepit à filiis regis Francorum. *Dom Lobineau, histoire de Bret., tome II, col.* 18.

par ses propres sujets. Grallon, comte de Cornouaille, était un des plus considérables et des plus puissans. Il monte sur le trône dans ces conjonctures (1). Les commencemens de son règne furent sévères, pour ne pas dire odieux et suspects. Je suis le plus trompé du monde, si ce n'est pas lui dont on a voulu parler sous le nom de Galuron ou Galaor, qui revient assez à celui de Grallon ou Galon, et si ce n'est pas le dénouement de cette scène tragique et tout le fondement de cette fable. Quoi qu'il en soit, Grallon fut roi dans l'Armorique avant l'an 445.

XX.

Grallon fut aussi roi des Bretons Armoriquains avant l'an 445.

La difficulté n'est pas, ce me semble, de

(1) Gradlonus et ipse tunc temporis rex nimiùm

prouver qu'il y ait eu dans l'Armorique un prince de ce nom, ni qu'il ait été reconnu pour roi. Outre les titres de l'église de Quimper (1), tant de fois cités dans le procès des évêques de cette ville contre les réformateurs du domaine, et que ceux-ci n'ont jamais contestés, les chroniques de cette même église et des abbayes de Lantevenech et de Saint-Jagu, que ce roi fonda; les catalogues des comtes de Cornouaille (2), qui subsistent encore aujourd'hui; les vies de saint Corentin, de saint Ronan et de quelques autres saints cités par le

feroci animo regni negotia pertractans. *Vita S. Vingal. apud Bolland. ad diem* 3 *Martis.*

(1) Factum de ce procès.

(2) Paulominus antiquum est S. Jacuti monasterium; primitus apellatum S. Mariæ de Landouard, situm in diocesi Dolensi in quâdam Armoricæ peninsulâ.... Grallonum itidem conditorem habuisse fertur. *Ann. Bened. tome* 1, *lib.* 6.

Baud, font une mention trop positive de Grallon, pour laisser la liberté de douter qu'il ait existé. Dès le dixième siècle on trouve que les moines de Lantevenech prirent grand soin de conserver les titres qui parlaient de ce roi, leur fondateur, et de laisser à leurs successeurs un détail exact des terres que ce prince et les autres seigneurs de la cour avaient données à cette abbaye. C'est ce qui paraît dans les divers fragmens que Bollandus a rendus publics sous le nom d'additions à la troisième vie de saint Wingalois. Voici ce qu'on y lit : On rapporte les présens extraordinaires que le roi Grallon fit à saint Wingalois; car il lui donna un très-grand nombre de villages et de fermes pour le repos de son âme et de son cher fils Rivelen, auquel il a survécu, et de ses autres parens et amis. Hepunon, fils de Rivelen et de Ruantis, a donné une église à saint Wingalois..... moi le roi Grallon j'assure que ces choses sont véritables. Ensuite, sous un nouveau titre, on parle de ceux qui ont eu le bonheur de converser avec ce saint, et voici ce qu'on y lit (1) : Moi le roi Grallon je suis venu jusqu'à Lantevenech trouver saint Wingalois l'an de Notre-Seigneur 400. On trouve encore dans les mêmes cartulaires ces autres mots : Moi Grallon, roi des Bretons par la

(1) Mira Gralloni dona S. Wingaloeo recensentur, quæ in ipsum rex contulit : infinitas enim tribus donavit et villas tum pro animâ suâ, tùm pro animâ amantissimi filii Riveleni, postquàm obiit, pro que suis aliis. Hepunon filius Riveleni et Ruantis dedit ecclesiam L. Wingaloeo. Tres filii Catnæ olim raptores per virtutem S. Wingaloei conversi sunt, nunc inter cælites vivunt, et ideò tradiderunt hæreditatem sancto in hæreditatem æternam. Ego Grallonus veniens Lanteguenec ad S. Wingualoeum anno Domini 400, etc. *Vita ejusdem sancti apud Bollandum ad diem* 3 *Martis.*

grâce de Dieu, et en partie des Français (1), Moi Grallon roi.....Je conviens que ces choses n'ont été rangées, ni même peut-être écrites de cette manière, que depuis le duc Alain, mort après l'an 900, c'est-à-dire, qu'elles ne peuvent être regardées que comme des ouvrages du dixième siècle. Mais il faut aussi convenir qu'elles ont été tirées de quelques monumens plus anciens, comme on le marque expressément, et qu'on ne fit alors tout au plus que les transcrire dans un nouveau registre. Mais un témoin plus ancien et qu'on ne doit pas, ce me semble, récuser, est l'auteur de la troisième vie de saint Wingalois, nommé Gurdestin (2), moine de Lantevenech, dont j'ai

(1) Grallonus gratiâ Dei rex Britonum, nec-non ex parte Francorum. *Cartul. Lantevenecg apud Lobineum, tome. 2, hist. Britan. col.* 17 *et* 18.

(2) Pervenit sancti fama ad Grallonum regem

déjà dit quelque chose. Les annales bénédictines nous apprennent qu'il écrivit sur la fin du neuvième siècle, vers l'an 884. La réputation de ce saint, dit cet auteur, le fit connaître à Grallon, roi des Cornubiens occidentaux (1), *qui avaient glorieusement triomphé des pirates du Nord*. Et dans un autre endroit il ajoute que Grallon, surnommé le Grand, avait en main le sceptre de la Bretagne.

L'auteur de la deuxième vie du même

occidorum Cornubiensium, gloriosum ultorem Normannorum, qui, post devictas gentes inimicas, sibi duces subduxerat, captus est studio visendi S. Wingaloeum. *Gurdestinus, monachus Lantevenech, in vitâ S. Wingualoei.*

(1) Nesciebant omnes usum vini, et hæc lex diu in isto refulsit monasterio à quo tempore Gradlonus, appellatus magnus..... Britanniæ sceptrum tenebat. Ad an. Lud Imp. V. Dom. Incarn. 818. *Gurdestinus, ibid. n. 9.*

saint, qu'on trouve dans Bollandus (1), dit aussi que Grallon, qui était roi dans ce même tems, avait d'abord fait paraître, en traitant les affaires de son royaume, un esprit fier et hautain, ou si vous voulez, avait gouverné son royaume avec beaucoup de rigueur et de sévérité, mais qu'ensuite il devint plus doux et plus humain. On ne marque point dans quel tems cet auteur écrivait (2), mais il paraît ancien. J'ai déjà dit que je regardais le catalogue des comtes de Cornouaille cité par le Baud, comme un

(1) Grallonus et ipse tunc temporis rex primùm feroci animo regni negotia pertractans....deinde mitior factus. *Vita sancti Wingualoei apud Boland. numéro* 11.

(2) Voyez ci-dessus, chap. 1, n. 8, et le Baud, page 91. Voyez d'Argentré, Hist. de Bret., l. 1, chap. 19. Voyez aussi Albert-le-Grand, vie des saints de Bret. au catalogue des évêques, page 168 et suivantes.

ouvrage du sixième ou du moins du septième siècle. On y trouvait le nom de Grallon entre les premiers de ces comtes. Si on ajoute les preuves qu'on peut tirer de son tombeau, de son épitaphe qui se voit encore dans l'église de Lantevenech, de l'anniversaire que les moines de cette abbaye doivent célébrer tous les ans pour le repos de son ame, de l'inscription qui fut gravée, l'an 1424, sur le portail de l'église de Quimper, enfin de la statue équestre de ce roi placée sur le même portail, au-dessus de cette inscription; je ne crois pas qu'on puisse regarder ni son nom, ni son règne comme des choses supposées ni fabuleuses, beaucoup moins comme inventées par Geoffroi de Montmouth, qui n'en dit pas un mot. Je sais que les derniers monumens sont modernes; mais il me paraît qu'on doit équitablement penser qu'ils ont été substitués à d'autres de

même nature et d'une plus haute antiquité.
Je ne peux ici me prévaloir ni de l'acte de fondation de l'abbaye de Saint-Gildas-de-Ruis, qu'on attribue néanmoins communément et avec assez de raison à ce roi, ni du détail de sa pompe funèbre qu'on trouve dans le cartulaire de Lantevenech, parce que je sais que ces titres sont suspects, apparemment faux, certainement altérés. Il me semble que les autres preuves suffisent.

XXI.

En quel tems Grallon vivait, époque et durée de son règne.

Le nœud de la difficulté consiste à fixer le tems dans lequel ce roi vivait, la durée de son règne et l'année de sa mort. Pour moi je ne doute pas que tous les actes qui le font régner avant l'an 400 et qui supposent qu'il est mort en 405, s'ils ne sont pas absolument faux, n'aient été du moins altérés, et que la date n'en ait été changée. Car il me paraît certain qu'il régnait après l'an 434 et qu'il n'est mort que vers 445. En effet il eut le bonheur de converser (1) avec saint Wingalois. Il alla le voir dans sa retraite de Lantevenech, et fit de riches fondations dans ce monastère (2). Or ce saint, plusieurs années avant qu'il demeurât à Lantevenech, et même avant qu'il se fût retiré dans sa première solitude, avait formé le dessein de quitter ses parens et sa patrie pour aller trouver saint Patrice déjà

(1) De his qui colloquio sancti frui meruerunt, ista sic traduntur. Ego Grallonus rex veniens Lantevenec ad S. Guingualoeum, etc. *Bolland. in Appendice ad vitam S. Guing.*

(2) Floruit in Britanniâ vir vitæ venerabilis Guingualoeus nomine...... Hic sacram opinionem S. Patricii audierat, æstuantique corde in odorem unguentorum ejus currere concupierat. *Josselin. in*

évêque (1), dont les saintes instructions avaient éclairé toutes les églises de l'Hibernie, et déjà dans un âge assez avancé pour

vitâ S. Patricii apud Colgan., page 182. Deliberabat diutius ac desiderabat, demumque animo fixum statuit parentes patriamque relinquere et ad Hiberniam proficiscendo in discipulum et sub disciplinatu sancti Patricii christo servire. Nocte verò præcedente, quâ in crastinum se ad iter proposuit præcingere, vidit in visu virum clarissimum Pontificalibus redimitum coram se assistere, ac sibi in sermone dicere: Noveris clarissime Wingaloe, nec esse Patricium ad quem ire disponis, nec te fatiges, nec quæras quem invenire non poteris. Instat enim tempus meæ dissolutionis; in proximo est ut ingrediar viam universæ carnis. Voluntas Dei est ut non dimittas locum tuum....sanctusque Wingaloeus fecit, sicut edoctus fuerat divinitus. *Ibidem..*

(1) Illustrat omnes Ecclesias Hiberniæ. *Gurdestin. in vitâ sancti Guingaloei apud Bolland.* Et ce ne fut que depuis, qu'il demeura trois ans dans l'île de Torpegia, d'où il alla s'établir à Landevenech. *Ibidem.* Voyez la note XII.

envisager l'heure de sa mort comme prochaine. S. Patrice entra dans cette île avec caractère d'évêque seulement en 432. Il ne fit des conversions éclatantes, ou du moins on ne peut dire qu'il ait éclairé toutes les églises de l'Hibernie que quelques années après. Ce ne fut donc au plus tôt que vers l'an 435 ou 436 que S. Wingalois put prendre la résolution d'aller le trouver. Il ne pouvait encore avoir alors que 18 ou 20 ans tout au plus, et on ne peut donner moins à une personne que l'on suppose en état, non seulement d'entreprendre un tel voyage, mais encore d'instruire les autres et d'avoir déjà des disciples. Il se retira d'abord avec eux dans l'île qu'on nomme Torpegia, dans laquelle il demeura trois ans entiers; mais enfin l'incommodité de ce lieu lui fit prendre le parti de le quitter et de préférer celui de Lantevenech. Ce fut là qu'il jeta les premiers fondemens de cette abbaye, que le roi Grallon dota bientôt de tous ces amples revenus dont il est parlé dans les titres qu'on lit encore aujourd'hui, et que je viens de citer. Ce roi vivait donc après 432 et même après 439. C'est une conséquence claire et nécessaire. Mais aussi, puisqu'Audren régnait dès l'an 446 comme je le ferai voir dans le chapitre suivant, il faut que Grallon, auquel il succéda, soit mort en 445 : il n'est plus fait mention de lui nulle part depuis cette année. Le martyre de S.-Vignier, autrement appelé Fingart, qui signifie la même chose, arrivé peu de tems après, est même une preuve positive qu'il ne vivait plus, puisqu'il y avait un autre comte ou roi de Cornouaille, que les actes de ce saint nomment Théodoric. Cette chronologie s'accorde parfaitement avec ce que nous lisons dans les catalogues des comtes de Cornouaille ; car, comme il en marque trois avant Grallon, dont deux au moins, et peut-être trois, étaient frères, qui ont porté successivement ce titre dans l'espace d'environ 50 ans, c'est-à-dire, depuis 383 jusqu'en 434, il en marque aussi deux après Grallon, c'est-à-dire, depuis 445, qui ont pu vivre jusqu'après 500, tems dans lequel vivait Reith, le septième de ces comtes, soit qu'il ait été le même que Rioval, comme quelques-uns le prétendent, ou qu'il ait seulement été son contemporain, ce que j'examinerai dans la suite plus amplement. Voilà donc le commencement du règne de Grallon fixé l'an 434 et l'année de sa mort en 445, après onze ans de règne. Ensorte qu'on ne doit pas le confondre avec celui qui fut comte de Cornouaille dans le dixième siècle, comme le père le Large l'a dit dans ses

Mémoires Mss. sur l'histoire de Bretagne ; car celui-là ne fut jamais nommé Grallon le Grand ou Grallon Mur, mais seulement Grallon Ploënor ; ni avec celui qui porta le même titre de comte de Cornouaille dans les sixième et septième siècles, qui n'est connu ni marqué dans les catalogues de ces comtes, que sous le nom de Grallon Flain; c'est donc celui même qui dans ces catalogues a porté le nom de Mur ou Grand, comme Gurdestin le dit expressément, et qui vivait avant Reith ou Rioval, puisque entre eux ces catalogues en mettent deux autres, Daniel Dremrus et Budic, c'est-à-dire, qu'il fut roi vers le milieu du cinquième siècle comme je viens de le prouver.

XXII.

Famille, alliance et postérité de Grallon.

Il reste encore sur son sujet une autre

difficulté, qui ne sera pas si facile à résoudre; c'est de découvrir sa naissance, ses parens et sa famille. Bouchard dit qu'il était fils de Conan, mais il n'en rapporte aucune preuve, et comme entre les vingt-quatre enfans de Cone ou Conis, qui est Conan, je n'en trouve point de ce nom, ni d'aucun autre qui puisse convenir, je ne fais nulle difficulté de juger qu'il n'en était pas du nombre. C'est aussi ce que d'Argentré soutient; il prétend (1), que loin d'avoir été fils de Conan, il était du même âge, et qu'il l'avait accompagné dans son passage sous le règne du tyran Maxime; qu'il habita d'abord la ville des Ossismiens (c'est aujourd'hui le pays de Saint-Pol-de-Léon); qu'il porta le titre de duc, et qu'il

(1) D'Argentré, Hist. de Bretagne, liv. 1, chap. 19, page 92.

se qualifia quelquefois duc et quelquefois comte de Cornouaille (1). Le Baud n'avait point parlé de l'âge, mais il avait dit presque tout le reste. Je ne vois rien que de très-probable dans leur sentiment. L'effigie de ce roi le représente dans un âge très-avancé; tout ce que nous savons de lui prouve la même chose; c'est ce qui suppose qu'il n'était pas fils de Conan, ni mort en 405, comme Bouchard l'a dit; mais qu'il était né quelque tems avant le passage de Maxime. J'ajoute qu'il y a bien de l'apparence que ce Grallon est le même que Golit, dit aussi Gallus ou Gallon, époux d'Agris ou Tigride, sœur de Daréréa, qui serait l'Advisia du cartulaire de Lantevenech, c'est-à-dire, qu'il était, non pas effectivement frère,

(1) Le Baud, ch. 4, page 45.

comme un moderne l'a dit (1), mais beau-frère de Conan ou Conis. Né vers l'an 365, marié vers l'an 382, il aurait passé dans l'Armorique avec Maxime et avec Conan en 383, âgé d'environ 20 ans Il aurait été d'abord duc de Domnonie jusqu'au tems du règne de Salomon, qui l'aurait fait comte de Cornouaille vers l'an 421. Après la mort de ce roi, soit qu'il en ait été l'auteur ou le complice, et qu'on ait voulu parler de lui sous le nom de Galaor ou Galuron, soit qu'il ait seulement profité de cette conjoncture pour usurper le royaume au préjudice de ses petits neveux, il aurait monté sur le trône en 434, âgé de 69 ans, et serait mort en 445, âgé de 80 ans. Si les choses ne se sont pas effectivement passées de cette manière, je

(1) Le P. Toussaint de S. Luc, Hist. de Conan Meriadec, page 90.

ne vois au moins rien qui puisse nous empêcher de le penser, rien même qui ne nous porte à le croire. Je n'entrerai point néanmoins ici dans le détail de toute cette nombreuse postérité de Gollit et d'Agris, qu'on peut voir tout entière dans Usserius et dans Colgan. Je me contenterai de dire que Grallon eut un fils nommé Rivelen ou Ruelen, qui mourut avant son père, et qui de Ruantis laissa celui que les cartulaires de Lantevenech nomment Hepunon, et que ce roi n'eut pour successeur dans ses états qu'il avait usurpés, ni son fils ni son petit-fils, mais Audren, Deronus ou Dremrus, fils de Witol, qui est Salomon. Au reste, comme ceux qui nous ont parlé de Grallon, quoiqu'ils n'aient pas entré dans toutes ces difficultés, n'ont pas laissé de nous en dire des choses assez singulières, je ne crois pas pouvoir me dispenser de m'étendre un peu sur les circonstances de son règne, et d'examiner celles qui se trouvent conformes à l'histoire romaine.

XXIII.

Conformité des circonstances du règne de Grallon avec l'histoire romaine.

La première est que les commencemens de son règne furent durs et violens; je me suis servi de cette preuve pour faire voir qu'il est très-probable qu'il eut part à la mort de Salomon, s'il n'en fut pas un des principaux auteurs; et quand il n'aurait pas poussé cette férocité qu'on lui reproche jusqu'à ce point d'irréligion et d'inhumanité, cela n'empêcherait pas que les commencemens de son règne n'eussent dû paraître durs, puisqu'il rompit ouvertement avec les Romains, et qu'il leur fit une assez longue guerre, dans laquelle il paraît avoir eu quelque désavantage. C'est ce qui a fait dire qu'il entretint la paix avec les Gaulois; car il semble en effet qu'il s'unit avec les Bagaudes, qui n'étaient que des Gaulois mécontens du gouvernement, et qu'il s'unit avec eux, non pour demeurer en paix, mais pour faire de concert la guerre aux Romains, ou du moins pour les aider à s'affranchir de leurs violences et de leurs exactions. Tout cela s'est passé de la sorte depuis l'an 434 jusqu'en 439, peut-être plus long-tems. On en trouve les preuves dans Prosper, dans Sidonius Apollinaris, dans le prêtre Constance et dans Sigebert, que j'ai déjà cités (1). On dit encore de lui qu'il eut une grande union avec les habitans de la Grande-Bretagne. Il ne faut point de

(1) Voyez les nombres 10, 11, 13 et 17 de ce même chapitre.

preuves pour cet article, puisque lui-même et son épouse étaient natifs de cette île. Il n'est point de plus grande union que celle qui vient d'une alliance aussi étroite ; pour ne rien dire de ceux de ses habitans qui, pour se mettre à couvert des ravages continuels des barbares, purent chercher un asile dans ses états pendant tout le tems de son règne, comme tant d'autres étaient venus s'habituer dans les mêmes lieux sous le règne de ses prédécesseurs.

On trouve aussi dans les titres de Lantevenech qu'il reçut des sommes considérables des fils du roi des Français, et qu'il fut même en partie roi des Français. On aurait peine à trouver dans ces faits quelque apparence de vérité, si la grande notice de l'empire ne nous apprenait qu'il y avait à Rennes, qui était une des principales villes de l'Armorique, des Français Lètes; et comme les Français s'étaient déja fait une grande réputation dans les Gaules entre les années 434 et 445, il était trop glorieux au roi des Armoriquains d'avoir dans ses états quelque petite portion que ce pût être d'une nation si belliqueuse, pour ne s'en pas faire honneur. Outre les fréquentes irruptions des Français dans les Gaules, depuis celles de Clodion et de Mérovée I du nom, dont j'ai déjà parlé, la division qui se trouvait entre ces peuples, dont une partie combattait pour Attila, pendant que l'autre était avec les Armoriquains dans l'armée d'Aétius, suffirait pour autoriser tout ce que les titres que j'ai cités disent de la liaison que Grallon eut avec les fils du roi des Français, et des sommes considérables qu'il reçut de ces princes.

Une autre circonstance du règne de Grallon, est qu'il fut le glorieux vainqueur des nations du nord. Gurdestin les appelle tout simplement Normands, et dit qu'après avoir vaincu ces nations ennemies, il avait pris leurs chefs. Par ces Normands vaincus, le Baud entend les pirates de Norwège, et d'Argentré les Danois (1). Quelques auteurs appellent en effet les Danois Normands, d'autres donnent ce nom aux Visigoths; et il s'en trouve au contraire qui donnent celui de Vandales aux véritables Normands (2), qui se rendirent si redoutables au neuvième siècle (3). C'en est assez pour enten-

(1) Dani Normanni dicuntur, quia lingua eorum Boreal *North*, homo verò *Mag*, inde Northmasni, id est, homines Boreales per denominationem nuncupantur. Sed originem tamen a Gothis ducere noscuntur Dani. *D'Argentré.*

(2) Erum pentibus ab occiduis partibus Visigothis, qui et Normanni. *Asse in vitâ S. Becan Abbatis apud Nicol. Camus in Antiq. Tricass.*

(3) Sepultus est (S. Vincentius) in castello Gra-

dre ce que Gurdestin a voulu dire. Il s'est servi d'un terme très-connu de son tems et très-usité, pour exprimer, non les mêmes peuples, mais tous ceux en général qui étaient du Nord. Tels étaient les Vendales, les Saxons et les Alains ou Allemands; et Grallon a pu dans diverses conjonctures défaire quelques troupes de ces diverses nations. Sous le règne de Conan, l'an 409, il a pu commander une armée pour s'opposer aux Vandales, auxquels Zozime nous apprend en effet que les Armoriquains résistèrent avec succès. Je dis la même chose des pirates saxons, ou dans le même tems, ou dans les années suivantes, et des Visigoths, ou des Alains sous le règne de Grallon vers

vione, pictaviensi territorio, ubi diu requievit in pace usque ad tempora Vandalicæ persecutionis. *Anonimus scriptor vitæ Vincentii.* Voyez Laudigier, orig. des Fran., tom. 1, p. 60. Voyez aussi la Note XXVII.

l'an 444, lorsque les Armoriquains assiégèrent Tours, comme je l'ai prouvé par le témoignage de Sidonius Apollinaris et par les notes du P. Sirmond sur ce passage.

Enfin une autre chose que nos historiens attribuent à ce prince, est l'érection de l'évêché de Cornouaille, dont la ville de Quimper fut le siége principal. Cet article regarde l'histoire ecclésiastique. J'ai fait dessein de n'en parler que le moins possible; mais il m'a paru que je ne pouvais me dispenser de faire voir qu'on ne dit encore rien en ce point qui ne soit conforme à l'histoire. Car dans la petite *Notice des provinces*, ouvrage qui paraît être de ce même tems, nous trouvons dans la troisième Lyonnaise la ville de Quimper, sous le nom de *Corisopitum*, qu'elle conserve encore, au rang de celles qui portaient le titre de cités et qu'on regardait comme épiscopales;

et j'espère que tous ceux qui voudront juger sans prévention conviendront, comme M. l'abbé Chastelain, très-bon juge en ces sortes de matières, en est convenu, qu'il y a bien de l'apparence que le Charilaton, Chariaton ou Caraton, si bien marqué dans les monumens publics de ce tems, est le saint Corentin même qu'on honore comme le premier évêque de cette ville, qui de son nom s'appelle encore aujourd'hui Quimper-Corentin.

XXIV.

Fables débitées au sujet de Grallon,

Je regarde toutes les autres circonstances que les historiens modernes rapportent sous le règne de Grallon, comme apocriphes ou fabuleuses. Ce qu'ils disent de la ville d'Is, est de ce genre; ils prétendent qu'elle était située sur le bord de la mer;

entre la pointe de Crauzon et le cap de Fontenai, dans un lieu qui fait aujourd'hui partie du golfe ou de la baie de Douarnenez. Ils disent qu'elle fut ensevelie sous les flots, en punition des crimes de ses habitans par un débordement extraordinaire et miraculeux de la mer, et que lorsqu'elle est basse, on montre encore dans ces lieux les ruines de cette ville. Il y en avait en effet dès-lors une de ce nom. C'était le *Corisopitum* de la petite Notice des provinces, ou celle que l'anonime de Ravenne nomme Kerris. *Kœr* signifie *ville*; il est le nom en question et l'*opitum* n'est qu'une corruption d'*oppidum*, ville. Mais les anciens auteurs de la vie de saint Guingalois ne font aucune mention de sa ruine, ni de cette inondation; et je crois qu'une tradition populaire est un fondement trop faible pour établir suffisamment un événement aussi singulier. Il y a même peu d'apparence que les restes de ces murs et de ces bâtimens aient pu se conserver sous les eaux pendant près de treize siècles dans un golfe des plus exposés aux vents et aux tempêtes.

On mêle dans cette tradition le nom d'une princesse, qu'on dit fille de Grallon, et qu'on appelle Ahés ou Dahut. On veut qu'elle ait donné son nom à la ville de Carhaix ou Ker-Ahès, qu'elle fit bâtir, et qu'elle ait fait faire deux grands chemins pavés, l'un depuis cette ville jusqu'à Nantes, et l'autre jusqu'à Brest, dont on voit encore des interruptions, qu'on appelle Kent-Ahès, c'est-à-dire, chemin d'Ahès. On l'a dépeint encore plus coupable dans la cour du roi son père, que ne fut en même tems Honoria dans celle de Valentinien son frère. Rien de tout cela dans l'antiquité. Je trouve bien qu'une des filles de Conis ou Conan s'appelait Achée, nom qui semblerait assez approcher de celui d'Ahès; mais elle fut d'un caractère bien différent de celui sous lequel on nous représente cette prétendue fille de Grallon. Achée, selon le calendrier de Castel, fit profession de virginité, aussi bien que sa sœur Lalloc. Selon Catalde Maguir, sous le 6 février, ces deux sœurs se consacrèrent à Dieu et firent vœu de virginité. Selon Engustius ou du moins son scoliaste, Achée ressuscita des morts et guérit des lépreux, preuves évidentes de la fidélité de cette sainte à remplir les devoirs de son état. D'ailleurs il ne viendra jamais dans l'esprit que Grallon, si sévère dans les commencemens de son règne, si pieux sur la fin de ses jours, aidé des sages conseils de tant de saints personnages, de saint Ronan, de saint Guingalois, de saint Jagu, de saint Corentin, ou n'ait pas aperçu dans sa fille tous les défauts qu'on reprochait à cette princesse, ou n'y ait pas remédié. Pour ce qui regarde ce grand chemin qui conduisait depuis Brest, par Carhaix, jusqu'à Nantes, c'est celui qu'on trouve dans les anciens itinéraires, qui fut très-fameux et très-fréquenté long-tems avant Grallon. Tout ce qu'on ajoute de la clef que ce roi portait au cou, pour marque de sa royauté, n'est qu'un conte puéril inventé sur une étymologie mal concertée des mots *toul-dahut* ou *toul-alchuès*, ou sur une application faite à contre-tems du terme de *clef* employé dans l'Ecriture pour exprimer la puissance, conte indigne d'être écrit comme une chose sérieuse. Je sais qu'on présente aux souverains ou à ceux qui tiennent leur place, les clefs des villes dans lesquelles ils font leur entrée solennelle; mais je ne crois pas qu'on trouve nulle part qu'on en portât au cou pour marque de distinction et de souveraineté. Il est vrai que saint Grégoire-le-Grand en avait envoyé d'or à Childebert, roi de France, non afin qu'il les portât au cou, mais comme un préservatif contre toute sorte de maux, parce qu'elles renfermaient quelque peu de limaille des chaînes de saint Pierre, et qu'ainsi devant être regardées comme des reliques, on pouvait les porter au cou. Mais tout cela ne me paraît pas suffisant pour autoriser ce qu'on dit de la clef de Grallon.

XXV.

Etendue et limites des états de Grallon.

Il ne faut pas finir ce chapitre sans dire un mot de l'étendue de ses états et de leurs limites pendant son règne. Ce serait se tromper de croire qu'il ne fut toute sa vie que simple comte de Cornouaille, tels qu'étaient les derniers qui portèrent ce titre sous nos ducs, c'est-à-dire, seigneurs tout au plus d'une cinquième ou sixième partie de cette province. Dans ces premiers tems, ce qu'on appelait Cornouaille n'avait pas moins d'étendue que ce qu'on appelle aujourd'huil a Bretagne. Glaber Radulphe (1), auteur du commencement du onzième siècle, en est un bon garant, puisqu'il dit nettement que Rennes était la capitale du pays qui portait ce nom; et l'auteur d'un fragment imprimé dans Pithou (2) dit que le même pays que les Bretons

(1) Situs Galliæ propriam excedit magnitudinem mensura rationem quadri format, cujus inferius finitimum ac perinde Cornu-Galliæ nuncupatur. Est autem illius Metropolis Rhedonum civitas inhabitata diutius à gente Britonum, quorum solœ divitiæ primitùs libertas fisci et lactis copia. *Glaber Radulphus*, *l.* 2. Voyez la Note VI.

(2) Juxta quos (Normannos) habitationem habent Britanni, qui, pulsi à Britannicâ Insulâ dudùm à Saxonibus, eamdem regionem quam modò inco-

appelaient, de leur nom, Bretagne, portait auparavant celui de Cornouaille. La vie de saint Oudocée prouve la même chose(1). Le comte de ce nom était donc dans ces premiers siècles un officier ou commandant, dont le ressort s'étendait généralement dans tout le pays qu'il gouvernait sous les ordres du souverain, comme l'autorité du comte de la Grande-Bretagne, dont

lunt, appellavere à suâ gente Britanniam, quæ priùs Cornu-Galliæ dicebatur. *Fragmentum Hist. Fran. à Pitheo editum.*

(5) Fuit vir Budic filius Cybsdan, natus de Cornu-Galliâ,..... missis legatis ad eum de nativâ suâ gente Cornu-Galliæ, ut sine morâ cùm totâ suâ familiâ et auxilio Britannorum ad recipiendum regnum Armoricæ gentis veniret.... regnavit per totam Armoricam terram, et in tempore suo tandiù durantem usque ad Alpes, etc. Adiit sanctus Teliavus cùm suis Clericis et omni populo Cornu-Galliam, quæ posteà vocata *Cerniu-Binidic. vita S. Oudecei apud Usserium*, p. 291. Voyez la Note XXVII.

il est fait mention dans la grande notice de l'empire, s'étendait, avec dépendance du magistrat qu'on appelait vicaire des Iles Britanniques et sous les ordres de l'empereur, dans tout ce que les Romains possédaient dans cette île. C'est ainsi que Grallon ne porta d'abord le titre de comte qu'avec dépendance; mais il abusa de l'autorité que ce titre lui donnait; il s'en servit comme d'un degré pour monter enfin sur le trône. Il fut roi de la Cornubie occidentale, roi par la grâce de Dieu, roi des Bretons et en partie des Français. Il gouverna ce royaume. Il avait en main le sceptre de la Bretagne; il fut surnommé le Grand, et toutes ces choses ne peuvent convenir à un simple seigneur qui n'aurait été que ce que furent depuis les Dilé, les Bénédic et les Alain. En effet son royaume s'étendait dans tout le pays qu'on appelle aujourd'hui Cornouaille:

personne ne le conteste. L'érection de cet évêché, les fondations de la cathédrale et de l'abbaye de Lantevenech ne permettent pas d'en douter. Le pays d'Alet, aujourd'hui Saint-Malo, faisait aussi partie de ses états. La fondation de l'abbaye de Jagu dans les enclaves de ce diocèse, et néanmoins dépendante de celui de Dol ; enfin l'embouchure de la petite rivière d'Arguenon, et le château du Guildo, le prouvent évidemment. Le pays de Rennes le reconnaissait aussi pour souverain, et s'il se dit en partie roi des Français, ce n'est que parce qu'il y avait dans ce territoire des Français Lètes. D'ailleurs entre les titres de Lantevenech on en trouve un, daté du château de Montreuil, *factum in castro Monsterolio* (1), qui ne se trouve nulle part que je

(1) Claustro Monasteriolo factum in die domi-

sache (1) que dans ce diocèse proche Vitré, outre que je viens de prouver que Rennes était dès les premiers tems une des villes du pays qu'on appelait Cornouaille. Enfin, puisque Grallon eut des guerres avec les Vandales, avec les Visigoths et les Alains sur la Loire, et puisque ce fut sous son règne que les Armoriquains assiégèrent Tours, on ne peut, ce me semble, raisonnablement douter que le pays de Nantes ne dépendît aussi bien de lui que les autres que je viens de nommer. On voit par là, mais sur des preuves nouvelles, et sur des autorités toutes différentes, que son royaume s'étendait dans les mêmes pays que Maxime avait cédés à Conan, d'un côté depuis

nicâ, in Ecclesiâ S. Wingaloei *in Append. ad vitam ejusdem apud Bollandum.*

(2) Vide Lobineau, tom. 2, p. 218.

la rivière de Coesnon et le mont Saint-Michel jusqu'à Nantes et jusqu'à la Loire ; et de l'autre côté jusqu'à l'éminence occidentale dite en breton *cruch-occhidient*, c'est-à-dire le cap de Fine-Terre, ou le promontoire de Saint-Mahé. Pour ce qui regarde Poitiers et Bourges avec leur territoire, il paraît qu'il perdit ce gouvernement que Conan avait trouvé le secret de conserver. La guerre des Alains et d'Eochar, leur roi ; le siége de Tours, dont j'ai suffisamment parlé, semblent en être une preuve. Mais nous verrons dans le chapitre suivant que son successeur renouvela l'ancienne alliance que nos premiers rois avaient avec les Romains, et ménagea si bien l'esprit de l'empereur ou de ses principaux ministres, qu'il recouvra ce que Grallon n'avait perdu que parce qu'il ne les avait pas ménagés.

XXVI.

Récapitulation, selon l'ordre des tems, des auteurs qui prouvent les règnes de Salomon et de Grallon, et des monumens qui nous conservent la mémoire de ces deux rois.

Comme j'ai fait voir dans le premier chapitre qui regarde Conan, qu'il n'est aucun siècle depuis ce roi, dans lequel on ne trouve quelque monument ou quelques historiens, qui sont autant de preuves de son règne; on a déjà pu remarquer que j'ai fait voir la même chose dans ce chapitre au sujet de Salomon et de Grallon dès le cinquième siècle, dans lequel ils vivaient. Les fondations que ce dernier fit à l'abbaye de Lantevenech, et dont on conserve encore les titres, sont une preuve qu'il y avait des Bretons dans l'Armorique avant l'an 445, et

Facundus, Possessor, Sidonius Appollinaris, Alcime Avit, en parlant de Fauste, premièrement abbé de Lerins et depuis évêque de Riez, le reconnaissent. Zozime, Rutilius Claudius Mumatianus, Salvien et Constance, prêtre d'Auxerre, prouvent que ces Bretons sous le nom d'Armoriquains n'étaient plus sujets des Romains, et qu'ils formaient un état indépendant. Les pères assemblés au concile de Vannes vers l'an 465 appellent ce pays royaume. Prosper, dont la plus ample chronique ne va pas au-delà de l'an 453, fait mention d'un Vitric, qui paraît être Vitol et le même que Salomon. La fondation de l'église de Quimper et plusieurs autres du même tems ont conservé le nom de Grallon. Et pour ne rien dire de son épitaphe, qui peut être plus récente, mais dressée sur des mémoires plus anciens et contemporains, son tombeau doit être regardé comme un monument du même siècle; et quand bien même les suivans n'en fourniraient aucun autre, ceux-là devraient suffire pour convaincre tout esprit qui ne serait pas prévenu. Les autres ne peuvent servir qu'à conserver la tradition, et à nous apprendre qu'on a toujours depuis jugé de ces faits comme j'en juge moi-même.

C'est ce qui paraît dans le siècle suivant par le témoignage de Jornandès et de Procope, qui nous représentent les Armoriquains comme un peuple indépendant et libre, et par l'ancien catalogue des comtes de Cornouaille, qui nous a conservé le nom de Grallon, et qui nous indique assez le tems dans lequel il vivait, quand il nomme avant lui trois de ces comtes et deux autres entre lui et Jean Reith, qui vivait dans le sixième siècle. Dès le commencement du septième l'auteur de la vie tripartite de S.

Patrice nous apprend le nom, l'alliance, la postérité de Gollite, ou Galton, qui me paraît le même que Grallon, et le tems dans lequel il vivait. Vers le septième ou huitième siècle la chronique des rois bretons armoriquains parle de Salomon, roi de ces peuples, et de quelques circonstances de son règne et de sa vie. Nous trouvons dans Paul, diacre, qui vivait sur la fin du même siècle, c'est-à-dire, en 787, les noms de Cloion et de Mérovée, rois des Français, contemporains de Salomon, et des preuves de l'indépendance et de la souveraineté des Armoriquains avant l'an 450. Erric, moine d'Auxerre, qui vint quelques tems après, prouve aussi ce dernier article, et Gurdestin, moine de Lantevenech, son contemporain, explique amplement ce qui regarde le roi Grallon et le pays des Bretons qu'il gouvernait; comme Paulinien, évêque de

Léon, écrivit fort au long dans le dixième siècle les circonstances du règne de Salomon ; et les moines de Lantevenech conservèrent avec soin dans leur cartulaire celles du règne de Grallon, qu'ils avaient trouvées dans des registres plus anciens. En 1024 Ingomar, dans la généalogie qu'il a dressée du roi Judicael, entre les ancêtres de ce prince a mis dans son rang Guitol ou Guiton, qui est Salomon. Enfin en 1110 Simon Dunelme reconnaît qu'il y avait des Bretons dans l'Armorique long-tems avant l'an 383, et que ceux qui suivirent les tyrans Maxime et Constance, demeurèrent toujours depuis avec eux dans les mêmes lieux; pour ne rien dire des deux vies de saint Guingalois et de celle de S. Iltute, dont j'ignore l'époque. On voit qu'entre ces auteurs, je ne compte ni Geoffroi de Montmouth, qui ne dit en effet pas un mot de Salomon, ou de Grallon, ni même d'aucun de ceux que j'ai cités dans le premier chapitre pour prouver l'existence et le règne de Conan ; et néanmoins tous ceux qui parlent du premier de nos rois, supposent et prouvent qu'il eut des successeurs dans le même royaume, comme ceux qui ne parlent que de Salomon, ou de Grallon, ses successeurs, ne laissent pas de supposer qu'ils ont eu quelques prédécesseurs; et par conséquent toutes les preuves se soutiennent et se fortifient les unes les autres, comme celles que je vais employer, qui seront presque toutes également nouvelles, donneront à leur tour un nouveau jour et de nouvelles forces à celles que j'ai rapportées dans ces deux premiers chapitres.

CHAPITRE III.

ÉTAT DE LA BRETAGNE ARMORIQUE DEPUIS L'AN 445 JUSQU'APRÈS L'AN 480, ET DES RÈGNES D'AUDREN, DE RHIOTAME ET D'EUSÈBE.

I.

Il y avait des Bretons dans l'Armorique long-tems avant l'an 466.

On croira d'abord que pour donner une juste idée des habitans de l'Armorique depuis l'an 445 jusqu'après l'an 470, il est assez inutile de s'arrêter à prouver que durant cet intervalle il y avait des Bretons dans cette partie de la Gaule. Avant le dernier ouvrage de M. l'abbé de Vertot, ce n'était presque plus un article contesté. Vignier, qui jusqu'à ce tems n'avait voulu convenir de cette vérité qu'à demi, n'en disconvient plus depuis l'an 448 (1). Les autres ne retardent cet établissement que d'environ dix ans pour en faire honneur à Rioval (2);

(1) Nous sommes donc certain par ce témoignage de Zozime, que non seulement la petite Bretagne, ni la grande n'avaient point encore été érigées en royaume devant la venue des Vandales et de Constantin en Gaule... et davantage que si la petite Bretagne commença d'avoir un roi devant le temps que nous déclarerons ci-après, qu'on ne peut plus commodément rapporter cela à autre qu'à celui-ci... *Vignier, Traité de l'ancien état de la petite Bretagne*, *p.* 24, 27, 72, 73.

(2) L'an 458 est à peu-près l'époque de l'établissement des Bretons dans cette partie de l'Armorique ancienne, qui porte à présent le nom de Petite Bretagne. *Dom Lobineau, Hist. de Bret.*, *tom.* 1, *p.* 1. Ce fut en ce même temps (452) que les Bretons chassés par les Saxons, vinrent s'établir dans l'Armorique. *Ibidem*, *p.* 3. Un de ces princes, nommé Reith ou Rioval, fit embarquer tous ses sujets et ceux des provinces voisines, qui purent échapper à la fureur des Saxons, résolu d'aller chercher un asile chez les Armoriquains. *Ibidem*, *p.* 5 *et suiv.*

presque tous (1), excepté l'abbé de Vertot, croient en voir les preuves dans le premier concile de Tours en 461, parce qu'entre les souscriptions ils trouvent celles d'un Mansuétus, évêque des Bretons. Il faut néanmoins avouer que ce ne sont que des opinions, ou des époques imaginées et hasardées sans fondement, et sur lesquelles on ne peut compter. Aucune colonie de Bretons ne vint s'établir de nouveau dans l'Armorique en 448. Rioval ne régnait qu'en 513 et long-tems depuis, c'est-à-dire, plus de 55 ans après l'an 458 dans lequel ces historiens n'ont pas laissé de fixer son passage. Et pour ce qui regarde Mansuétus, s'il eût été évêque dans l'Armorique, je ne vois

(1) Vignier, traité de la Petite-Bretagne, p. 72. Le P. Daniel, H. de Fran., t. 1. Edit. an. 1696. Dissert. p. 510. Dom. Lobineau, H. de Bret., t. 1, p. 8. Dom Liron Apol. des Armor., p. 56, 60, 108 et 109.

aucune raison qui pût l'autoriser à prendre seul le titre d'évêque des Bretons, dans une assemblée de tant d'autres prélats, qui pouvaient avoir aussi bien que lui des Bretons sous leur conduite et dans leur diocèse, ce qui me fait croire qu'il était évêque de la Grande-Bretagne. De là vient sans doute que dans le concile de Vannes tenu quelques années après celui de Tours, il ne se trouve aucun prélat qui prenne ce titre ; en sorte que si nous n'avions pas de meilleurs garans, nous serions réduits à ne reconnaître des Bretons dans ce pays qu'après l'an 470, comme en effet il se trouve quelques historiens modernes qui n'en reconnaissent que dans ce tems, et M. de Vertot plus tard encore, et seulement après 513. Ils n'ont donné dans ce sentiment que parce qu'ils n'ont pas assez consulté les auteurs contemporains.

Sidonius Appollinaris (1), témoin oculaire, nous apprend que dès le tems d'Arvand, préfet du prétoire des Gaules, il y avait des Bretons établis au-delà de la Loire ou sur la Loire; car les termes latins peuvent signifier l'un et l'autre; à cette différence près, qui n'est pas considérable, et qui ne peut rouler que sur une chicane de grammaire, ils n'ont point besoin d'explication. Si le sens est que les Bretons étaient placés au-delà de la Loire, un auteur originaire de Lyon, dont la meilleure partie de la vie s'est passée dans l'Auvergne ou dans les lieux circonvoisins, et qui nous apprend ce qui s'était tramé dans le même pays, ne pouvait marquer plus exactement nos Bre-

(1) Britannos suprà Ligerim sitos impugnar oportere demonstrans. *Sidon. Apoll.*, *l.* 1, *epist.* 7. L'Abbé de Vertot, Traité de la Mouvance de Bretagne, page 27.

tons Armoriquains, qu'en disant que leur situation était au-delà de la Loire. Si on s'en tient à l'autre sens, et si on prétend que l'auteur n'a rien voulu dire autre chose, sinon que les Bretons étaient établis sur ce fleuve, on peut conclure qu'ils occupaient l'un et l'autre rivage, et ce serait une nouvelle preuve qu'ils étaient maîtres aussi bien des territoires de Poitiers et de Bourges, comme je l'ai déjà fait voir en parlant de Conan, que de ce qu'on appelle aujourd'hui la Bretagne, puisque ce fleuve coule au milieu de ces provinces. Mais laissons à part cette légère différence; de quelque manière qu'on explique ce passage, ni Vignier, ni Savaron, ni le père Sirmond (1),

(1) Ne quis de Britannicâ Insulâ cogitaret, notam adjecit, quâ Britones Gallicos designavit. Horum, cùm scriberet Sidonius, rex fuit Riotimus is, quem Euricus et Jornandès in Gothicis narrant Antemio Augusto suppetias ferentem ad Bituricas profliga-

ni aucun autre que je sache, n'ont fait difficulté de reconnaître que Sidonius parle dans cet endroit des Bretons Armoriquains. La seule réflexion qu'il s'agit d'ajouter, est qu'ils n'étaient point là comme des troupes seulement en garnison : on n'aurait parlé que de les chasser et non de les attaquer avec toutes les forces des Goths et des Gaulois, qui restaient dans la disposition du préfet du prétoire. Ils y étaient établis, *sitos;* il fallait commencer par les combattre, *expugnari oportere*. Ils n'y étaient point aussi comme dans une demeure accordée; leur situation était l'établissement ancien seulement par grâce depuis 5 ou 6 années;

tum esse.... Ut Britanni in Armoricâ, sic Burgundiones in sequanis et finitimis Galliæ populis sedes sixerunt. *Sirmundus, in Notis ad Sidon. p.* 16, où l'on voit qu'il parle de l'établissement des Bretons, comme ayant précédé celui des Bourguignons.

d'un peuple qui valait la peine qu'on lui fît la guerre en forme. Ils étaient en ce point semblables aux Bourguignons, dit le père Sirmond, qui comme eux occupaient depuis long-tems une portion de la Gaule; et pour achever de convaincre que c'était la pensée de Sidonius, il ne faut que rappeler ce que le même auteur dit au sujet de Fauste de Riez, dont j'ai déjà parlé; qu'il regarde comme Breton, et au sujet de Riothame, auquel il s'adresse comme au chef des Bretons, comme je l'expliquerai plus au long dans la suite. Or l'affaire d'Arvandus s'étant passée, selon Cassiodore (1), l'an 469,

(1) Mariano et Zenone Coss. Ardaburius imperium tentans jussu Anthemii exilio deportatur. *Cassiodorus, in chronico, et Sirmundus, in Notis ad Sidon. page.* 15.

selon Paul, diacre (1), qui l'appelle Arduburius, Arvandus ou Arbusdus, l'an 468; selon Sigebert qui le nomme Servandus, l'an 466, qui même avance ordinairement ses époques de trois ans, il faut avouer que Sidonius, auteur contemporain et digne de faire foi, prouve qu'il y avait des Bretons établis sur la Loire long-tems avant, et ce serait chercher à se tromper que de vouloir distinguer de ceux-là, ou faire venir d'ailleurs ceux dont Riothame était chef, et qui furent défaits et chassés du Berri quelques années après par Euric, roi des Visigoths.

(1) *Paulus, diaconus, l.* 5. Sic habet : Post severi mortem jura imperii Anthemius suscepit. Sequenti anno Arvandus, Gallorum præfectus, imperiumt entans invadere jussu Anthemii principis in exilium trusus est.

II.

Les Bretons établis dans l'Armorique avant l'an 466 n'étaient point venus de l'île de Bretagne quelques années auparavant.

Tout ce que je viens de dire suffirait pour prouver que ces Bretons n'étaient point venus de l'île de Bretagne seulement quelques années auparavant, soit qu'on veuille dire qu'ils sortirent volontairement pour chercher d'autres demeures, ou qu'ils furent mandés par l'empereur pour lui donner du secours contre les Goths ses ennemis. Il n'est aucun auteur qui parle de ce prétendu passage depuis l'an 458 jusqu'en 466 (1). Tous ceux qu'on cite pour le prouver, ne disent pas un mot du tems et de l'époque

(1) Voyez *Dom Lobineau*, Hist. de Bret., tom. 1, p. 5, où il cite à la marge les vies de S. Josse et de S. Guingalois, Egide et Nicolas Harsphed.

de ce passage, et s'il s'agit de Rioval, ce fait est tout différent, puisqu'il n'est arrivé qu'après la mort de Clovis, et seulement l'an 513 sous le règne de Clotaire, son fils, comme je le ferai voir amplement dans le chapitre suivant. Je ne vois pas comment on peut entreprendre de renverser un ancien système, beaucoup moins d'en établir un nouveau sur un anachronisme de plus de 55 ans, ou sur un prétendu passage dont aucun auteur ne fait mention. Certes un silence si général est un argument bien fort. Il s'en faut beaucoup qu'on ait rien de semblable à me reprocher. Je puis ajouter qu'il y avait plus de 30 ans que les Bretons de l'île n'avaient eu moins d'occasion de sortir de leur pays, ni de s'exiler volontairement eux-mêmes qu'en 458. C'était alors, comme on le verra dans le nombre IV, que, fortifiés du secours de

Anglais et des Saxons, qu'ils venaient de demander et de recevoir, ils vivaient plus tranquillement que jamais, sans rien craindre du côté de leurs anciens ennemis, que ces nouveaux hôtes avaient vaincus et repoussés, ni du côté des Anglais et des Saxons qui, sous le spécieux prétexte de procurer aux anciens habitans un plus sûr et plus puissant secours, ne pensaient encore qu'à se fortifier, à l'abri des traités qu'on observait exactement de part et d'autre; et qu'ils ne rompirent enfin ouvertement que sept ans entiers après leur arrivée, c'est-à-dire en 462. Ils n'avaient donc aucun sujet d'abandonner leur patrie dès l'an 458.

Au reste la différence que des auteurs bien informés mettent entre les caractères des Bretons de l'île et de ceux que Sidonius place sur la Loire, suffit seule pour convaincre qu'ils étaient bien différens (1). Ceux de l'île, absolument novices dans le métier de la guerre, à l'approche de leurs ennemis, ne savaient que fuir, qu'errer en vagabonds, implorer du secours en supplians avec larmes et gémissemens, incertains de leur sort, tremblans au milieu de leur propre patrie. Ils se laissaient égorger en foule, ou consumer de faim, et donnant volontiers les mains aux plus durs et

(1) Omni belli usûs penitùs ignara. *Gildas, de excidio Britanniæ, nu.* 11. Fortia formidoloso populo monita traduntur, *nu.* 14. Statuitur ad hæc in aditu arcis acies segnis, ad pugnam habilis, trementibus præcordiis inepta, quæ diebus ac noctibus stupido sedili marcebat, *nu.* 15. Iterùm illis fugæ, iterùm dispersiones solitò desperabiliores, et sicut agni à laniantibus ita flendi cives ab inimicis discerpuntur. *Ibidem.* Agilio ter consuli gemitus Britanniæ.. Repellunt barbari ad mare, repellit mare ad barbaros: inter hæc duo genera funerum; aut jugulantur, aut merguntur. *Ibidem, nu.* 17, 19, 25.

plus longs esclavages, ils achetaient aux dépens de leur liberté les pitoyables restes d'une si malheureuse vie, quand ils ne pouvaient obtenir la grâce d'en voir terminer le cours par la mort la plus honteuse et la plus cruelle. Ce n'est-là qu'un ébauche du partrait que Gildas nous en fait. Au contraire ceux que Sidonius place sur la Loire, étaient, comme il nous l'apprend lui-même, des gens adroits et alertes (1), qui, les armes à la main, se plaisaient dans le tumulte, et que leur bravoure, leur nombre et leur union rendaient fiers, rebelles, opiniâtres. Jornandès (1) ne nous en donne

(1) Si tamen inter armatos tumultuosos virtute, numero, contubernio contumaces. *Sidon. Apoll. l.* 3, Epist.

(2) Rex Riothimus cùm duodecim millibus veniens in Biturigas Oceano navibus egressus susceptus est. Ad quos rex Visigothorum Euricus innumerum ducens exercitum advenit, diuque pugnans

pas une autre idée quand il nous représente 12,000 d'entr'eux assez hardis pour ne pas craindre d'en venir aux mains avec une armée qu'il appelle innombrable, assez braves pour soutenir un combat si inégal; et s'ils sont enfin forcés de fuir, leur commandant fait une honorable retraite avec les restes d'une si petite troupe, qui devait être entièrement accablée sous un si grand nombre des plus redoutables peuples qu'il y eut alors dans l'Occident. Ces caractères sont trop différens pour pouvoir être attribués aux mêmes personnes, c'est une sorte de preuve que ces derniers n'étaient point

Riothimum regem Britonum, antequàm Romani in ejus societatem conjungerentur, superavit; qui amplâ parte exercitûs amissâ, cùm quibus potuit, fugiens, ad Burgundionum gentem vicinam, Romanis in eo tempore fœderatam advenit: Euricus verò rex Visigothorum Arvernam Galliæ civitatem occupavit, Antonio principe jam defuncto. *Jornandès, de rebus Geticis, nu.* 75.

sortis de la Grande-Bretagne dans ces conjonctures. Les premiers étaient ceux de l'île, les autres étaient ceux de la Terre-Ferme, que Sidonius place sur la Loire.

III.

Riothime avec ces douze mille Bretons n'est point aussi venu de l'île de Bretagne.

Je sais que le même Jornandès dit que ce fut par l'Océan que Riothime vint avec les 12,000 Bretons dans le Berri. Mais outre que l'aventure de Riothime n'est arrivée que six à sept ans après le traité d'Avrand, qui suppose des Bretons établis sur la Loire long-tems auparavant ; je sais d'ailleurs qu'il s'en trouve plusieurs qui désapprouvent Jornandès (1) en ce point, et qui re-

(1) Le P. Jourdan, Histoire de France, tom. 1, page 612.

jettent cette circonstance. Leur raison est sans doute, qu'il n'est pas possible d'aborder dans le Berri par l'Océan, puisque le Poitou se trouve entre deux. Mais je ne vois pas que ce soit un motif suffisant pour rejeter le témoignage d'un auteur qui n'écrivait que cent ans après cette action, et qui paraît en avoir bien su tout le détail. Il ne dit pas que les Bretons débarquèrent dans le Berri, mais seulement qu'ils vinrent par l'Océan pour se rendre dans le Berri (1). Riothime put embarquer ses troupes dans le pays de Vannes ou dans celui de Nantes. Il put les faire débarquer dans le Poitou, traverser cette province, dont les Goths n'étaient point encore les maîtres, et se rendre dans le Berri pour aller joindre l'armée de l'empire. Cette route était plus

(1) Dom Lobineau, Hist. de Bret., tom. 1, p. 8.

commode et plus courte que celle qu'on voudrait lui faire faire en remontant la Loire, outre que cet auteur dit nettement que ce fut sur l'Océan qu'il quitta ses vaisseaux. Quoi qu'il en soit, il ne dit pas que Riothime vint de l'île de Bretagne, et ce serait sans fondement qu'on prétendrait que c'est ce qu'il a voulu dire. Il insinue même assez le contraire ; il ne faut que bien rapporter le fait pour en convenir. L'empereur, informé des ambitieux desseins d'Euric, roi des Goths, s'adresse promptement aux Bretons ; il leur demande du secours. Riothime, leur roi, lui fournit 12,000 hommes, et vient avec ces troupes pour défendre les Gaules. Et tout cela se passe après l'an 470. Je demande comment l'empereur, pour résister aux Goths prêts à se jeter sur les provinces voisines, au lieu de s'adresser aux Bretons établis sur la Loire, dont ces Goths paraissent être les ennemis déclarés, s'avisa de s'adresser aux Bretons Insulaires, au-delà des mers, à l'extrémité du monde (1). Les Romains avaient absolument abandonné ces infortunés habitans à leur mauvais sort depuis l'an 427 (2). En 446, dans la plus pressante des misères et sur la prière la plus humble et la plus touchante, ils avaient absolument refusé toute sorte de secours; et l'on voudra nous persuader qu'après plus de 25 ans la première pensée de l'empereur fut

(1) Igitur Romani patriæ denuntiantes nequaquàm se tàm laboriosis expeditionibus posse frequentius vexari.... valedicunt tanquàm ultrà non reversuri. *Gildas, de excidio Brit., nu.* 14.

(2) Agilio ter consuli gemitus Britannorum. *Et post pauca :* Repelluntur barbari ad mare, repellit mare ad barbaros. Inter hoc duo genera funerum, aut jugulantur aut merguntur, nec pro eis quidquam adjutorii habent. *Gildas, ibidem, nu.* 17.

d'avoir recours à eux pour leur en demander, dans un tems où ils étaient eux-mêmes obligés d'en chercher de toutes parts. Ils n'avaient pu se défendre eux-mêmes, et on veut qu'on se soit adressé à eux pour les engager à venir défendre les Gaules, et qu'ils soient en effet accourus promptement pour ce sujet. C'était dans un tems (1) où ces pauvres fugitifs se rassemblaient de tous les lieux de leur retraite ou de leur exil, résolus de faire un dernier effort sous la conduite d'Aurèle Ambroise, leur légitime souverain et leur unique ressource, pour rentrer dans la possession de leurs biens qu'on venait de leur enlever; et on

(1) Roboratæ Deo reliquiæ, quibus confugiunt undique de diversis locis miserrimi cives..... Duce Ambrosio Aureliano..... vires capessunt victores provocantes ad prælium, quibus victoria Domino annuente cessit. *Ibid. nu.* 25.

veut que Riothime, roi d'une bonne partie de ces peuples, peu touché de l'exemple de ses compatriotes, indifférent sur la perte de ses états et sur l'espérance de les recouvrer, insensible à l'injure qu'il avait reçue des Saxons qui le dépouillaient et qui le chassaient, et seulement sensible à celle que les Goths faisaient à l'empereur, abandonne dans ce même moment sa chère patrie, lorsque tous les autres y accouraient en foule, et que par un effort tout nouveau de la générosité la plus pure, mais la plus extraordinaire, il ait accouru promptement pour défendre les Gaules, abandonnées de tous les autres, et qui semblaient n'attendre plus leur salut que de son généreux secours; et tout cela pour en assurer la possession à l'empereur des Romains, avec lesquels ils n'avaient plus de liaison depuis plus de 25 ans. En vérité ce sont là des paradoxes historiques, qui ne contentent guère plus que les anachronismes de 65 ans entiers. Au lieu que dans l'ancien système que je suis, on n'y voit rien d'extraordinaire, rien de surprenant, tout y est naturel. Long-tems avant l'an 466 et même avant 463 il y avait des Bretons établis dans l'Armorique, et jusques sur les bords de la Loire. Un préfet du prétoire, qui s'unit avec Euric pour trahir l'empire, les regarde comme un obstacle à ses desseins. Il propose avant tout de les combattre : ce dessein est découvert ; le perfide magistrat est exilé l'an 469 (1). L'année

(1) Severo et Jordane Coss. Romanus Patricius affectans imperium capitaliter est punitus. *Cassiodorus, in chron.* Rursùs annali emenso spatio Romanus Patricius imperii jam fraudulanter satagens arripere dignitatem præcipiente Anthemio, capite cæsus est. *Paulus Diaconus, lib.* 16. Seronatum bar-

suivante Seronat est puni de mort pour une semblable trahison. Euric découvert ne garde plus de mesure. Il fait ouvertement et par la force ce qu'il avait manqué de faire secrètement et par la ruse. L'empereur s'adresse au roi des Bretons, également intéressé dans cette guerre, qui fournit 12,000 hommes pour la cause commune contre Euric, son ennemi déclaré ; rien de plus naturel, ni de mieux suivi. Le simple récit de ces faits rangés dans leur ordre naturel suffit pour faire sentir que les Bretons de Riothime n'étaient qu'une portion de ceux qui, long-tems avant 468, habitaient les rives de la Loire, et c'est ce que les termes de Grégoire de Tours (1), qui

baris provincias propinantem. *Sidon. Apoll., lib.* 2, *epist.* 1, *et lib.* 7, *epist.* 7.

(1) Britanni de Biturică à Gothis expulsi sunt, multis apud Dolensem vicum peremptis. *Greg. Turon., lib.* 2, *cap.* 18.

dit que les Bretons furent chassés du Berri, paraissent signifier plus naturellement.

IV.

Ces Bretons n'étaient point du nombre de ceux qui furent chassés par les Saxons.

S'il reste quelque scrupule sur l'origine de ces derniers, et si malgré toutes ces raisons et toutes ces autorités, il s'en trouve encore qui veuillent soutenir qu'ils étaient de ceux qui, chassés par les Saxons, vinrent se réfugier dans cette partie de la Gaule comme dans un asile, vers l'an 448, ou même vers l'an 458, il ne me sera pas malaisé de lever cette difficulté: car les Saxons ne chassèrent aucuns Bretons de leur île en 448, comme Vignier l'a cru, ni même en 458, comme quelques autres l'ont avancé sans fondement. En voici la preuve:

Les Saxons ne furent reçus dans l'île en qualité d'alliés qu'en 455, dans la sixième année des empereurs Marcien et Valentinien (1). Adon, évêque de Vienne, qui vivait avant l'an 474, le dit positivement dans sa chronique (2). Alcuin, dans une lettre qu'il écrivit en 792, comptait alors depuis cet événement, presque 340 ans. Il y en avait en effet 337, selon ce calcul (3). Bede, auteur du même siècle, en

(1) Martiani et Valentiniani sexto imperatorum anno gens Anglorum sivè Saxonum Britanniam tribus longis navibus advehitur. *Adon.*, *in chronico.*

(2) Insula nostra propè trecentis quadraginta (sic enim legit Usserius) annis à parentibus nostris inhabitata est. *Alcuinus*, *Epist. ad Edilbard, archiep. Dordensis civitatis.* Vide Usserium Brit. Antiq., page 289, et indicem chron. ad an. 791.

(3) Anno ab Incarn. Domini 449, Martianus cùm Valentiniano quadragesimus sextus ab Augusto regnum adeptus septem annis tenuit. Tunc Anglo-

en convient dans plusieurs endroits, et surtout lorsqu'il veut nous donner une époque exacte et précise (1). Gildas le Sage, qui vint au monde le même siècle dans lequel ces révolutions étaient arrivées, et qui écrivit vers le milieu du siècle suivant, place tant d'événemens entre l'année 446

rum sivè Saxonum gens incitata à præfato rege Britanniam tribus longis navibus advehitur. *Bead de Naturâ rerum.* Vide etiam Usserium, page 219.

(1) Aguilio ter consuli.... Intereà fames... quievit semper inimicorum audacia... Revertuntur ergò impudentes grassatores Hiberni domum, non longo post tempore reversuri....In talibus itaque induciis ditato populo sæva cicatrix abducitur famis, alia tacitè virulentia pullulante. Quiescente autem vastitate tanta abundantia copiarum Insula affluebat... in quibus omnimoda luxuria crescit..... Ungebantur reges non per Dominum, sed qui crudeliores existerent; et paulò post ab unctoribus non pro veri examinatione tractabantur. *Gildas, de excidio Brit, nu.* 10.

et l'arrivée des Saxons, qu'il ne faut pas pour toutes ces révolutions un moindre espace de tems que celui de neuf ans, qui conduit jusqu'en 455, et Sidonius Apollinaris, auteur contemporain, l'insinue, ce me semble, assez clairement (1), lorsqu'en décrivant quelle était la face de l'empire en 455, il dit que les courses des pirates saxons, qui jusqu'alors avaient couru les mers et menacé la côte, cessèrent précisément cette année, qui fut celle de l'élection de l'empereur Avitus; et c'était la suite naturelle de leur entrée et de leur établissement dans la Bretagne. Ceux qui voudront de plus grands éclaircissemens sur cet article, trouveront ces preuves dans toute leur étendue, dans la note vingt-troisième.

(1) Saxonis incursus cessat. *Sidon. Apollinaris, Car. 7, in Paneg Aviti, versu* 390.

En second, lieu, les Saxons ne déclarèrent la guerre aux anciens habitans de l'île, que six ans après leur arrivée, selon Fabius Etelredus (1), et la septième, selon Henri de Hungtington (2), ou plutôt après sept ans entiers, selon Guillaume de Malmesbury (3), c'est-à-dire, en 462, ou 463, et le même auteur (4) nous assure qu'il ne

(1) Anno post adventum ipsorum sexto, iniisse bellum Hengest et Horsam contrà Wirthgernum in campo Eglestrip, ibique interfectum Horsam, et Hengest cepisse regnum scribit Fabius Etelverdus. *Usser. Brit. Antiq., page* 221.

(2) Anno septimo adventûs Saxonum in Angliam. *Henricus Hugtington, l.* 2, *et Usserius, page* 239.

(3) Post annos septem fœdus fœdatum. *Guillel. Malmesbur.*

(4) Angli, quamvis variæ fortunæ lusu rotarentur, vacillantes suorum acies adventu compatriotarum supplere audentioribus animis in ferrum ruere, paulatim cedentibus accolis per totam se

se fit aucun changement pendant plusieurs années et pendant tout le règne de Vortigerne. Ce ne fut qu'après sa mort que les Saxons, devenus supérieurs, chassèrent les anciens habitans, c'est-à-dire, sous l'empire d'Anthemius, après 467 et 472, comme Aventin l'a dit (1), et peut être vers l'an 476, selon le calcul de Blondus (2), savoir; quatre ans après la mort de Vortigerne. Ainsi vouloir soutenir que ces Bretons fu-

insulam extendere; sed hæc processu temporis et annorum: nam vivente Vortigerno nihil contrà eos novatum. *Guillel. Malmesbur.*

(1) Britanni sub Antemio in Galliam migrarunt. *Aventin.*

(2) Britanni verò patria extorres eò anno, qui fuit Zenonis et Augustuli imperii, et Odoacri imperii ab inclinatione Romanæ rei sexagesimus tertius. Sedem ceperunt Oceano tenùs in Turonibus, Cenomanis et Ciantibus qui et Veneti. *Blondus Decad.* 1. Voyez aussi Vignier, Traité de la Petite-Bretagne, page 56.

rent chassés dès l'an 448, ou même en 458, c'est encore tomber dans un anachronisme de vingt-deux ans ou du moins de douze. Ce n'est donc point dans un événement arrivé seulement après 470 qu'il faut chercher l'origine ou le premier établissement d'un peuple qu'on trouve dans l'Armorique, long-tems avant l'an 466, ou même 463. Ces Bretons, qu'on est obligé de reconnaître dans ces lieux dès 458 et dès l'an 448, étaient les mêmes entre lesquels Fauste, Riochat et Riothime, dont Sidonius Apollinaris parle, étaient nés; les mêmes qui avaient été gouvernés par les Grallon et les Salomon, comme on en a vu les preuves, et les descendans de ceux qui furent établis sous la conduite de Conan dès le tems de Maxime en 383. Ce système se suit et se soutient pendant un espace entier de quatre-vingt-sept ans, sur le témoignage des auteurs contemporains et de plusieurs autres, qui, sans écrire sur le même fait, parlent néanmoins tous le même langage, et sans qu'il soit contredit par aucun autre qui puisse passer pour ancien.

V.

Réponse à l'autorité d'Eginard et de ceux qui l'ont suivi.

Eginard, qui vivait en 848, s'est, à ce qu'on prétend, écarté le premier de ce sentiment commun, naturel et si bien autorisé pour se faire un nouveau système de Bretons, établis dans l'Armorique seulement après avoir été chassés de l'île de Bretagne par les Anglais et les Saxons, et l'on veut que cela s'entende des Saxons conduits par Hengist, sans se mettre beaucoup en peine si ce qu'il débitait s'accordait avec ce que les autres avaient dit avant lui sur la même matière, ou s'il, n'était fondé que sur des absurdités et sur des anachronismes. Comme il est le premier auteur de ce système, du moins qu'on lui attribue (car la chose n'est pas aussi évidente que quelques-uns le croient) (1); et comme ce n'est que de lui que les autres l'ont pris, c'est aussi particulièrement à lui que je m'attacherai pour examiner quel fond on peut faire sur son témoignage. En le réfutant, j'aurai suffisamment réfuté ceux qui l'ont suivi. Tel est Adolme dans son ouvrage sous l'an 786. Tel est le poëte de Paderbone, qui vint peu de tems après, entre les années 896 et 899. Tel est encore l'auteur d'un fragment imprimé dans Pithou, qui conduit jusqu'en 996, et peut-être jusqu'en 1110. Eginard, sur la bonne foi duquel

(1) Voyez la note 25.

ils ont rapporté cette circonstance, est un auteur très-suspect. Je le deviendrais moi-même, si j'entreprenais de décrire ici tout le mal que plusieurs savans en ont dit (1) : ils le regardent comme le père de quantité de fables (2), qui ne cèdent en rien à la plupart de celles qu'on attribue à Geoffroi

(1) L'auteur du livre intitulé : *L'esprit de Gerson*, page 204, 206, 207.

(2) Neque regi aliud relinquebatur, quam ut regis tantùm nomine contentus, crine profuso, barbâ submissâ, solio resideret.... cùm præter inutile regis nomen et precarium vitæ stipendium, quod ei præfectus aulæ, pro ut uidebatur, exhibebat, nihil aliud proprii possideret, quam unam præparvi redditûs villam..... quocunque eundum erat, capento ibat, quod bobus junctis et bubulio, rustico more, agente trahebatur. Sic ad palatium, sic ad bublicum populi sui conventum ire, sic domum redire solebat Pipinus rex constitutus per 15 annos aut eò ampliùs Francis imperator. *Vita Caroli Magni per Eginardum scripta.*

de Montmouth. Par exemple, Childeric renfermé dans un cloître par ordre du pape Etienne; des enfans, qu'il représente néanmoins comme dans un âge à porter de la barbe; les derniers rois mérovingiens réduits au simple revenu d'une seule ferme de village, et traînés partout où ils devaient aller, d'une manière champêtre, par un bouvier, sur un char attelé de bœufs. Telle est encore l'ambassade chimérique de Richard ou Burchard, évêque de Wirzbourg, et du chapelain Flitrade vers le pape Zacharie, et l'indigne décision ou réponse qu'il attribue au saint pape, et tant d'autres absurdités. Ces mêmes savans en parlent encore comme d'un homme très-mal informé, non seulement de ce qui s'était passé sous la fin de la première race des rois de France, cent ans seulement avant qu'il écrivît; mais encore qui déclare lui-même qu'il ignorait ce qui regardait l'enfance de Charlemagne, quoiqu'il eût été son chapelain et sa créature. Que doit-on donc attendre de lui, quand il s'avise de s'expliquer d'une manière si décisive, sans aucun garant, sur un fait arrivé dans une province éloignée, près de quatre cents ans avant qu'il écrivît ? Il le faisait dans un tems où les Français avaient tout lieu d'être mécontens des Bretons, de Wiomar et de Néomène, leurs chefs. Ceux qui faisaient profession d'écrire, et qui ne pouvaient se venger par l'épée, se vengaient par la plume. On n'épargnait ni les reproches, ni les invectives, ni les petits faits vrais ou supposés, pourvu qu'ils fussent mortifians et capables d'humilier la nation en général et le prince en particulier; on en a plus d'un exemple. Il ne faut point chercher d'autre source de ce trait piquant d'Eginard, du moins il ne l'a pris dans aucun des auteurs, soit Bretons, soit Romains, qui ont traité cette matière avant lui. J'ai cité le plus fidèlement qu'il m'a été possible, tous ceux que j'ai pu trouver (1); il n'en est aucun qui ne s'explique autrement que lui. Pour ne rappeler ici les noms que de ceux qui pouvaient être plus connus, Gildas et Bède assurent que les Bretons qui suivirent Maxime, ne retournèrent plus dans l'île de Bretagne. Les édits des empereurs nous apprennent qu'il y avait encore

(1) Carolus autem, fratre defuncto, consensu omnium Francorum Rex constituitur, de cujus nativitate atque infentia, vel etiam pueritia, quia neque scriptis usquàm aliquandò declaratum est, nec quisquam modo superesse invenitur, qui horum se dicat habere notitiam, scribere esse ineptum judicavi, ad actus et mores cæterasque vitæ illius partes explicandas et demonstrandas, omissis incognitis, transire disposui. *Eginard. Ibid.*

dans la Gaule, en 395, des partisans de ce tyran dans un établissement considérable. Pacatus place des Bretons dans cette même province avant 388. La notice de l'empire en 401, Alcime Avit avant 433. Sidonius Apollinaris dans le même tems, et surtout avant l'an 460. Presque tous les écrivains des sixième et septième siècles, qui nous ont donné la vie de saint Patrice, reconnaissent qu'il y en avait avant l'an 388. Et on voudra que nous abandonnions cette foule d'auteurs pour n'écouter qu'Eginard, lui qui ne savait rien des premières années d'un grand empereur, son patron; qui ne savait pas mieux l'ancienne histoire de son propre pays, et qui ne s'est pas fait un scrupule de l'altérer malicieusement et de la remplir de fables ineptes. On veut que nous croyions un auteur de ce caractère, qui vient dans le milieu du neuvième siècle s'expliquer d'une manière toute nouvelle, (s'il est vrai qu'on prenne bien son sentiment sur un fait qui regarde la fin du quatrième siècle, ou du moins le milieu du cinquième); qui se forme un système tout différent de celui des autres; mais un système qui n'est fondé que sur des paradoxes et sur des anachronismes; et qui nous débite hardiment que les Bretons de l'Armorique étaient ceux qui furent chassés de l'île de Bretagne, quoique cette révolution, du moins celle à laquelle on s'arrête, ne soit arrivée qu'en 470. Pour justifier Eginard, il ne sert de rien de recourir à l'autorité de Gildas le Sage, sous prétexte qu'il dit (1) qu'une partie de ces Bretons chassés par les Saxons se réfugia dans les pays qui sont au-delà de la mer; car cet auteur,

(1) Voyez le ch. 1, nomb. 1, 2 et suivans.

que Bede a suivi presque mot à mot, ne parle point de cette dispersion et de ce passage comme d'une chose faite avant l'an 460. Il est même aisé de conclure de tout ce qu'il dit, que cette révolution n'arriva pas avant l'an 470. Il ne dit point que ce fut dans l'Armorique, ni même dans la Gaule, que ces pauvres fugitifs se retirèrent; on trouve des preuves que dans une pareille conjoncture (1) ces Bretons chassés s'étaient réfugiés les uns dans le pays des Scots, chez leurs propres ennemis (2), et c'est de ce même pays que Bede entend les termes de

(1) Alii transmarinas petebant regiones cùm ululatu magno. *Gildas, de excidio Brit.*, *n.* 25.

(2) Tandemque pauci, qui vix ancipitem effugissent gladium, aut Scoticam quamvis inimicam, aut Belgicam, natalem autem patriam linquentes; coacti acriter alienam petivere terram. *Vitâ S. Wingaloei Mss in Bibl. Cottonianâ*, *apud Usserium*, *page* 225.

Gildas et les autres dans la Belgique. Ils purent à plus forte raison prendre la même route dans cette pressante conjoncture, et les termes de Gildas semblent l'insinuer (1). D'ailleurs cet auteur ne dit point que ceux qui prirent ce parti, furent en assez grand nombre, ni assez braves pour pouvoir se soutenir dans le voisinage des Goths, et malgré les fréquentes attaques des Français. Il ne dit point qu'ils se soient établis ailleurs; au contraire, il dit formellement que ces infortunés citoyens vinrent de toutes parts et de divers endroits de leur retraite, se réunir avec les restes de ce peuple désolé,

(1) Denique subito duabus gentibus transmarinis vehementer sævis, Scotorum ab Austro, Pictorum ab Aquilone, multos stupet gemitque per annos. Transmarinas autem dicimus has gentes, non quod extrà Britanniam essent positæ, sed quia à parte Britonum erant remotæ duobus sinibus maris interjacentibus. *Beda Eccl. Hist., l. 1, cap. 12.*

qui, fortifié par le Dieu des combats, armé d'une fervente prière, reprirent enfin courage sous la conduite d'Aurèle Ambroise (1). Il reste donc que les Bretons, habitans de la Loire avant l'an 460, reconnus par des auteurs contemporains, n'étaient point venus de l'île de Bretagne depuis peu ; qu'ils n'avaient point été chassés par les Saxons, du moins par ceux qui vinrent dans l'île sous la conduite d'Hengist ; mais qu'ils étaient établis dans ces lieux long-tems auparavant.

(1) Roboratæ Deo reliquæ, quibus confugiunt undique de diversis locis miserrimi cives tam avidè quàm apes alvearii procellâ imminente..... Duce Ambrosio vires capessunt, victores provocantes ad prælium, queis victoria Domino annuente cessit. *Gildas, de excidio Brit.*, n. 25.

VI.

Ces Bretons étaient encore quelquefois appelés simplement Armoriquains.

Il est bon d'observer ici, pour la dernière fois, que depuis l'an 445 jusqu'après l'an 470 ces Bretons établis dans l'Armorique étaient encore appelés quelquefois simplement Armoriquains, de l'ancien nom des lieux qu'ils habitaient et des peuples avec lesquels ils étaient mêlés. C'est ainsi que le concile de Vannes, tenu vers l'an 465 et selon quelques-uns vers 468 porte dans un exemplaire le titre d'Epitre des évêques de la province d'Armorique(1), et néanmoins personne n'a douté jusqu'ici, comme tout ce que je viens de dire ne permet pas en

(1) Epistola Episcoporum Armoricæ provinciæ. *Inscriptio Con. Veneti in Codice Pithæano.* Voyez la note 18.

effet d'en douter, qu'il n'y eut alors des Bretons établis dans ces lieux.

Dans les chapitres précédens j'ai rapporté les témoignages des auteurs qui, pour exprimer le pays que ces peuples habitaient, se servent du terme d'Armorique. Celui d'Arborichs, employé par Procope, n'est que le même un peu défiguré. Ce ne sont pas seulement les auteurs romains qui leur donnent ce nom, ce sont ceux-mêmes qui écrivent les affaires particulières de ces peuples et les circonstances les plus singulières de leur histoire. Oudocée, dont on trouve un fragment considérable dans Usserius, parle de Budic, certainement roi des Bretons, et descendu des anciens rois de cette nation, et néanmoins il ne se sert jamais des termes de Bretagne. Il n'emploie que ceux(1),

(1) Fuit vir Budic filius Cybsdan, natus de Cornu-Galliâ.... qui cùm moraretur in patriâ missis

tantôt de Cornouaille et tantôt d'Armorique ou de royaume armoriquain. On ne doit pas en être surpris, quoique les faits que cet auteur rapporte, se soient passés après l'an 470, puisque près d'un siècle plus tard Fortunat, évêque de Poitiers (1), dans des vers qu'il adresse à Felix, évêque de Nantes, appelle ce pays Armorique; et les pères assemblés au concile de Tours (1) en 567

legatis decem de nativâ suâ regione Cornu-Galliæ, ut sine morâ cùm totâ suâ familiâ et auxilio Britannorum ad recuperandum regnum Armoricæ gentis veniret. Et regnavit per totam Armoricam terram.... cum suis clericis et populo Cornu-Galliæ, quæ posteà vocatur Cerniu-Budic. *Vita S. Oudocei in Landav. Regesto inserta apud Usserium, page* 46 *et* 291.

(1) Ultima quamvis sit regio, Armoricanus in orbe, Felicis meritis, cernitur esse prior. *Fortunatus in Poemate* 4.

(2) Adjicimus etenim ne quis Britannum aut Romanum in Armoricâ sine Metropolitani aut com-

se servent encore du même terme. Nous défendons de plus, disent-ils, qu'aucun se donne la liberté d'ordonner un évêque, soit Breton, soit Romain, dans l'Armorique, sans le consentement ou sans les lettres du métropolitain ou des évêques de la même province; et le titre de ce canon (1) fait assez voir qu'on se servait alors indifférement des mots *Armorique et Bretagne*, comme de termes synonymes. Je passerais pour un plagiaire importun, si je détaillais toutes les autorités qui servent à prouver cette vérité. Je me contente de dire que longtems depuis Asser de Menevie (2), lorsqu'il

provincialium voluntate vel litteris Episcopum ordinare præsumat. *Con. Turon. an.* 564 *Can.* 91.

(1) Ut in Britanniâ sine consensu Metropolitani vel Comprovincialium Episcopi non ordinentur. *Ibidem, Can.* 9.

(2) Omnem Galliam, excepto Armoricano regno.... *Asser Menevensis, ubi de Carolo crasso.*

entre dans le détail des provinces soumises à l'empereur Charles-le-Gros, compte toute la Gaule, *excepté le royaume armoriquain.* Si dans ces tems si éloignés, en 567 et même après 900, on ne laissait pas de se servir simplement du terme d'Armoriquains, pour signifier ces peuples qui portaient alors incontestablement et plus communément le nom de Bretons, on ne doit pas refuser de croire qu'il y en avait aussi, quoique moins connus, sous ce nom, dans ces mêmes lieux, dans les tems mêmes dans lesquels on les appelait encore tout simplement, ou du moins plus communément, Armoriquains, c'est-à-dire, depuis les années 383 et 410 jusqu'en 445 et quelques années plus tard; et on doit penser que désormais toutes les fois que les auteurs emploient ce terme depuis l'an 460, ils n'ont point d'autres peuples en vue que les Bretons mêmes comme habitans de l'Armorique, et confondus en tout avec les anciens Armoriquains, jouissant de la même liberté, sous les mêmes lois et sous les mêmes princes, et ne faisant plus qu'un même peuple.

VII.

Les Bretons Armoriquains étaient indépendans et libres depuis l'an 445 jusqu'après l'an 470.

Quand il s'est agi dans les chapitres précédens d'établir l'indépendance de ce peuple sous son premier nom d'Armoriquains, depuis l'an 410 jusqu'en 445, j'ai trouvé des preuves et des autorités de toutes parts, et plus encore dans nos propres historiens. Je n'en trouverai pas moins présentement qu'ils se font enfin mieux connaître sous le nom de Bretons. Arvand, préfet du prétoire des Gaules, trahit l'empereur son maître et les intérêts de l'empire pour se liguer avec le roi des Goths. La première condition que ce ministre perfide propose (1) est d'attaquer et de combattre les Bretons ; il n'aurait pas pris ces mesures s'ils eussent été sujets de l'empire. Il ne s'agit point de combattre des sujets pour les engager dans un dessein; il suffit de les persuader par des raisons, de les gagner par des promesses, ou de les effrayer par des menaces, et enfin de les entraîner par autorité sans leur laisser ni la liberté ni le tems de raisonner. C'est ainsi qu'Argobaste, maître de la milice sous le jeune Valentinien, devenu rebelle, entraîna dans sa révolte des troupes nombreuses et invincibles (1), tirées ou des se-

(1) Britannos suprà ligerim sitos impugnati oportere demonstrans. *Sidon. Apoll.*, *l.* 1, *Epist.* 7.

(2) Contraxit undique innumeras et invictas copias, vel Romanorum præsidiis, vel auxiliis barba-

cours des barbares, ou des garnisons romaines ; celles-ci par sa puissance, c'est-à-dire, par l'autorité que sa charge lui donnait sur elles ; les autres par l'alliance qu'il fit avec ces barbares, comme Paul diacre l'a fort bien observé. De pareils exemples sont très-communs dans tous les tems, et surtout depuis le règne de Valentinien. De là vient sans doute qu'Arvand dans ce même traité ne proposait point de combattre les autres habitans de la Gaule, anciens et naturels, Gaulois, parce qu'étant sujets des Romains, ou si vous voulez, de l'empereur, et soumis à l'autorité de ce préfet par la prérogative de sa charge, une des plus considérables de l'empire, il se faisait fort de les rendre par son exemple complices de sa trahison. Voilà donc les Bretons dans ce traité distin-

rorum, aliis potestate, aliis cognatione. *Paulus Diaconus.*

gués formellement des sujets de l'empire, reconnus indépendans de l'autorité du préfet du prétoire, et nommés comme les autres peuples libres, comme les Goths et les Bourguignons, quoique dans des vues bien différentes; c'est de Sidonius Appollinaris que nous savons cette circonstance.

Quelques années après, l'empereur, résolu d'agir contre le roi des Goths, son ennemi déclaré, s'adresse sur-le-champ aux Bretons et leur demande du secours, dit Jornandès (1). Le terme dont l'auteur se sert dans cette occasion, signifie proprement

(1) Euricus ergo rex Visigothorum crebram mutationem Romanorum principum cernens, Gallias suo jure visus est occupare. Quod comperiens Anthemius imperator, protinùs solatia Britonum postulavit; quorum rex Riothimus cùm duodecim millibus veniens in Biturigas civitatem Oceano, navibus egressus, susceptus est. *Jornandès, de rebus Gothicis nu. 75., 76.*

demander une chose qu'on peut accorder ou refuser. Quand c'est un souverain qui s'adresse à ses sujets, on emploie des termes bien différens; c'est commander, c'est ordonner, qui marquent dans ce prince le droit d'exiger et la volonté de le faire, qui seule doit servir de règle, et dans les sujets d'obligation de donner, et la nécessité d'obéir. Ce que l'empereur demande est une nouvelle preuve de la liberté des Bretons, auxquels il s'adresse, c'est du secours; et le terme dont Jornandès se sert (1), marque dans le style de cet auteur un secours libre, tel qu'on peut l'attendre d'un allié, *protinus solatia Britonum postulavit*. Riothime, leur roi, dit Sigebert (2), sur ce

(1) Felix procinctus auxiliantium suave collegium habere, et solatia illorum, quos delectat etiàm simul subire discrimina. *Jornand. Ibidem*, *nu.* 60.

(2) Euricus rex Visigothorum Gallías occupare

même sujet, vint au secours des Romains pour défendre les Gaules; c'est la démarche d'un allié qui sait au besoin abandonner ses propres états pour défendre ceux de son confédéré. C'est cette distinction des états de Riothime comme séparés et divisés du reste des Gaules, qu'on trouve dans les propres termes de Sigebert, que je viens de citer; et c'est dans le même sens que sous l'an 561 en parlant de Saint Maclou, qu'il appelle Macute (1), il dit que ce saint, persécuté par les Bretons, leur donna sa malédiction, et passa dans les Gaules, preuve qu'il ne prétendait plus comprendre la

nisus Riothimum regem Britonum ad defensionem Galliarum Romanis venientem auxilio, bello contrivit. *Sigebertus ad annum* 470.

(1) Machutes, qui et Maclovius.... à Britannis exacerbatus, eis maledicens transivit ad Gallias, et sub Leontio sanctorum Episcopo multo tempore virtutibus claruit. *Sigebertus, ad an.* 561.

Bretagne sous le nom général des Gaules en 561. En sorte que l'ancienne expression employée pour une affaire arrivée en 472 prouve qu'il faisait dès ce tems la même distinction. Toutes ces preuves de l'indépendance et de la liberté des Bretons, prises non dans nos propres historiens, mais des auteurs de l'histoire romaine, et des seuls qui se soient expliqués sur ces faits, suffisent pour faire voir le peu de fond qu'on doit faire sur ceux qui sans aucun garant ne laissent pas d'avancer que ces peuples n'étaient que de pauvres fugitifs, qui furent reçus ou par Aétius, ou par l'empereur, ou par les Armoriquains, mais toujours par compassion et par grâce pour être sujets et pour obéir comme les autres habitans de la Gaule. Qu'on joigne ces preuves avec les autres que j'ai déjà rapportées dans le chapitre précédent, nombre IX et suivans, pour prouver la même chose depuis l'année 410 jusqu'en 445 et on verra que le système que je suis se soutient dans tous les tems, sans être démenti par aucun historien.

VIII.

Les Bretons Armoriquains furent gouvernés par des rois depuis l'an 445 jusqu'en 470.

Après ce que je viens de dire on n'aura pas de peine à croire que le gouvernement de ces peuples était monarchique, au moins depuis l'an 460; que c'était un royaume, et qu'ils étaient gouvernés par des rois. Mais aussi puisque j'ai déja fait voir que les choses étaient sur le même pied avant l'an 445, on ne doit pas faire plus de difficulté de reconnaître qu'ils avaient aussi leurs rois pendant les quinze années qui suivent. Nulle preuve dans l'histoire d'aucune interruption, ou d'autre interrègne. Au contraire tout ce que je vais dire d'Audren, fera connaître qu'il régnait dans ce tems, et comme il n'a pas été le premier de ces rois, il n'a fait que monter sur le trône de ses ancêtres, et il a trouvé le secret de l'affermir de plus en plus en laissant ses enfans successeurs de sa couronne. Nous en trouvons une nouvelle preuve dans la vie de saint Oudocée, que j'ai déjà citée. Car l'auteur, en parlant de Budic, et des raisons que les Armoriquains eurent de le rappeler de l'île de Bretagne pour en faire leur souverain, après que leur roi fut mort, ajoute qu'ils s'adressèrent à ce prince (1), parce qu'il était né de la race royale. Ces paroles ne permettent pas de douter que le père de Budic n'eût été roi dans ces lieux, et des-

(1) Defuncto rege eorum, illum volebant recipere natum de regali progenie. *Vitâ S. Oudocei apud Usserium, page* 291.

cendu des anciens rois ses prédécesseurs, et ce père était Andren. Si donc lors de la journée d'Attila, l'an 451, les auteurs qui nous apprennent que les Armoriquains servirent dans l'armée de l'empire contre cet ennemi commun, ne parlent point de leur roi, ce n'est pas à dire qu'ils n'en eussent point. On sait que le roi comme ses sujets est également compris sous le nom général d'un peuple. Jornandès et Paul diacre dans cette même occasion comptent au nombre des troupes auxiliaires des Romains, les Bourguignons et les Saxons, sans nommer leurs rois. Il est néanmoins certain que les uns et les autres en avaient un. C'est ainsi que Grégoire de Tours, lorsqu'il décrit l'expédition malheureuse des Bretons dans le Berri, ne parle que d'eux, sans faire aucune mention de leur roi. Ce serait mal raisonner que de vouloir conclure de là qu'ils n'en avaient point. Sigebert, Freculphe et Jornandès non-seulement témoignent qu'ils en avaient, mais encore ils nous en ont conservé le nom. De même ceux qui mettent les Bretons Armoriquains entre les troupes auxiliaires d'Ætius, sans nous apprendre le nom de leur roi, ne doivent pas nous empêcher de reconnaître qu'ils en avaient un dans le même tems, puisque nous en trouvons et les preuves et le nom dans d'autres auteurs. On ne doit point aussi croire qu'il n'était roi que par le bienfait des empereurs et soumis à leurs lois, au-dessus de ses peuples, mais au-dessous des magistrats romains, semblable en ce point au roi Cogidun et à tant d'autres si bien marqués dans l'histoire romaine, qui n'étaient, à proprement parler, rois que de nom, mais sujets en effet et les instrumens de la servitude des autres, comme

Tacite l'a remarqué. Tout ce que j'ai dit de l'indépendance de ces peuples n'est fondé que sur la liberté, sur l'indépendance et sur la souveraineté de leurs rois.

IX.

Audren est un de ceux qui régnèrent depuis l'an 445.

Celui qui régnait après Grallon depuis l'an 445, est appelé par le plus grand nombre de nos historiens, Audren, Aldroen, Alderon, Aldreyen et même Androgenus, comme on le trouve écrit dans quelques additions de Geoffroi de Montmouth, termes qui ne sont que de légères altérations du même nom et qui reviennent au même (1). Les modernes prétendent que la

(1) Le Baud, chap. 6, page 51. D'Argentre, Hist. de Bret., l. 1, ch. 21, p. 101. Albert-le-Grand,

ville de Chastel-Audren, sur les confins des évêques de Tréguier et de Saint-Brieuc, est un monument public qui prouve son existence et son règne, en conservant son nom. On aura toujours la liberté de penser comme eux, tandis qu'on ne dira rien de meilleur sur l'origine de cette ville, et tandis qu'on ne fera pas voir clairement qu'elle la doit à quelque autre seigneur du même nom, qui n'a point été roi. Je voudrais même qu'on me marquât clairement le tems dans lequel cet autre prétendu seigneur aurait vécu. Le père Toussaint de Saint-Luc, dans ses Recherches générales de la Bretagne Gauloise, première partie, chapitretroisième, écrit de plus qu'il a trouvé dans les ruines de ce château quelques

Catal. des Evêques de Tréguier, sous Cathocus, page 306. Le P. Toussaint de S. Luc, Recherches générales de la Bretagne gauloise, page 55.

bustes d'une pierre noire, que l'inscription en lettres romaines capitales enseigne être du roi Audren, fondateur de cette ville. Cet auteur était un pieux religieux dont je n'acccuserai jamais d'avoir rien supposé pour abuser de notre crédulité. Je croirais plutôt que, s'il nous trompe, il faut qu'il ait été trompé le premier. Je pourrais encore citer un autre monument public qui regarde ce roi : c'est la charte d'Alain Fergent (1), dont j'ai déjà dit quelque chose ; on y lit que le seigneur d'Avaugour et de Goëlo descendait de la race et de la lignée d'Audren, roi de Bretagne. Pour moi je ne présente ces preuves que pour ce qu'elles peuvent valoir, sans prétendre en être le

(1) Primò Dominus de Alvagorio et de Goello, pro eò quod ipse exivit et descendit de genere seu lineâ Audreni regis Britanniæ. *Carta Alani ducis apud Argentræum*, *l.* 1, *cap.* 18.

garant, et je ne les réunis qu'afin d'exposer sous le même point de vue ce qu'on ne trouverait qu'avec peine et par morceaux dans les autres qui ont traité cette matière avant moi. Ce n'est aussi qu'avec la même précaution et dans la même vue que je propose les chroniques de Bourges (1), qui parlent de lui sous le nom d'Aramon, l'histoire de Rosse et les grandes tables de l'église de Winton citées par Usserius (2), Antonen et Mathieu de Westminster. Ces ouvrages sont trop récens

(1) Elles disent que Aramon envoya à Bourges Aurèle Embroise, et Uter-Pendragon.... dernier fils de Constantin. *D'Argentré, l.* 1, *chap.* 26.

(2) Quæ à Mathæo florilego et Roffensis historiæ collectore repetuntur etiam omnia. *Usser. Brit. Eccl. Antiq., page* 37. Habentur eadem in floribus historiarum et magna Wintoniensium tabula, quibus ex Wintoniensis Ecclesiæ historia adjici etiam possunt ista. *Ibid., page* 200.

pour oser espérer qu'ils soient du goût des critiques de nos jours. Gautier, archidiacre d'Oxfort, qu'on ne doit pas confondre avec Geoffroi de Montmouth et le poëte qui porte le nom de Gildas, ne seraient pas apparemment mieux reçus, quoiqu'ils soient plus anciens, parce qu'ils ont donné dans des fables qui les ont décriés. Si je ne comptais aussi que sur Geoffroi de Montmouth, on ne manquerait pas de répondre que c'est le premier garant de ce fait et le père des fables bretonnes. Il est vrai que tout ce que j'ai dit devrait suffire pour le mettre à couvert de ce reproche; car puisque j'ai prouvé par des auteurs dignes de foi, dont la plupart sont contemporains, que les Armoriquains n'étaient plus sujets de l'empire; que leur pays était un royaume, et qu'ils ont eu des rois avant l'an 460 comme ils en avaient avant l'an 445, on n'a plus raison de regarder comme une supposition et comme une fable, le nom et le règne d'Audren, et les autres circonstances de sa vie, qu'il rapporte dans ce même tems, sous prétexte que c'est Geoffroi de Montmouth qui nous apprend ces choses. Mais ce qui doit le justifier encore plus clairement, est qu'il n'a parlé qu'après plusieurs autres. Ce sont les témoignages des auteurs plus anciens qu'il s'agit de produire, afin de lever encore une fois cette pierre d'achoppement et de faire voir que longtems avant lui les circonstances de la vie d'Audren n'étaient pas moins connues que celles des autres rois ses prédécesseurs.

X.

Auteurs plus anciens que Geoffroi de Montmouth, qui parlent d'Audren.

Je ne me contenterai pas néanmoins de répéter ici ce que j'ai fait voir ailleurs plus amplement, que Geoffroi de Montmouth ne fut que le traducteur d'un manuscrit plus ancien, qui me paraît être du huitième siècle. J'ai déjà dit aussi que la chronique des rois bretons armoriquains portait les caractères d'un ouvrage du septième: on y lisait le nom d'Audren et le tems de sa mort, comme je le ferai voir dans le nombre 16 de ce chapitre. Mais comme le dessein de cet auteur était de s'expliquer d'une manière fort abrégée sur les premiers rois, il ne nous en apprend presque autre chose que le nom et le règne; il ne nous dit aussi rien de plus de celui-ci. Le tems dans lequel Moracius écrivait ne m'est pas connu. Tout ce que je sais est qu'Usserius (1) et long-tems avant lui l'his-

(1) In magnâ etiam Wintoniensis Ecclesiæ historiâ ex Gildâ, Beda et Moracio refertur. *Usser Antiq. Blit., page* 29.

torien de l'église de Winton(1) le citent avec le titre d'ancien, et qu'ils le nomment après le sage Gildas et le vénérable Bède, et avant Gildas Cambrius, qui vivait dans le neuvième siècle. En sorte que le titre d'ancien que cette histoire de l'église de Winton, écrite vers l'an 1440, lui donne préférablement aux trois autres, peut faire juger qu'il écrivait avant ces trois derniers. Or cet auteur si considérable par son antiquité convient de tous les faits attribués à ce roi, et s'accorde en ce point avec Gildas Cambrius ou de Cambrige, dont il s'agit de rapporter le passage. Ce Gildas est très-différent des trois

(1) Ut scribit ille antiquus Britannorum conscriptor Moracius et Gildas Historiæ suæ, cap. 19, et Gaufridus Monumethensis in Historiâ Britonum.... de Wintoniensis Ecclesiæ fundatione in ejusdem Ecclesiæ Historiolâ circa annum 1440 conscripta. *Usser. ibid., p.* 66 *et* 67.

autres le même nom, auxquels on a donné pour les distinguer des surnoms différens. Il vivait avant l'an 856, et selon quelques-uns il écrivit avant l'an 858 et selon d'autres vers l'an 829 (1). Ce fut à Winton, dit cet auteur, que Constantin, frère d'Aldren, roi des Bretons Armoriquains, fit son fils moine. Ce serait donc mal à propos qu'on accuserait encore Geoffroi de Montmouth d'être le seul garant, ou le premier auteur des faits qui regardent Audren et Constantin, son frère, puisque 300 ans avant lui Gildas Cambrius et Moracius s'étaient ex-

(1) Wintoniæ, inquit Gildas, Constantem Constantinus pater (frater Aldroeni regis Armoricanorum Britonum) filium suum Monachum fecit. Cùm quo concordant Moracius et Gaufridus Monumentensis in Historiâ Britonum nec-non Walterus Oxenfordensis Archidiaconus. *Usserius ibidem, page* 200.

pliqués de la même manière. Il en est qui disent que Gildas composa son histoire en 829 sur celle d'un Geoffroi, qui par conséquent aurait vécu plus de trois siècles avant lui, qu'on a surnommé Artur, et qu'il la tira des autres écrivains qui l'avaient précédé. Je ne sais si l'on prétend par ces mots mettre le vénérable Bède et Gildas le sage entre ceux dont il avait pris cette circonstance, mais je sais au moins que je ne dirai rien de nouveau quand j'avancerai que le vénérable Gildas s'expliquait sur ces faits, du moins pour le fond, comme s'est expliqué depuis celui dont il s'agit, et qu'on appelle de Cambrige. Usserius l'a dit avant moi (1): selon cet auteur ce n'est pas seulement de Gildas fabuleux ou supposé,

(1) Cùm Constantinum illum uxorem ex nobili Romanorum genere ortam duxisse referat Britannia Historia, atque ex eâ Aurelium Ambrosium

cité par les historiens de l'église de Winton, mais encore le véritable et naturel Gildas, c'est-à-dire, qu'on nomme le sage, qui confirme que Constantin et son épouse (qui selon l'histoire de Bretagne était d'une noble famille romaine et parente d'Aurèle Ambroise), furent revêtus de la pourpre dans l'île de Bretagne, ou comme Bede s'explique portèrent le titre de roi dans ces lieux et les ornemens royaux. Et parce que ces choses ne sont véritables que dans notre système, on peut conclure qu'Usserius le favorise encore, et qu'il croit en trouver des

suscepisse. *Galfradus Monumeth.*, *l.* 6, *cap* 6. Mathœus florilegus anno 436 ejusdem Ambrosii parentes in Britanniâ purpurâ indutos fuisse, hoc est, ut Beda explicat, regium nomen et insigne tulisse, non commentitius ille à Wintoniensibus citatus, sed verus etiam et genuinus Gildas confirmet. *Usserius*, *Antiq. Brit.*, *p.* 200.

preuves dans Gildas le sage. On ne doit pas être surpris, puisque ce n'est point en cela seul, mais dans tout le reste que notre histoire s'accorde parfaitement avec tout ce que Gildas le sage et le vénérable Bede nous apprennent des révolutions arrivées dans l'île de Bretagne pendant tout ce tems.

XI.

Tout ce que ces auteurs disent d'Audren, s'accorde parfaitement avec l'histoire de Gildas le sage et du vénérable Bede.

Le fondement de toute cette histoire est que les habitans de l'île, après s'être inutilement adressés au consul Aétius pour la troisième fois, c'est-à-dire, en 446, députèrent vers Audren pour lui demander du secours; il leur accorda Constantin son frère avec une escorte de 2,000 hommes. Il est vrai que ces deux auteurs ne font expressément mention ni de l'ambassade, ni du secours; mais ils conviennent de plusieurs choses, qui, du moins jointes ensemble, me paraissent en être une preuve (1). 1°. La résolution dans laquelle la meilleure partie de ces peuples étaient de faire la guerre malgré la faim qui les pressait; la victoire qu'ils remportèrent pour la première fois, leurs ennemis éloignés de la frontière, et le repos que ce changement leur procura pendant un tems assez considérable, au moins au dehors, nous donnent tout lieu

(1) Alios verò nunquàm, quin potiùs de ipsis montibus, speluncis et saltibus, dumis consertis continuò rebellant; et tùm primùm inimicis per multos annos prædas in terrâ agentes strages dabant..... quievit perumper inimicorum audacia, recesserunt hostes à civibus. *Gildas, in epilogo de excidio Brit. nu.* 17 *et* 18.

d'en conclure qu'ils avaient quelque secours. On dira qu'un secours de 2,000 hommes n'avait point de proportion avec leurs besoins. Mais il faut faire attention que les Romains, aussi puissans qu'ils l'étaient, quand ils leur en accordèrent en 422 et trois ans après, n'envoyèrent qu'une légion qui n'était qu'un peu plus de la moitié de troupes, et que ce nombre si petit en apparence suffit néanmoins pour les défendre.

La seconde preuve que je trouve dans Bede (1) est qu'après avoir parlé d'Aétius, il ajoute qu'ils ne purent obtenir du secours de lui. Ces mots ne nous empêchent pas de croire qu'on n'en reçut d'ailleurs : il sem-

(1) Neque tamen hæc agentes quidquam ab eo auxilii impetrare quiverant. *Beda. Eccl. Hist. l.* 1. *cap.* 13.

ble même qu'ils l'insinuent (1). En effet Gildas, après avoir parlé d'Aurèle Ambroise, fait également mention de la ruine de cette île et du secours inespéré que les habitans reçurent, comme de deux prodiges qui firent pendant quelque tems impression sur l'esprit et sur le cœur de ceux qui en avaient été les témoins. Enfin tout ce que je vais dire des rois qui régnèrent depuis l'an 446 et qui furent les parens d'Aurèle Ambroise, suppose le système que je défends. Nos historiens ajoutent qu'à l'arrivée de ce secours toute la jeunesse de l'île se rassembla, qu'on affronta l'ennemi, qu'il fut vaincu par le mérite d'un saint homme. Gil-

(1) Hæsit etenim tam desperati insulæ excidii, insperatique mentio auxilii, memoriæ eorum qui utriusque miraculi testes extitere. *Gildas ibidem, nu.* 26.

das (1) et Bede disent tout cela presque mot à mot. Il est bon d'observer pour cette dernière circonstance, que saint Germain, évêque d'Auxerre, et saint Sévère, évêque de Trèves, son disciple, étaient alors dans cette île. Un troisième fait, qu'on trouve dans notre histoire, est que Constantin fut roi; qu'il fut tué; que son successeur, qu'on dit avoir été son fils, eut le même sort, et Gildas dit positivement (1) que dans cet intervalle on sacrait des rois (en voilà donc plus d'un); et que peu de tems après ceux-mêmes

(1) Ungebantur reges non per Deum, sed qui cæteris crudeliores extarent. *Et Paulo post.* Ab unctoribus non pro veri examinatione trucidabantur, aliis electis trucioribus. *Gildas, ibidem nu.* 19.

(2) Duce Ambrosio Aureliano, viro modesto, qui solus forte Romanæ gentis tantæ tempestatis collisione, occisis in eadem parentibus, purpura nimirum indutis superfuerat. *Gildas ibidem, nu.* 25.

qui les avaient oints, les faisaient mourir pour en élire d'autres plus cruels. Voilà l'usurpation et le caractère de Vortigerne; on ne peut rien souhaiter de plus conforme, si notre histoire suppose que ces deux premiers rois n'étaient point nés dans l'île, mais qu'ils étaient venus d'ailleurs. Ces deux auteurs, en disant d'Aurèle Ambroise, fils de Constantin, qu'il était le seul de la nation romaine qui eût évité tous ces dangers et qui restât dans l'île, nous fait assez sentir qu'on ne les regardait, ni lui, ni son père, que comme des étrangers; et le nom de Romain (1), qu'on leur donne, était encore fort commun parmi les peuples de l'Ar-

(1) Adjiciamus etiam ne quis Britannum aut Romanum in Armoricâ sine Metropolitano aut comprovincialium voluntate vel litteris Episcopum ordinare præsumat. *Con. Turon. an.* 567, *Can.* 9.

morique pendant tout ce siècle et dans le suivant. Toutes ces révolutions ne pouvaient arriver sans des guerres civiles (1) ; et c'est ce que ces deux auteurs reprochent aux Bretons pendant tout ce tems. Nous disons encore que Constantin père et Constant, frère d'Aurèle Ambroise, furent tués dans l'île entre l'an 446 et l'an 455 (2), et ces deux auteurs conviennent également, qu'au moins deux parens d'Aurèle Ambroise, qui portaient les ornemens royaux et le titre de rois, périrent dans ces révolutions dont ils venaient de parler, depuis le troisième consulat d'Aétius ; c'est-à-dire, depuis l'an

(1) Moris namque pristini erat genti, sicut et nunc est, ut infirma esset ad retundenda hostium tela, est fortis esset ad civilia bella. *Gildas, de excidio Brit.*, *nu.* 19.

(2) Gildas ibidem, nu. 25, et Beda ibidem, cap. 16.

446 (1); et ces révolutions, dans lesquelles ils périrent, furent les ravages des Saxons, et les carnages qui en furent la suite, comme le vénérable Bede le dit positivement. Ce qui ne peut absolument convenir à Constantin le Tyran, non plus qu'à ses enfans, mais seulement à Constantin frère d'Audren, que notre histoire place dans ce même tems et à Constant son fils et frère d'Aurèle Ambroise. L'élévation de Vortigerne dans le sentiment de nos historiens, après tant de parricides, n'était qu'une usurpation détestable et tyrannique, et c'est pour cela que Gildas l'appelle tantôt superbe, et tantôt

(1) Britones duce Ambrosio Aureliano, viro modesto, qui solus fortè Romanæ gentis Saxonum cædi superaverat, occisis in eadem parentibus purpurâ indutis. *Beda, de Naturâ rerum.* Sub Zenone Regium nomen et insigne ferentibus. *Idem, lib.* 1. *cap.* 16.

funeste tyran (1). La dernière de ces circonstances, qui regarde notre histoire, est qu'Aurèle Ambroise n'échappa, selon nos historiens, à la cruauté de cet usurpateur, que parce qu'on le transporta dans notre Bretagne Armorique auprès de Budic son cousin. En effet il n'y a pas d'apparence qu'il ait pu rester en sûreté dans l'île, où ce tyran régnait avec un pouvoir absolu, mais avec tant de cruauté, que non seulement ses ennemis ou les personnes qui pouvaient lui devenir suspectes, mais même ceux qui avaient encore quelque amour pour la vérité, étaient exposés à la haine et à la fureur de tout le monde (2). On voit

(1) Tunc omnes Consiliarii unà cùm superbo Tyranno. *Gildas*, *nu.* 23.

(2) Si quis verò eorum mitior et veritati aliquatenùs propior videretur; in hunc quasi Britanniæ subversorem omnium odia telaque sine respectu contorquebantur. *Ibidem*, *nu.* 19.

que les auteurs que nous suivons, n'ajoutent presque rien aux faits rapportés par Gildas le sage et par le vénérable Bede, et qu'ils ne font que les arranger et en développer les circonstances.

XII.

Le sentiment de ceux qui rejettent ce que nous disons d'Audren et de Constantin, son frère, est contraire à l'histoire romaine.

Mais autant que notre histoire est en ce point conforme au sentiment de ces deux auteurs, autant ceux-là s'en écartent qui rejettent le règne d'Audren, qui ne veulent point reconnaître Constantin, père d'Aurèle Ambroise, pour son frère, et qui prétendent que cet Aurèle Ambroise était fils de Constantin surnommé le tyran, ce qui fait le fondement du système contraire au nôtre;

car après tout ce dernier n'était point simplement roi, comme Bede et quelques autres l'ont dit des parens d'Aurèle Ambroise. Il était empereur; il n'épousa pas dans la Grande Bretagne une très-noble dame romaine mère de Constant, avant d'avoir usurpé l'empire. Les historiens ne nous disent point qu'il fut d'une famille (1) et d'un rang à pouvoir aspirer au mariage d'une dame, dont on fait sonner si haut la noblesse. Et depuis son usurpation. en 407 jusqu'en 411, Constant n'aurait pas été d'un âge à pouvoir passer pour moine. Constantin le tyran ne mourut point dans l'île de Bretagne, beaucoup moins pendant les révolutions arrivées après l'an 446 dans les ravages des Saxons. Il était

(1) Hujus loco Constantinus ex infimâ militia propter spem solam nominis sine merito virtutis eligitur. *Beda, Ecc. hist. l. 1, cap. 11.*

mort plus de 35 ans avant ; et néanmoins ces deux auteurs disent tout cela du père d'Aurèle Ambroise. Enfin comme Constantin le tyran mourut en 411 il ne peut être le père d'Aurèle Ambroise, qui ne fut roi de la Grande-Bretagne que 60 ans plus tard, après l'an 470, et qui, selon Sigebert (1), régna 45 ans, c'est-à-dire jusqu'après 515, à moins de dire qu'au milieu de tant d'ennemis, malgré tant de hasards, de fatigues et de combats, ce héros aurait vécu plus de 104 ans. Ce sont les anachronismes où tombent ceux qui ne veulent reconnaître ni le règne d'Audren, ni celui de Constantin, son frère. Voici le merveilleux qu'on trou-

(1) A Germaniâ Angli in Britanniam veniunt, eamque ab hostibus tutam faciunt esse, ac non multo post eam sibi vindicant. Ambrosium Aurelianum sibi Britanni Regem statuunt, eoque duce per annos 45 vario belli eventu contrà Anglos confligunt. *Sigebertus, ad annum* 446.

ve dans leur système ; il faut qu'ils supposent que Constantin le tyran, en passant dans la Gaule et même pendant les quatre années de sa tyrannie, laissa son fils dans l'île de Bretagne sans s'en mettre en peine, pendant qu'il était si porté pour son autre fils Constant, qui viola toutes les règles de la discipline ecclésiastique, en le forçant de quitter le cloître pour venir prendre la dignité de César ; il faut encore supposer que ce fils si négligé ne laissa pas d'être assez heureux pour survivre à son père, à son frère Constant et à plusieurs autres tyrans, dont la témérité fut punie du dernier supplice. On le laissa vivre par un privilége tout singulier en paix, et dans les honneurs, sans que les empereurs et les tyrans encore plus soupçonneux, en aient conçu la moindre jalousie.

Ce n'est encore là que la moindre partie

des événemens surprenans qui se trouvent dans ce système. Il faut supposer de plus que lorsque tous les Romains abandonnèrent l'île de Bretagne en 418 comme nous l'apprenons de Fabius Etelverdus, pour se retirer dans la Gaule, Aurèle Ambroise, comme s'il eût été sûr de la bonne fortune qui l'attendait, se fit un devoir de demeurer constamment dans cette île. Le départ des troupes romaines en 422 et 425, sans espoir de retour, ne fut point capable de le faire changer de sentiment. Les habitans, dispersés, vaincus et fugitifs, les rois légitimes immolés à l'ambition d'un perfide sujet, résolu de monter sur le trône de ses maîtres, ce tyran reconnu par les plus puissans, devenus les instrumens de ses ordres sanguinaires; tous les gens persécutés et sacrifiés, furent des révolutions qui ne servirent qu'à son élévation. Ni la postérité des rois légitimes tués par le tyran, ni cet usurpateur avec toute sa puissance et toute son attention, ne purent prévenir, ni arrêter le cours de son bonheur, et cet homme dont l'histoire n'avait rien dit jusqu'alors, devient tout-à-coup, à l'âge de 60 ans, un héros fameux, un roi chéri, un conquérant heureux, qui règne encore 45 ans, meurt âgé de 104 ans, et laisse à ses enfans une couronne si long-tems attendue, reçue enfin contre toute espérance, et si bien affermie au milieu de tant de concurrens et de tant d'ennemis. Il faut avouer qu'on ne peut rien voir de plus singulier, et que tout ce qu'on admirait tant dans l'histoire de Conan, n'en approche pas. Mais par malheur pour les auteurs ou pour les protecteurs de ce roman, si rempli d'événemens prodigieux, Procope nous apprend (1) que les

(1) Constantinus, quem Britanniæ Tyrannum

enfans de ce tyran (il n'en excepte aucun) moururent en même tems que lui. Je ne vois pas après une autorité si positive et si ancienne, sur quel fondement on voudrait s'opiniâtrer à soutenir qu'Aurèle Ambroise, qui vivait encore plus de cent ans après, ait été son fils.

XIII.

Conformité des autres circonstances du règne d'Audren avec l'histoire romaine.

Si toutes les circonstances du règne d'Audren, qui regardent Constantin son frère, sont si conformes aux termes de Gildas et de Bede, et n'ont rien qui révolte l'esprit et qui ne s'accorde parfaitement avec l'état des Romains et des Bretons pendant tout ce tems, on va voir que toutes les autres

diximus, superatus bello unà cùm liberis interiit. *Procopius, de bello Vandalorum, l. 3.*

circonstances considérables de sa vie ne sont pas moins conformes à l'histoire romaine. La première est qu'avant qu'il montât sur le trône, les troupes romaines ravagèrent l'Armorique. Le Baud (1) appelle les auteurs de ces ravages tantôt Italiens et tantôt Luquains. Le premier nom ne signifie autre chose que les Romains mêmes, et je crois que le dernier doit s'entendre des Lothariens, ou soldats de Litorius, que Salvien, auteur comtemporain, appelle Lutharis. En effet, j'ai déjà fait voir ailleurs, sur le témoignage de Sidonius Apollinaris, aussi contemporain, que Litorius ou Leutharis remporta quelques victoires sur les Armoriquains en 439. Cette guerre ne finit qu'après l'an 444, puisque dans cette année, ces peuples assiégèrent Tours,

(1) Le Baud, ch. 5 et 6.

ou du moins, attaquèrent les peuples de ces quartiers. Nous disons en second lieu que cette guerre finit, et que ces troupes se retirèrent vers l'an 445. Nous ne disons encore en cela rien d'extraordinaire: car c'était dans ce même tems, dit le vénérable Bede (1), que Aétius ne se croyait point en état d'envoyer aucun secours aux habitans de la Grande-Bretagne, non pas même une seule légion, qui n'était que d'environ quatre mille hommes, comme on en avait envoyé dans les années 422 et 425,

(1) Neque hæc tamen agentes quidquàm ab illo auxilii impetrare quieverant, ut pote gravissimis eò tempore bellis cùm Bleda et Artilla regibus Hunorum erat occupatus, et quamvis anno ante hunc proximo Bleda Attilæ fratris sui insidiis sit interemptus, Attila tamen adeò intolerabilis reipublicæ remansit hostis, ut totam penè Europam; excitis invasisque civitatibus et castellis, corroderet. *Beda, Eccl. hist., l.* 1, *cap.* 13.

parce qu'il était tout occupé de la guerre qu'il avait à soutenir, ou du moins qu'il craignait d'être bientôt obligé de soutenir contre Blede et contre son frère Attila, roi des Huns. Et quoique l'année précédente 444, Blede eût été tué par les embuches de son frère Attila, néanmoins celui-ci demeura toujours ennemi si déclaré de la république et si formidable, qu'il attaquait sans cesse quelque ville et quelques châteaux dans l'Europe, et qu'il les rasait ou qu'il s'en rendait maître. Aétius avait donc besoin ailleurs de troupes, qui jusqu'alors avaient reste sur la frontière de l'Armorique. Il est si vrai qu'il n'y en avait plus en 446, que lorsque ce général voulut depuis punir ces peuples, il en laissa la commission au roi des Alains Eocharic. Un troisième fait qu'on dit d'Audren, est qu'en 446, il ne put donner aux Bretons de l'île qu'un secours de deux mille hommes ; parce qu'il craignait toujours quelque attaque de la part des Gaulois, c'est-à-dire de la part des Romains, qui commandaient dans la Gaule. Il ne se trompait pas : l'ordre ou la permission d'Aétius, qu'Eocharic se mit en devoir d'exécuter l'année suivante, fait assez voir qu'Audren n'avait pas pris encore assez de précaution, puisque pour mettre ses états à couvert de cet orage, il fut obligé de recourir à l'intercession de saint Germain (1), évêque d'Auxerre. Nous verrons dans la suite l'avantage qu'Audren eut enfin sur ces barbares.

(1). Vix domum remeaverat de transmarinâ expeditione, et jam legatio Armoricani tractûs fatigationem beati Antistitis ambiebat. *Constantinus, in vita sancti Germani.*

XIV.

Audren est le même que les catalogues des comtes de Cornouaille appellent Daniel-Dremrus.

Pour bien expliquer ce fait, il faut d'abord observer que ce prince est le même que les catalogues des comtes de Cornouaille appellent Daniel Dremrus (1): car tout ce qu'ils nous apprennent de celui-ci, est 1° qu'il avait quelque commandement dans la Cornouaille, qui dans le sens même de l'auteur, n'était autre que celle dans laquelle Budic et Alain Cagnart dominèrent long-tems après, et qui selon des auteurs

(1) Rivelen Mur-Marth-con, Rivelen Marthon... Concar... Gradlon Mur... Daniel Drem-rud Alamanis rex fuit. Budic et Maxenti duo fratres. Horum primus rediens ab Alamania Marcell interfecit, et paternum recuperavit Consulatum. *Catalog. Comitum Cornub. apud Lobinæum*, t. 2, *col.* 17.

du onzième siècle, s'étendait jusqu'à Rennes (1). 2° Ces catalogues nous font assez connaître que Daniel-Dremrus vivait vers les années 445, 450 et suivantes, puisqu'entre ce comte et Jean Reith, qui vivait en 513, ils en mettent un autre nommé Budic. 3° Celui de ces catalogues, qu'on a tiré du cartulaire de Quimper, marque assez clairement que Budic était fils de Daniel-Dremrus, puisqu'après avoir parlé de ce dernier, en nommant Budic et Maxentius, deux frères, il ajoute que le premier de ces deux frères, c'est-à-dire, Budic, défit Marcelle à son retour de l'Allemagne, et recouvra ce qu'on appelle le consulat, c'est-à-dire, le comté de son père, et nos historiens disent tout cela d'Audren, puisqu'ils nous apprennent qu'il fut roi de

(1) Cornu-Galliæ nuncupatur, est autem illius Metropolis Redonum civitas. *Glaber Radulphus, l. 2, cap. 2, nu. 25.*

l'Armorique ou de la Cornouaille; qu'il vivait après 446 et qu'il fut père de Budic Cybsdan. Je conclus que son véritable nom était Cybsdan Aldrenus, et que ces catalogues en ont fait par corruption leur Daniel-Dremrus, à moins de dire que Cybsdan n'est qu'une abréviation adoucie ou corrompue d'Aldroen, comme Dadon n'est qu'une abréviation d'Audoen. Il importe peu d'approfondir davantage la signification ou l'étymologie de ces noms, et de faire voir qu'ils ont du rapport, puisque tous les faits conviennent; car le seul qui nous reste à vérifier, est que ces catalogues disent que Daniel-Dremrus fut roi des Allemands: or, il est certain que ce fut sous le règne d'Audren que les Armoriquains furent attaqués par Eocharic, roi des Alains, à qui plusieurs auteurs et Constance (1)

(1) Causam sanè Armoriacnæ regionis, quæ ne-

lui-même en décrivant cette guerre, donnent aussi le nom d'Allemands. Il est encore certain que les Armoriquains sortirent de ce pas sans grande perte, et même on peut le dire avec succès et avec honneur, puisqu'ils furent les premiers à refuser, vers 448 ou 449, les conditions de paix que l'empereur leur accordait à la prière de saint Germain, évêque d'Auxerre. Il est encore certain que trois ans après, ils étaient indépendans et libres, puisqu'ils servirent en qualité d'alliés dans l'armée d'Aétius contre Attila (1). Ce fut dans cette même

cessitatem peregrinationis indixerat, obtentâ veniâ et securitate perpetua, ad proprium obtinuisset arbitrium, nisi titubationis perfidia mobilem et indisciplinatum populum ad rebellionem pristinam revocasset. *Constant. in vita S. Germani.*

(1) Adfuere auxiliatores Armoricani, Lititiani. *Jornandès, de rebus Gethicis, nu.* 60. Fuêre intereâ Ro-

conjoncture que les Alains, qui servaient aussi dans la même armée, se rendirent suspects de trahison, et l'histoire n'en parle presque plus désormais, que pour nous apprendre que l'empereur Majorien entreprit de les chasser de la Gaule en 461 (1). En sorte que quand notre histoire dit que le pays qu'ils occupaient avant d'en être chassés, devint

manis auxilio Armoritiani, Litiani. *Paulus Diaconus, de gestis Rom.*, *l.* 15. Vide suprà, caput 2, num. 11.

(1) Aanlorum partem trans-flumen Ligeris considentem statuit suæ redigere ditioni, Attila. *Jornandès, de rebus Gothicis, nu.* 70. Sed et ipse Majorianus non diù regnans, dum contra Alanos, qui Gallias infestabant, movisset procinctum, Dertonæ juxta fluvium ita cognominatum occiditur. *Ibidem, nu.* 75. Qui (Anthemius) veniens illico Ricimorem generum suum contrà Alanos direxit, virum egregium, et penè tunc in Italiâ ad exercitum singularem, qui multitudinem Alanorum et regem eorum Bungum in primæ stationis certamine superatos internecione prostravit. *Ibidem.*

le partage d'Audren, soit qu'il s'en soit emparé dans ces tems si fâcheux pour les Romains, soit que l'empereur les ait abandonnés à ce roi pour prix de sa fidélité, soit qu'il lui en ait seulement confié le gouvernement, elle ne dit rien d'impossible, rien de fabuleux, rien qui ne soit très-probable et très-conforme à l'histoire romaine, qui dans ce même tems étend les frontières de l'Armorique jusqu'auprès d'Orléans, entre la Loire et le Loiret, comme je l'ai fait voir plus amplement dans le chapitre 1 de ces mémoires, nombre 18. Voilà l'éclaircissement et la preuve de cet incident qui paraissait si fabuleux ou si singulier. Voilà sans doute ce que ces catalogues appellent avoir été roi de l'Allemagne ou des Allemands, c'est-à-dire des Alains. Telle est la vérité du fait et la conformité de notre histoire encore en ce point avec la romaine.

XV.

Audren est aussi le même qu'Ingomar et d'autres auteurs appellent Deronus

Audren, en latin, *Aldroenus* et *Alderonus*, est aussi le même qu'Ingomar, dans la généalogie qu'il nous a donnée de S. Judicaël, et l'auteur de celle de S. Winoc, appellent Deronus (1). J'ai déjà dit dans le premier chapitre, que Coton, qu'on met le second dans cette généalogie, et Conan, le premier de nos rois, n'étaient qu'un même prince, et dans le second chapitre, que Guithol, petit-fils de Cotton, et Salomon, petit-fils de Conan, étaient aussi le même. De ces principes il faut conclure que Deronus et Alderonus ou Audren ne sont

(1) Riwalus Britanniæ dux filius fuit Derochi filii Withol, filii Urbieni, filii Catoni, fili Gerentoni. *Genealogia sancti Winoci, tom. 1. Sanct. Bened.* 302.

point différens : car, comme Deronus est le quatrième après Cotton (1), Audren est reconnu par tous nos historiens pour le quatrième après Conan : quatrième en tout, non seulement le quatrième roi, mais encore le quatrième de filiation, c'est-à-dire, l'arrière-petit-fils de Conan, comme Déronus est le fils de Guithol (2). Quelques-uns ont reconnu qu'Audren était fils de Salomon ; et comme j'ai déjà fait voir qu'Audren était père de Buduc, de même on verra que Deronus fut père de Dubric ou Debroc, qui est le même que Budic ; et enfin, comme Déronus fut aïeul de Rioval, Audren fut aïeul de Hoël, qui est le même que Rioval. Voilà pour la famille et pour

(1) Regnabat tunc in illâ Aldroenus quartus à Conano. *Galfridus Monumeth.*, *l.* 6, *cap.* 4.

(2) Alain Bonchard, chron. Brit. Histoire Universelle de Charon, p. 549.

les filiations, des rapports bien sensibles. Ceux des lieux ne le sont pas moins; car, après tout, c'est dans l'Armorique et non ailleurs qu'il faut chercher les prédécesseurs de Rioval, petit-fils de Deronus : c'est de là qu'il était originaire. Quand il y vint les armes à la main vers l'an 513, ce n'est pas qu'il eût été chassé par les Saxons de la Domnonie, province de l'île de Bretagne; on en verra les preuves dans le chapitre qui le regarde. Ce n'était qu'un retour dans un lieu qu'il avait quitté quelque tems avant, ou du moins que ses parens habitaient avant lui; quand il conquit ce pays, il ne fit que recouvrer l'héritage de ses ancêtres; quand il fût redevable du royaume à sa bravoure, ou si vous voulez, au choix de ses sujets, il ne fit que remonter sur le trône de ses pères. Ce n'est point dans l'île de Bretagne qu'il faut les chercher, ni par conséquent Deronus ; l'histoire de ce pays n'en fait aucune mention, quoiqu'elle entre dans un fort grand détail des seigneurs qui tinrent quelque rang dans ces lieux pendant toutes les guerres des Saxons. Voilà donc Déronus comme Audren, originaire de l'Armorique et seigneur des plus considérables du pays, et c'est le second rapport qui se trouve entr'eux. Le troisième regarde le tems. Ces généalogies, telles que nous les avons entre Déronus et Jona, sans compter ni l'un ni l'autre, placent trois degrés de filiation, savoir : Rioval, Debroc et Riatham. Celui-ci mourut vers l'an 545, et Jona son fils fut tué vers l'an 547 dans un âge assez avancé. Donnons pour ces quatre ou cinq générations un siècle ; c'est ne rien outrer et on n'en peut donner moins, et cela ne laisse pas de suffire pour nous obliger de reconnaître que Déronus vivait vers l'an 450, c'est-à-dire, précisément dans le même tems qu'Audren; l'un et l'autre étaient donc princes dans l'Armorique, descendus des anciens rois, ancêtres de ceux qui régnèrent depuis précisement dans le même degré de filiation; ils vivaient précisément dans ce même tems. Après cela je ne vois pas qu'on puisse raisonnablement disconvenir que c'est le même prince; car pour la différence des noms, Deronus et Alderonus, elle est si légère, qu'elle ne mérite pas qu'on y fasse attention. Je sais que quelques-uns, au lieu de Deronus, lisent Derothus ou Derochus; mais il faut avouer aussi d'un côté que les anciens ont lu Deronus, et de l'autre, que certains appellent Audren, *Audren Deroch*, ce qui lève toute la difficulté, si l'on voulait en faire quelqu'une.

XVI.

Tems dans lequel Audren vivait, et durée de son règne.

On ne doit pas non plus en faire sur le tems dans lequel je fixe son règne. Les modernes se sont extrêmement écartés de la vérité, quand ils ont dit qu'il mourut en 422, ou selon quelques autres en 438, après avoir régné depuis l'an 412. Le Foureur de Sigebert a donné le premier occasion à ces erreurs, lorsqu'il a parlé, sous l'an 413, de l'embassade de Gonthelin, et du secours accordé par Audren aux habitans de la Grande-Bretagne, sous la conduite de Constantin son frère. L'interpolateur, en prenant ces faits de Geoffroi pour les insérer dans Sigebert, n'a pas pris le sens, l'esprit, ni l'ordre chronologique de l'auteur qu'il transcrivait, comme je le ferai voir bientôt, ni de celui dans lequel il mêlait ces faits, comme il est aisé de le remarquer dans l'édition d'Aubert le Myre, dans laquelle il paraît que les Bretons de l'île n'avaient point encore de rois l'an 423, et que Vortigerne régna seulement après l'an 446. Mathieu de Vestminster n'a pas été plus heureux; il approche du but, mais il n'y arrive pas; il place cette ambassade en 435, la mort de Constantin et l'élection de son fils Constant en 445. J'ai néanmoins fait voir dans le chapitre précédent, nombre 21, sur des preuves qui me paraissent démonstratives en fait d'histoire, que c'était Grallon qui régnait dans l'Armorique pendant tous ce tems. L'époque de Geoffroi de Montmouth est la véritable, comme elle est en effet prise de l'auteur le plus ancien, et c'est aussi où tout ce que j'ai dit jusqu'ici me conduit naturellement (1). Cet auteur, après l'ancien manuscrit breton qu'il traduisait, ne rapporte l'ambassade en question que comme une suite du refus qu'Aétius, consul pour la troisième fois, venait de faire, de donner du secours aux Bretons de l'île, fatigués par leurs ennemis et hors d'état de leur résister. Aétius ne fut certainement consul pour la troisième fois, qu'en 446. Ce fut donc cette année la première ou la seconde du règne d'Audren, que cette affaire arriva ; c'est le véritable tems dans lequel Audren régnait. C'est ce qui fait que je ne suis nullement

(1) Aetio ter consuli Britonum gemitus... Nec pro eis quidquam adjutorii habentes, tristes redeunt atque concivibus suis repulsam suam denunciant. Inito itaque concilio transfretavit Guethelinus Londoniensis Archiep. in min. Britanniam, quæ tunc Armorica sivè Letavia dicebatur. *Galfridus Monumeth., l. 6, cap. 3.*

surpris de ce que Geoffroi de Montmouth fait dire à ce roi dans cette occasion (1), qu'un tems avait été, qu'il aurait volontiers accepté les offres qu'on lui faisait de la couronne de la Grande-Bretagne; car pendant les dix années précédentes, Grallon, qu'il avait lieu de regarder comme un usurpateur, régnait, sans qu'alors il lui restât apparemment beaucoup d'espérance de remonter sur le trône de ses ancêtres. Mais aussi, depuis l'an 446, tout ce qu'on dit d'Audren convient parfaitement au tems. C'était alors qu'il avait lieu d'être content des états qu'il venait de recouvrer, sans être obligé de se mettre en devoir d'aller en chercher d'autres dont la possession ne devait pas être fort assurée.

(1) Olim tempus fuit, cùm non negassem Insulam Britanniæ accipere, si quis eam mihi largitus fuisset. *Ibid.*

C'était alors qu'il avait à craindre du côté des Gaulois, c'est-à-dire, des Romains encore maîtres de la Gaule. Ce fut alors enfin qu'il vit ses états exposés aux ravages des Alains.

Après avoir découvert le commencement du règne d'Audren, il ne sera pas mal-aisé d'en régler la durée; car s'il est vrai comme tous ceux qui parlent de cette circonstance en conviennent, que Constantin ait régné dans la Brande-Bretagne environ dix ans, et qu'après sa mort, Audren son frère ait régné dans l'Armorique encore neuf ans, comme on le trouvait écrit dans la chronique des rois bretons armoriquains, ce serait un règne de dix-neuf ans, qui, commançant en 445 ou 446, nous conduirait jusqu'environ 464. Mais si son règne fut de vingt-six ans, comme d'Argentré l'a cru, la fin ne devrait être placée que vers l'an 471 (1). Il paraît au moins par quelques titres, qu'il était encore roi, l'an 458, et l'histoire ne parle d'aucun autre avant l'an 464, ni même à prendre les choses à la rigueur avant l'an 471. Mais il faut qu'il ait cessé de vivre au moins cette année, comme je le ferai voir en parlant de son successeur. Toute la chronologie de ce roi consiste donc à dire que, né vers l'an 408, il monta sur le trône vers la fin de l'année 445, ou au commencement de la suivante, âgé d'environ trente-huit ans. Il devint roi des Allemands ou plutôt des lieux occupés jusqu'alors par les Alains en 461.

(1) Dans l'acte de fondation de l'Eglise de Lantevenech, rapporté par le P. Albert en ses Vies des Saints de Bretagne, p. 249, Guerec ne prend que la qualité de duc de Bretagne. On ne parle aussi de Wiquel, que comme d'un comte de Bretagne, et de Budic, que comme d'un comte de Cornouaille.

Il mourut trois ans après en 464, âgé de cinquante-six ans, ou tout au plus tard, vers 471, âgé de soixante-trois ans. C'est ce qui fait voir que ceux qui dès l'an 446 lui font dire qu'il était vieilli, ajoutent cette circonstance sans fondement, du moins Geoffroi de Montmouth ne lui fait rien dire de semblable.

XVII.

Alliances et postérité d'Audren.

Aucun que je sache ne s'est expliqué sur son alliance. S'il était bien prouvé qu'une princesse du nom d'Oüen fut l'épouse de quelqu'un de ces premiers rois dont j'ai parlé jusqu'ici, comme on s'est avisé de le dire dans ces derniers tems (1),

(1) Albert le Grand, Vie des Saints de Bretagne, catalog. général, p. 361.

je croirais volontiers qu'elle l'aurait été plutôt d'Audren que de Salomon: mais c'est perdre le tems que de raisonner sur des choses qu'un moderne s'est contenté d'avancer sans en rendre aucune raison. Je laisse à ceux qui seront mieux instruits, le soin de nous apprendre à fond ce que nous devons penser de ces choses. Pour ce qui regarde ses ancêtres, il était fils de Witol ou Salomon, petit-fils d'Urbien, apparemment le même que Concar, arrière-petit-fils de Cotton ou Conan; et c'est à cause de ces deux derniers (1) que Geoffroi lui fait dire que ses aïeux ou ses bisaïeux avaient droit sur le royaume de la Grande-Bretagne. Il ne parle point de son père, qui, né dans l'Armorique, ne paraissait

(1) Attamen quoniam jus in Insulam avi et atavi mei habuerunt. *Galfrid. Monumeth. l.* 6. *cap.* 4.

pas avoir aucun droit dans l'île, et semblait au contraire avoir absolument renoncé à toutes les prétentions de ses pères. Nous trouvons dans divers auteurs les noms de plusieurs de ses enfans : la chronique des rois bretons armoriquains ne parle que de Budic, si ce n'est qu'on veuille faire fond sur ce qu'on trouve à la fin de cet ouvrage, qui n'est qu'un abrégé des fables qui couraient dès-lors sur l'article de nos rois, mais sous des noms un peu différens ; j'en dirai quelque chose dans le nombre suivant. Mais après tout, il me semble que cette fin fabuleuse n'est qu'une addition faite après coup par un autre auteur. Les catalogues des comtes de Cornouaille marquent assez clairement que Daniel-Dremrus, qui, comme je l'ai fait voir, n'est pas différent d'Audren, fut père de Budic et de Maxent (1). Les actes de saint Winoch et la fondation de l'église dédiée sous son nom, donnent à Bodoix : qui n'est autre que le Budic, fils d'Audren, deux frères, l'un qu'ils nomment Erech ou Guerech, et l'autre qu'ils nomment Michel; mais je crois qu'il faut lire Gwitcaël, comme en effet Bouchard dit que Audren laissa trois fils, Budic, Erech et Gicquel. Ingomar, dans la généalogie de saint Judicaël, dit que Derothus ou plutôt Deronus, c'est ainsi qu'il nomme Audren, fut père du même Rioval qui conquit l'Armorique. Mais comme cette affaire demande un examen plus ample et regarde l'histoire de Rioval, je réserve à m'expliquer ailleurs plus au long sur cette matière dans le chapitre

(1) Voyez la Vie de S. Winoch dans Albert le Grand, p. 249.

cinquième et dans les notes. Je me contente de dire par avance que s'il est bien vrai qu'Audren ou Deronus eut un fils nommé Rioval, ce ne fut pas lui qui passa dans l'Armorique vers l'an 513. Voici donc le nombre des enfans d'Audren, tel que j'ai pu le recueillir des auteurs que je viens de citer. Je commence par Erech ou Guerech, parce qu'il succéda à son père; c'est le Riothame ou Riochame de Sidonius Apollinaris, le Riothime des autres et peut-être le Théodoric des actes de saint Vignier ou Fingard. Le second est Budic, dit ailleurs Bodoix, qui fut roi des Bretons après son frère, ou plutôt Eusèbe, successeur de son frère. Le troisième est Maxent ou Maxentius, duquel on ne trouve presque rien autre chose, si ce n'est dans des mémoires très-suspects et très-embrouillés. Le quatrième est Witaël ou Gicquel, dont il est fait mention dans la fondation de Lanneoc sous le nom de Michel; et si l'on doit compter un Rioval entre les enfans d'Audren, ce serait le cinquième fils.

XVIII.

Fables qui regardent le règne d'Audren, et ce qui a pu donner occasion à ces fables.

Le Baud, après avoir parlé de nos premiers rois, dit qu'on trouvait à la fin de la chronique des rois bretons armoriquains, plusieurs choses qui ne peuvent passer dans l'esprit de tout homme judicieux que pour des fables. Celles qui regardent Audren sous le nom corrompu de Daniel-Dremrus, est qu'il fut roi de l'Allemagne ou des Allemands, et les termes dont on se sert dans cette occasion, nous font assez comprendre qu'on n'entend par ces mots rien moins que ce que nous appelons présentement Allemagne. J'en ai dit assez pour faire connaître mon sentiment sur cette circonstance, et si l'on veut convenir avec plusieurs savans que ceux que quelques auteurs appellent Allemands, étaient les mêmes que d'autres appelaient Alains, comme cela paraît en effet dans les vies que nous avons de saint Germain d'Auxerre, on n'aura pas de peine à croire qu'Audren a pu se voir, quelques années avant sa mort, maître du pays occupé par les Alains, puisqu'ils furent en effet chassés de la Gaule vers l'an 461. Et c'est ce qu'ont voulu dire ceux qui l'appellent roi de l'Allemagne. Pour ce qui regarde son mariage avec la fille d'un empereur, que quelques-uns appellent Léon ou Léonce, et célébré solennellement à Pavie, c'est un vrai roman. Léon, premier de ce nom, fut empereur dans l'Orient depuis l'an 437 jusqu'en 474. Ce tems pourrait convenir avec le tems de Daniel-Dremrus : mais quelle apparence qu'un roi de l'Armorique, ou si l'on veut s'en tenir à la lettre et aux termes de ces mémoires fabuleux, quelle apparence qu'un simple comte de Cornouaille ait épousé dans la ville de Pavie la fille de cet empereur, quand même on saurait certainement qu'il en avait une d'un âge à pouvoir être mariée dans les tems de la jeunesse et du mariage de ce comte (1), c'est-à-dire, vers l'an 430. Car il ne maria sa fille Léonce à l'empereur Anthème, qu'en 467. Et pour Léon II, dit le Jeune, neveu du precédent et son successeur, il régna si jeune et si peu de tems, qu'on peut encore moins se servir de son nom et de son titre d'empereur pour autoriser ces suppositions. Tous les empereurs du même

(1) Voyez Sigonius sous cette année, p. 351.

nom n'ont aussi régné que dans l'Orient, et seulement après l'an 417, année qui ne peut plus regarder Daniel-Dremrus, puisqu'il était père de Budic qui régnait dans le cinquième siècle, et que Jean Reith, comte de Cornouaille, après ce dernier, vivait certainement en 513 ou peu après. Il se peut faire qu'Audren, à l'exemple de Salomon son père, ou de son vivant et par son ordre, eût épousé la fille de quelque général de l'armée romaine, qu'on appelle en latin, *imperator*, ou peut-être de Léon dont Sidonius Apollinaris (1) fait une si honorable mention en plusieurs endroits de ses lettres, qui fut chef du conseil d'Euric, roi des Goths, selon Ennodius (2),

(1) Sidonius Apollinaris, l. IV, Epist. 22, et l. VIII, Epist. 3.

(2) Ennodius, in vitâ Epiphanii.

et qui sous Alaric conserva le même rang; selon Grégoire de Tours (1); les tems pourraient convenir. Il n'est pas impossible que la cérémonie de ce mariage ait été faite à Pavie, si le nom du lieu n'a point été altéré, et c'est tout au plus ce qu'il peut y avoir de probable dans cette affaire. Mais en fait d'histoire, ce ne sont pas des probalités ou des possibilités qu'on demande; on veut des preuves, et je n'en trouve aucune. Je crois encore que c'est d'Audren dont on a voulu parler sous le nom de Dérien, qui, selon les actes fabuleux de saint Rioc (2), fit le voyage de Jérusalem avec Neventerius. A son retour dans l'Armorique il contribua par des miracles à la conversion de la famille de Riock, fils d'un seigneur qu'on nomme Eloru, et ce fils,

(1) Greg. Turon, l. 1, cap. 92.

(2) Le P. Albert, p. 37.

dit on, fut depuis moine à Lantevenech. Comme ces faits regardent l'histoire ecclésiastique, je les laisse à débrouiller aux savans bénédictins qui travaillent à l'histoire des évêchés et des abbayes de cette province.

XIX.

Etendue des états d'Audren.

On trouvait encore à la fin de la chronique des rois bretons armoriquains une circonstance qui me paraît n'avoir rien de fabuleux, ni même d'extraordinaire que l'obscurité des termes. Il est malaisé d'en faire l'application, parce que ce sont des anciens noms de lieux qui ne sont plus en usage, ou du moins ils ont été tellement altérés dans une si longue suite de siècles, qu'on ne peut plus les reconnaître que par conjecture. Cette circonstance regarde les bornes et l'étendue des états d'Audren. On dit qu'il posséda le Maine et l'Anjou jusqu'au lieu qu'on appelle Guzrin (1) *usque Gurrin* ou *Guzria*. Toutes les preuves que j'ai rapportées dans le premier chapitre, nombres 17 et 18, en examinant s'il y a quelque apparence que l'autorité de nos premiers rois bretons ait été reconnue dans le Berri, suffisent pour aider à démêler ce qu'il y a de vrai dans cette circonstance. Les frontières de l'Armorique s'étendaient dans cinq provinces, savoir: la première et seconde Aquitaine, dans la deuxième, la troisième et quatrième Lyonnaise; ce sont les propres termes de la notice de l'empire. Le pays situé dans le voisinage d'Orléans, entre la Loire et le Loiret, faisait partie de la province armoriquaine, comme nous

(1) Voyez *le Baud*, Hist. de Bret., p. 91.

l'apprenons d'Idace et de Marius. Tous les habitans de ces provinces entraient ordinairement dans la même ligue; c'est ce que nous lisons dans Zozime et dans quelques autres historiens. Léon, archevêque de Bourges, à ce qu'on prétend, prenait part à toutes les affaires ecclésiastiques, et se trouvait dans les conciles de la province armoriquaine; c'est ce qu'il y a de vrai: ces faits sont trop autorisés pour pouvoir être révoqués en doute. Dailleurs Audren fut roi de l'Allemagne ou des Allemands, c'est-à-dire, des Alains, peuples situés le long de la Loire vers Orléans. La chronique des Bretons Armoriquains et les catalogues des comtes de Cornouaille le témoignent positivement dans le tems de Budic, fils d'Audren, mais qui ne régna que longtems après lui. Le royaume armoriquain s'étendait jusqu'aux montagnes appelées

Alpes, comme on lit dans la vie de saint Oudocée, et les plus proches montagnes de ce pays sont celles d'Auvergne. Voilà ce que notre histoire nous apprend, et l'on voit qu'il n'y a rien en tout cela qui ne s'accorde parfaitement avec le témoignage des meilleurs historiens. Nos rois possédaient-ils tous ces lieux, comme en étant les véritables maîtres, c'est ce que je n'ai jamais pu me persuader? N'en avaient-ils que le simple gouvernement sous l'autorité des empereurs, et n'étaient-ils point ce que la grande notice de l'empire appelle ducs des frontières du pays armoriquain? C'est ce qui me paraît assez probable, et ce qu'on peut dire de plus. Mais enfin quel était ce lieu nommé Guzrin, qui faisait les bornes du pays soumis à leur autorité? Ne serait-ce point la Guerche sur la Sarte, à quelques lieues du Mans, ou la Guierche sur la

Creuse, dans la Touraine? Guzrin, ne serait-ce point Gorron sur les frontières du Maine et de la Normandie, qu'on appelait Neustrie dans le tems que la chronique des rois bretons armoriquains fut faite, *Guzrin in Vestria*: du moins le père Bucherius, jésuite, dans son livre intitulé *Belgium Romanum*, croit qu'Alençon, ville qui fait la frontière de ces deux provinces, plus haut vers l'orient, peut avoir pris son nom des Alains, et par conséquent elle aurait fait partie de ce que nos chroniques appellent Allemagne, c'est-à-dire, le pays des Alains. Serait-ce le comté de Gavre près d'Avranches, ou la ville de Guéret, capitale de la Marche, dite en latin *Garectum* ou *Warectum?* C'est ce que je n'ose décider? Voilà tout ce que j'ai cru digne d'être observé sur le règne d'Audren. Je passe à ce qui regarde son successeur.

XX.

Ereck, fils d'Audren, fut son premier successeur.

Je suis encore forcé d'abandonner ici le sentiment de nos historiens modernes, qui ont reconnu la même suite de rois, dont j'apporte les preuves. Ils sont tombés dans une erreur considérable pour s'être trop attachés à Geoffroi de Montmouth sans consulter les autres auteurs qui fournissent de quoi suppléer à ce que Geoffroi de Montmouth n'a pas dit et n'était pas obligé de dire, parce que ce n'était pas précisément notre histoire qu'il écrivait. Il n'a parlé que de ceux de nos rois qui ont eu quelque part à ce qui s'est passé dans l'île de Bretagne, tels ont été Conan, Audren, Budic et quelques autres. Il n'a pas eu la même occasion de parler de Salomon, de

Grallon et des autres, parcequ'il n'en trouvait aucune mention dans l'histoire qu'il écrivait, comme n'y ayant eu aucune part. C'est ailleurs qu'il faut chercher les circonstances de leur règne ; ce que d'Argentré, le Baud, Alain Bouchard, et les autres qui les ont suivis, ont été obligés de faire pour ces rois prédécesseurs d'Audren, je suis obligé de le faire pour quelques-uns de ses successeurs, s'ils font succéder Budic immédiatement à son père Audren, qui n'est mort, comme je l'ai fait voir, que vers l'an 464, et néanmoins il ne fut que son troisième successeur : en sorte qu'il n'est point parlé de lui depuis cette année jusques vers l'an 490. Deux autres princes régnèrent dans cet intervalle. Le premier fut Erech ou Guerech ; il avait fait une fondation dans l'église de Lan-Nennoc dès l'an 458, nous en avons encore l'acte. Il ne prend que la qualité de duc, et c'est ce qui m'a fait conclure qu'il n'était point roi dès cette année, parce que son père vivait encore. Dans quelques-uns des titres des fondations faites par Grallon, on trouve que sous son règne on appelait déjà ce pays Bretagne. L'acte de fondation de Lan-Nennoc est le premier que je sache dans lequel on l'appelle Petite-Bretagne; on lui donne aussi le titre de royaume (1). Au reste le

(1) Do et concedo totam plebem quæ dicitur Ploemur... terram in quâ est ecclesia S. Juliettæ cum eòdem eclesiâ quæ est in Renguis. Ad sustentandam quoque hujus loci procurationem tres centum modios tam salis, quam vini atque frumenti de terra, quæ dicitur Dalkguerran. Augeo huic meo dono tres centum tam equorum, quam boum et vaccarum, nec-non et multorum animalium. Ad corroborandum verò hujus meæ donationis privilegium calicem hunc aureum cùm patenâ vino mero plenum in testimonium offero. *Cartul. Kempert.* Voyez ci-dessus nomb. 16.

don fait à ce monastère de la paroisse de Ploemur, et de la terre en laquelle est l'église de Sainte-Julitte, avec l'église de ce nom, située dans le lieu nommé Ranguis, le don de 300 tonneaux de sel, de froment et de vin à prendre sur la terre nommée Dackergeran, celui de trois cents chevaux, autant de bœufs et de vaches et autres animaux, et le calice rempli de vin mis sur l'autel avec la patène, en témoignage de ce don, sont d'un style qui sent assez l'antiquité (1). Ce qu'on trouve dans cette fondation de Gicquel, comte de Rennes; de Budic, comte de Cornouaille, dit aussi Bodoix, roi, frère de cet Erech; ce qu'on trouve de sainte Ninnoc, fille de Brocan, confirmée par saint Germain, évêque d'Auxerre, dans le dessein de se retirer dans la solitude, sont une preuve que cette

(1) Le P. Albert, Vie de S. Ninnoch, p. 245.

fondation ne peut être d'aucun autre que de cet Erech dont je parle, et que la date de cet acte est très-naturelle. J'estime encore que c'est de ce prince, plutôt que d'aucun autre, que le pays de Bro Erech, et le château d'Erech situé dans le même pays, entre Quintemberg et le petit Molac, ont pris leurs noms. Ma raison est que l'ortographe est plus conforme, ou plutôt elle est entièrement la même. Ce prince est nommé dans quelques mémoires particuliers Eric ou Erric (1).

XXI.

Erech est le même que Riothime, dont Jornandès, Freculfe et Sigebert ont parlé comme d'un roi breton.

Il est aussi le même que plusieurs anciens

(1) Mémoires sur l'origine de la maison de Rieux.

auteurs appellent Riothime, roi des Bretons (1). L'interpolateur de Sigebert a paru fort embarrassé quand il s'est agi de s'expliquer sur l'article de ce roi, parce qu'il ne le trouvait point entre ceux dont l'histoire des Bretons donnait la liste. Nos historiens modernes n'ont pas été plus heureux à découvrir son origine et la raison que les anciens avaient de lui donner le titre de roi. Les uns n'en parlent point du tout; les autres croient qu'il n'était que le lieutenant-général de Hoël, surnommé le Grand; anachronisme visible, puisque l'affaire de Riothime se passa vers l'an 472, au lieu que Hoël ne régna qu'après 513 comme je le ferai voir en son lieu. La vérité du

(1) Quis autem fuerit Riothimus iste, historia Britonum minimè dicit, quæ regum suorum nomina et gesta per ordinem pandit. *Interpolator Sigeberti ad an.* 470.

fait est que Riothime était roi des Bretons. Jornandès, Freculfe (1) et Sigebert (2) l'assurent positivement. Il ne sert de rien de dire ici, avec le père Daniel (3), que Jornandès ne lui donne cette qualité que conformément à ses idées; que cet auteur était Goth, et comme parmi les Goths, de même que chez la plupart des barbares, les chefs de chaque peuple prenaient le nom de roi, il l'a donné à Riothime comme chef

(1) Anthemius imperator protinùs solatia Britonum postulavit, quorum rex Riothimus cùm 12 millibus veniens in Biturigas civitatem, Oceano navibus egressus, susceptus est. *Jornandes, de Rebus Goth. nu.* 75, *et ex eo Freculfus, l.* 5, *cap.* 17.

(2) Eoricus rex Visigothorum Gallias occupare nisus Riothimum regem Britonum ad defensionem Romanis auxilio venientem bello superavit. *Sigebertus, ad an.* 470.

(3) Le P. Daniel. Dissert. sur l'Hist, de France, p. 518. édition *in*-4°.

de la nation bretonne. Il me semble qu'on ne doit point accuser Jornandès de n'avoir employé le terme de roi des Bretons que sur de pareils préjugés. Il écrivait 80 ans tout au plus après que cette affaire était arrivée; il devait en être bien informé. L'exactitude avec laquelle il entre dans toutes les circonstances de cette expédition, est une preuve qu'il l'a écrite sur de bons mémoires, ou qu'il la savait même de ceux qui en avaient été les témoins. Au reste j'en ai dit assez jusqu'ici, pour faire voir qu'il s'en faut beaucoup qu'il ait été le premier qui ait porté ce titre, puisque j'ai prouvé que ce pays était royaume depuis long-tems, et gouverné par quatre rois ses prédécesseurs, comme il a laissé des successeurs des mêmes états et de la même dignité. Riothime était donc roi des Bretons, non de ceux qui furent chassés de l'île de Bretagne ; je l'ai déjà fait voir dans le nombre 2 de ce chapitre et dans les suivans. Il n'y avait point alors dans cette île un roi de ce nom, et les Bretons fugitifs n'en avaient aucun à leur tête. Il était roi de ces mêmes Bretons, qui, selon Sidonius Apollinaris, étaient établis sur la Loire, longtems avant 466. Il était le même que cet Erech dont il est parlé dans la fondation de Lan-Nennoch, duc de la Petite-Bretagne dès l'an 458; maître de Ploemur, de Renguis, de Dackgerrans, de Lan-Nennoch et du château d'Erech, tous lieux situés en divers endroits de l'Armorique, frère des comtes de Cornouaille et de Rennes, reconnue pour la capitale de Cornouaille, fils d'un roi de l'Armorique, dont la résidence ordinaire était à Chastel-Audren, comme dans son château de plaisance, et dont l'autorité s'étendait dans le Maine et dans l'Anjou jusqu'au lieu nommé Guzrin, prédécesseur d'un autre roi, qui comptait Rennes entre les villes de son royaume, comme nous le verrons bientôt. C'est ce qui m'a fait avancer hardiment que Riothime n'était point un étranger sans feu, sans lieu, porté sur la Loire avec ses douze mille Bretons, comme en garnison, dans des lieux sur lesquels ils n'avaient ni droit, ni prétention, et qu'ils défendaient seulement pour les Romains; mais qu'il était prince de l'Armorique, autrement appelée Cornouaille, et roi des Bretons armoriquains, comme ses prédécesseurs. Au reste j'espere qu'on ne fera pas de difficulté sur la différence qui se trouve entre les noms d'Erech ou Erric et de Riotime: elle est très-légère et l'on voit assez clairement que la personne est absolument la même, puisqu'il s'agit d'un prince des mêmes peuples, dans le même pays, dans le même tems, et dont les noms se ressemblent si fort.

XXII.

Erech est aussi le même que le Riothame ou Riochame de Sidonius Apollinaris.

Les mêmes raisons servent à faire voir que cet Erech n'a point été différent de Riothame, ou, comme portent quelques exemplaires, Riochame. Sidonius Apollinaris, auteur contemporain, est celui qui lui donne ce nom. C'est à lui qu'il adresse la lettre 9 du livre 3, avec cette inscription (1): *Sidonius à son ami Riochame.* Savaron observe (2) qu'il se trouve quelques manuscrits qui portent que ce Rio-

(1) Sidonius Riothamas do salutem. *Sidon.*, *l.* 3, *Epist.* 9.

(2) Iste Riothamus princeps fuit Britannorum. Sic quidam Mff. *Savaron in hunc locum.*

thame fut prince des Bretons; la suite de cette lettre en est une preuve, puisqu'elle n'est écrite qu'afin de lui demander justice des Bretons accusés d'avoir contribué par leurs sollicitations secrètes à faire enlever les esclaves de celui qui portait cette lettre (1). J'ajoute qu'elle ne fut écrite qu'après que Sidonius fut évêque de Clermont, c'est-à-dire, après l'an 471, et dans ce tems Riothame ou Riothime n'était point un simple lieutenant-général ou prince des Bretons; il était leur roi, comme Jornandès et les autres auteurs le marquent expressément; c'est aussi le sentiment de Savaron et du P. Sirmond (2). Ce dernier

(1) Gerulus epistolarum mancipia sua à Britannis clàm sollicitantibus abducta deplorat. *Sidon. Apoll. Ibidem.*

(2) Riothamo Britannorum regi, ut opinor..... Nec verò mirum est regem non appellari Riotha-

ajoute que si l'adresse de la lettre ne lui donne point cette qualité, l'on ne doit pas conclure pour cela qu'il ne la portait pas, ou qu'elle ne lui était pas due. puisque le pape Hilaire ne la donne point à Gundric, ni le même Sidonius à Chilpéric, qu'il appelle seulement maître de la milice, quoique l'un et l'autre fussent rois des Bourguignons. Le terme d'ami, qui fait l'adresse de cette lettre, ne doit pas empêcher de croire que Riothame était roi. Sidonius était évêque de Clermont, d'une des plus illustres familles des Gaules, qui avait fourni plusieurs sénateurs, de grands magistrats et deux seigneurs, qui semblaient être dans ces tems fâcheux la seule ressour-

mum, sivè, ut Jornandès scribit, Riothimum, cùm nec Gundevicium Hilarius papa, nec Chilpericum Sidonius reges vocent, quorum tamen uterque rex fuit Burgundionum. *Sirmundus, in hunc locum, p.* 40.

ce de la république romaine dans les Gaules. Un tel prélat pouvait bien appeler son roi son ami, puisqu'en effet il n'emploie point d'autres termes dans l'adresse des lettres qu'il écrit aux premiers de l'empire, non plus qu'au comte Arbogaste, prince des Français (1). Tout ce que cette lettre nous apprend de plus, est que ces deux amis étaient en commerce de lettres ; que ce n'était pas la première fois (1) que Si-

(1) Sidonius Arvogasti suo salutem. Eminentius amicus tuus, Domine major, obtulit mihi, quas ipse dictasti Epistolas litteratas. *Sidonius*, *l.* 4, *Epist.* 17.

(2) Servatur nostri consuetudo sermonis ; namque miscemus cùm salutatione quærimoniam, quod ea semper eveniunt de quibus loci mei aut ordinis hominem constat, in conciliari si loquatur, peccare si taceat. Sed et ipsi sarcinam pudoris inspeximus cujus hæc semper verecundia fuit, ut pro culpis erubesceretis alienis. Si inter eorum positos æquanimiter objecta discutiens, arbitror hunc laboriosum

donius avait porté ses plaintes à Riothame pour lui demander justice sur de semblables affaires, que ce prince était d'un caractère vraiment digne de son rang, puisque, soit par délicatesse de conscience, soit par amour pour ses peuples, il était vivement touché des fautes que les autres commettaient. On apprend encore que les peuples qui lui étaient soumis, étaient des gens alertes, artificieux, qui, les armes à la main, se plaisaient dans le tumulte, et que leur bravoure, leur nombre et leur union rendaient fiers et rebelles, opiniâtres; que Riothame était le maître de juger lui-même cette affaire et d'écouter les raisons

posse probare quod objicit. Si tamen inter argutos, armatos, tumultuosos, virtute, numero, contubernio contumaces; poterit ex æquo et bono solus, inermis, adjectus, rusticus, perigrinus, pauper audiri. Vale. *Sidonius, l. 3, Epist. 9.*

des partis, et dans ce cas il espérait un jugement avantageux à celui pour lequel il écrivait; mais aussi qu'il pouvait renvoyer cette affaire devant ses officiers, et que dans ce cas il n'en attendait pas un si bon succès. Voilà l'esprit et la subtance de cette lettre, qui m'a paru très propre à confirmer tout ce que j'ai dit dans les premiers nombres de ce chapitre sur l'origine et l'ancien établissement des Bretons armoriquains.

XXIII.

Conjectures sur quelques autres noms qui semblent regarder Erech ou Riothame; et sur son alliance et sa postérité.

Outre les noms de Riothime ou Riothame, sur lesquels je viens de m'expliquer, j'en trouve encore quelques autres, qui semblent d'abort regarder Erech ou Guerech, sur lesquels je me contenterai de dire mes conjectures (1). Tel est Riocam, dont quelques terres situées près la rivière d'Oust, portaient encore le nom plus de quatre cents ans après. Tel est encore apparemment Tréfriam. Il est peut-être aussi le même que Théodoric, roi de Cornubie ou Cornouaille occidentale, dont il est fait mention dans les actes de saint Fingar, autrement appelé saint Vignier, mais dont le Baud et nos autres historiens ont très-mal appliqué l'histoire. Ces actes nous apprennent (2)

(1) Hæc carta indicat atque conservat, quod vendidit Serehan virgade Riocan ad Ratweten pro 9 solidis in argento et in re convalescente, finem habens usque ad Ult. *Lobineau, tom.* 2, *col.* 23.

(2) Fuit inter jam multos reges nobilior unus ac potentior omnibus, nomine Clito; huic erat filius adolescens bonæ indolis vocabulo Fingar... Hic ex universis solus sancto assurgens patricio... iratus pater... regno expulit, et solo fecit exhæredem pa-

que Fingar ou Vignier était fils de Clitor, un des rois de l'Hibernie; que lorsque S. Patrice parut dans cette île en leur présence, Vignier fut le seul qui lui rendit quelques honneurs; que le roi son père, qui

terno. Cui plures ex nobilibus Hiberniæ procreati adolescentes, dulcissimo amore conjuncti pariter profecti, eò exeuntes terrâ marique in minorem Britanniam pervenerunt. *Anselmus Cantuar. Archiep. in vitâ Fingaris apud Usser.*, *p.* 443. Ad locum nativitatis suæ indè reversus Hiberniam Christi legibus subditam, in confessione Christiani nominis gloriantem, et totam lavacro sancto perfusam invenit. Inde verò relicto regno, quod Clitone patre functo ad ipsum spectabat, unâ cùm Piata sorore, 770, viris et septem Episcopis quos S. Patricius per aquam incorruptionis Christo genuerat, in Cornubiam profectum ad portum Heul appulisse, atque Christianam hanc universam multitudinem à Theodorico Cornubiæ rege, timente ne populum suum ad fidem Christi vellent convertere, trucidatum fuisse, fide narrantibus relicta, refert Cantuar. Arch. Anselmus, *apud Usserium*, *p.* 451.

était idolâtre, en fut outré ; qu'il le chassa de ses états ; que Vignier vint se réfugier dans l'Armorique ou Petite-Bretagne ; qu'il retourna dans l'Hibernie long-tems après, c'est-à-dire, lorsqu'elle était entièrement convertie ; qu'il en sortit une seconde fois pour se retirer dans la solitude, accompagné de sept cent soixante-dix chrétiens, avec lesquels étaient quelques évêques et Piala sa soeur ; que le vaisseau chargé de cette sainte et nombreuse troupe aborda sur les côtes de la Cornouaille occidentale ou Cornubie, dans le port qu'on nomme Heul ; que Théodoric, roi de ce pays, les regarda comme des ennemis de son état ou de sa religion, et qu'il les fit mourir. Le Baud a cru que Théodoric était le même que Guerech, si fameux dans le sixième siècle. Il s'est trompé ; ce Guerech n'a jamais été roi. Ses exploits ne tombent que sous les années 577 et suivantes; et certainement Vignier, déjà grand en 432 lorsque S. Patrice passa dans l'Irlande, ou si l'on veut en 450 et même en 460 que ce saint avait fait ses conversions éclatantes, n'a pu vivre jusqu'au tems du second Guerech, qui ne se distingua qu'après l'an 577, au lieu que le premier Guerech, Erech ou Riothame, fut véritablement roi de la Cornouaille occidentale, dans les tems mêmes que ces choses ont pu se passer, c'est-à-dire, après l'an 460, comme l'a dit Ussérius (1). La difficulté n'est pas de faire voir que les noms d'Erech et de Théodoric ont du rapport, et qu'on a pu les confondre; car puisque

(1) Circà hæc quoque tempora Fingarem sivè Guignerum ex Britanniâ Armoricâ in patriam reversum, Hiberniam Christi legibus subditam invenisse; indeque relicto regno.... in Cornubiam profectum.. Anselmus narrat. *Usserius, in indice chron., ad an 460.*

Euric, roi des Goths, est appelé par Sidonius Teuderic; par Freculphe, Théodorique; par Jorhandès, Theuric, et par Isidore, Euridic, on aura bien pu donner ce même nom au prince Erech. Mais je ne puis me persuader qu'il ait été païen, comme on dit que Théodoric l'était, ni qu'il ait pu méconnaître saint Vignier jusqu'au point de le prendre pour un ennemi, puisque ce saint avait déjà fait un long séjour dans le même pays. Il ne me semble donc pas vraisemblable que ni le premier Erech ou Guerech, ni le second aient été les auteurs du martyre de saint Vignier et de ses compagnons. Je laisse aux autres à démêler si ce fut Theudric où Théodoric, prince ou roi dans une partie de la Grande-Bretagne, père de Mouric, et qui régnait dans ces tems difficiles où les Saxons avaient déjà fait de grandes conquêtes dans cette île, ou si ce fut Euric même, roi des Goths, qui après la défaite de Riothime, vers l'an 472, étendit les frontières de son royaume jusqu'à la Loire, et se rendit maître des lieux voisins de ce fleuve, qui faisaient auparavant partie du royaume de Cornouaille. Comme il était Arien, il n'y aurait rien d'extraordinaire qu'il eût fait mourir une troupe considérable d'étrangers, la plupart évêques ou religieux, et tous catholiques, qui seraient venus aborder dans ce pays lors de son usurpation. Si néanmoins quelques-uns voulaient attribuer cet événement au prince Erech ou à Riothame, il faudrait au moins chercher une autre cause de cette action inhumaine et impie, pourvu qu'il soit bien prouvé que ce pays ait véritablement été le théâtre de cette sanglante tragédie, et que ce n'ait pas été la Cornouaille de l'île de Bretagne.

XXIV.

Ordre Chronologique du règne d'Erech ou Riothame.

Afin de mettre ce qui regarde le règne d'Erech ou Riothame dans un plus beau jour, j'ai résolu de ranger selon l'ordre des tems tout ce que l'histoire nous apprend de lui sous les divers noms que les auteurs lui donnent. Il vint au monde vers l'an 430 puisque 28 ans plus tard il était en âge de faire une fondation; je parle de celle qu'il fit en 458 au monastère de Lan-Nennoc, lorsqu'il n'était encore que duc de la Petite-Bretagne, et que son père Budic portait le titre de comte de Cornouaille; il fut roi quelques années après vers l'an 464 ou 471, ou plus tard, c'est-à-dire, dans ce tems de trouble où lui-même était à la tête de ses Bretons et des Romains sous le comte Gilles leur chef, et depuis sa mort sous son fils Siagrius. Les Alains, les Goths, les Saxons et les Français disputaient la possession du Poitou, du Berri, du pays d'Orléans, du Maine et de l'Anjou; de sorte que ces provinces désolées par le fer et par le feu changeaient sans cesse de face et de maîtres. Ce fut dans ces mêmes conjonctures que l'extrême faiblesse des empereurs mit les Français en état de pousser vivement la guerre qu'ils avaient contre les Armoriquains, que Procope appelle Arborics. Grégoire de Tours dit (1) qu'Orléans, Angers et les îles de la Loire furent les lieux exposés à ces attaques et à ces ravages. D'un autre côté, vers l'an 466 ou 467, le perfide Arvant, de concert avec le roi des Goths, proposait de faire la guerre aux Bre-

(1) Voyez la note 18.

tons situés sur la Loire, et de partager, disait-il, les Gaules, par le droit des gens, entre les Goths et les Bourguigons. Il faut néanmoins avouer que dans ces premiers tems les Goths furent les ennemis qui parurent les plus redoutables, ou du moins contre lesquels il fallut d'abord prendre de plus promptes mesures. Comme ils faisaient sans cesse de nouveaux progrès pour leur résister, l'empereur Anthème, sans avoir recours à tant d'autres nations répandues dans les Gaules, s'adressa promptement aux Bretons, comme plus capables de lui donner un prompt secours, ou plus attachés à ses intérêts, ou plus intéressés dans cette guerre. Ceci se passait vers la fin de l'an 471 et rien n'est plus capable de nous faire voir, comme je l'ai dejà remarqué plusieurs fois, que ces peuples n'étaient point des étrangers; mais qu'ils étaient établis dans ces lieux depuis long-tems. Malgré tous ses dangers Erech ou Riothame, roi des Bretons, se sentit assez fort pour donner à l'empereur un secours de 12,000 hommes. Il se mit lui-même à la tête de ses troupes, et marcha dans le Berri vers le commencement de l'an 472. Mais dans ce même tems Bilimar, qui commandait les troupes romaines dans les Gaules, passa en Italie avec son armée pour donner du secours à l'empereur, contre lequel Ricimer s'était hautement déclaré. Ce fut peut-être cette diversion qui fut cause que les Romains ne purent joindre l'armée d'Erech ou Riothime. Il fut défait vers la fin de cette année, ou dans la suivante; du moins Sigebert ne parle de cet événement qu'après avoir dit que Nepos s'était emparé de l'empire; ce qui n'arriva qu'après la mort d'Anthemius, et peut être d'Olibrius, en

473, et cette chronologie s'accorde assez avec les termes et la suite de Jornandès, celui qui a le mieux décrit cette expédition. Après la défaite d'Erech, les Romains qui restaient dans la Gaule sous le comte Paul, s'avancèrent enfin contre l'ennemi, trop tard à la vérité; mais ils ne laisserent pas de remporter quelque avantage sur les Goths victorieux, et firent le dégât. Ce qui me porte à ranger ici ces faits, décrits par les anciens auteurs avec tant de négligence et de confusion, est que peu de tems après, c'est-à-dire, entre le mois de mars 473 et le mois de juin 474, Euric reçut un nouveau renfort de Goths envoyés par les ordres de l'empereur et conduits par Widemir, leur chef, et qu'avec ce secours, dit Jornandès (1), il fut en état de défendre ce

(1) Widemir, quem Glisserius imperator muneribus datis de Italiâ ad Gallias transtulit, quæ ad-

qu'il possédait dans les Gaules et, dans les Espagnes, sans qu'aucun ennemi fût assez puissant pour remporter sur lui aucun avantage. Celui que les Romains et les Français avaient remporté, doit donc être placé quelques tems avant l'arrivée de ce secours, c'est-à-dire, avant l'an 474 ou à la fin de l'an 473. Les Bretons avaient été défaits auparavant, selon Grégoire de Tours. Ce fut donc vers la fin de l'an 472 ou le commencement de l'an 473. Mais cette action ne doit pas être placée plus tôt (1), puisque le

versis circumcircà gentibus premebantur... acceptis muneribus simulque mandatis à Glisserio imperatore in Gallias tendit, se seque cùm parentibus jungens Visigothis, unum corpus efficiunt, ut dudùm fuerant : et sic Gallias Hispaniasque tenentes, suo jure defendunt, ut nullus sibi aliùs prævaleret. *Jornandès, de Goth., nu.* 85.

(1) His accidit quod de urbibus Aquitaniæ primæ solum oppidum Arvernum Romanis reliquum

Berri, comme il paraît par les lettres de Sidonius Apollinaris, appartenait encore avec l'Auvergne à l'empereur, lorsque Simplicius fut fait évêque de Bourges après la mort de Vidius en l'an 471 ou 472, si ce ne fut que cette année que Sidonius fut fait évêque, comme quelques-uns l'ont cru.

XXV.

Eusèbe fut aussi roi des Bretons armoriquains.

Il n'est pas malaisé de découvrir ce que devint Erech ou Riothame après sa défaite, ou du moins après sa fuite chez les Bourguignons. Il est assez vraisemblable que,

partibus bello fuderunt. Quapropter in constituendo præfatæ civitatis Episcopo Provincialium collegarum numero defficimur. *Sidon. Appol.*, *l.* 7, *epist.* 5, 7, 8, 9. Vide et Sirmundum in Notis ad Con. Turonen. tom. 4, Con., p. 1049.

tandis que les Romains ses alliés repoussaient les Goths victorieux, il profita de cette conjoncture pour retourner dans ses états. Il ne paraît pas au moins qu'Euric, roi des Goths, ait poussé ses conquêtes dans l'Armorique au-delà de la Loire (1). On trouve même que dans quelques mémoires, qu'un des premiers princes était venu de Bourgogne dans ce même tems. A cela près l'histoire ne parle plus d'Erech; et dans les tems suivans elle présente sur la scène un autre roi que nos historiens modernes ont encore moins connu, qu'ils n'ont connu Riothame. Presque tous n'en disent rien du tout; Albert-le-Grand est le seul qui en dit un mot en passant (2); mais il ne le présente

(1) Memoires Mff. sur la Maison de Rieux. Voyez aussi le P. du Paz sur la maison d'Espinai, page 312.

(2) Albert le Grand, sur la vie de S. Melaine, p. 561.

que comme un simple particulier, qui, après avoir inutilement dépensé la plus grande partie de son bien dans une fâcheuse maladie, fut enfin guéri par l'intercession de saint Mélaine, évêque de Rennes, auquel il se voua ; et ces mots semblent marquer assez clairement que le sentiment de ce légendaire était que ce fait n'arriva qu'après la mort du saint évêque. Bollandus a bien reconnu que celui dont il s'agit fut roi dans l'Armorique (1), comme en effet l'au-

(1) Erant S. Melanii ætate, ut autor est Argentræus, duo in Britanniâ Armoricâ reges, unus è Conani, alter è Rivalonnis prosapiâ, de quâ re 13 decembris ad vitam S. Judoci Venetensis. Hic rex in neutrius familiæ stemmate reperitur, sed nec Riothimus ille.... ab eò fortassis rex Eusebius descendit. An alteri regi tributa solveret, an ejus tantùm nomine exercitum duxerit impropriè rex dictus, alii disputent. *Bolland, in Notis ad vitam S. Melanii* 6 *januarii.*

teur de la vie de saint Mélaine le dit positivement ; mais il laisse aux autres le soin d'examiner s'il fut un des descendans de Conan ou de Rivallon. Il s'appelait Eusèbe. L'auteur contemporain (1) qui nous a donné la vie de saint Mélaine, est le seul entre les

(1) Fuit rex quidam Venetensis Eusebius nomine.... veniens quippe prædictus rex aliquandò de Venetensi civitate cùm exercitu suo pervenit ad Parrochiam, quæ vocatur Cambliciacus ; ibique, nobis incertum cur foret iratus, multorum oculos erui jussit et manus illiis evelli. In ipsa autem nocte, quâ hæc operatus est, ægrotari cœpit.... Medicos, qui eum convenerant, adscivit.... Post triduum ex quo ipse ægrotare cæpit, arrepta est filia ejus, Aspasia nomine, à dæmonio. Accessit illa puella ad patrem, et deprecabatur eum, ut ipsum Cambliciacum B. Melanio donaret. Quod audiens Eusebius rex pater ejusdem puellæ, dedit Parrochiam ad suos Monachos alendos... Acceptâ jam dictâ terrâ Beatus benedicens eis perrexit ad Cathedralem Episcopatus sui civitatem, scilicet Rhedonensem *Vita S. Melanii apud Bolland.* 6 *januarii.* Voyez la Note 28.

anciens qui nous ait conservé le nom de ce roi des Armoriquains et quelques circonstances de son règne. Il l'appelle tantôt roi simplement et sans addition, et tantôt roi de Vannes. Il nous dit dans le chapitre cinquième que ce roi vint de la ville de Vannes avec son armée dans la paroisse de Comblessac. Dans ce lieu, continue l'auteur, il fit arracher les yeux et couper les mains à plusieurs personnes, sans que nous en sachions la cause. La nuit qui suivit cette cruelle expédition, il tomba malade et fit appeler les médecins qui étaient avec lui. Trois jours après, sa fille, nommée Aspasie, fut possédée du démon. Après avoir dit que saint Mélaine les guérit, il ajoute : cette jeune fille vint trouver son père et le pria de donner ce même lieu de Comblessac à saint Mélaine. Le roi Eusèbe, père de cette fille, donna toute la paroisse au saint pour la nourriture de ses moines. Il l'accepta, prit congé d'eux et s'en retourna dans la cathédrale de son évêché, c'est-à-dire, dans la ville de Rennes. Le don de cette terre me paraît une preuve assez convaincante que l'on doit rapporter la fondation de l'abbaye de Saint-Mélaine au tems de ce saint et de ce roi, comme je le ferai voir plus amplement dans la suite. Bollandus, du Chesne et le Cointe reconnaissent que l'auteur de qui nous tenons ces faits était contemporain, c'est-à-dire qu'il vivait dans le sixième siècle. Son autorité ne doit pas être suspecte, et lorsqu'il dit qu'Eusèbe était à la tête d'une armée, qu'il avait à sa suite plusieurs médecins et apparemment plusieurs évêques, du moins celui de Rennes; qu'il fit punir si sévèrement et si publiquement tant de personnes; qu'il était roi de Vannes, ou roi simplement et sans addition, on ne doit plus douter qu'il ne fût effectivement roi dans les lieux dont il est fait mention dans cette vie. En effet, Budic fut absent de l'Armorique environ 20 ans; pendant cet intervalle il y avait des rois en ce pays : tout cela s'accorde parfaitement avec les règnes d'Erech, de Riotham et d'Eusèbe. Il est vrai qu'on ne nous apprend pas quel droit ce dernier avait sur le royaume, qui fut son père, ni quels enfans il laissa. Ma conjecture est qu'il peut bien avoir été fils de Riotham et frère d'Honorius, comme je l'ai dit dans ce même chapitre, nombre 23.

XXVI.

Tems dans lequel Eusèbe vivait.

On ne peut aussi conclure rien de fort précis du tems dans lequel Eusèbe régnait. Tout ce qu'on peut dire, est qu'il fut successeur de Riotham et prédécesseur de Budic. Il ne fut que le successeur de Riotham; car ce dernier régnait en 470, comme il paraît par la lettre de Sidonius Apollinaris, qui est à peu près de cette date. Riothame régnait encore en 472 et 473. Nous en avons vu la preuve nombre 24, lorsque nous avons fixé sa défaite dans l'une ou l'autre de ces deux années; et pendant tout ce tems saint Mélaine n'était point évêque comme il l'était sous le règne d'Eusèbe. Mais aussi l'histoire ne parle plus d'Erech ou Riothame après l'an 473, et tout ce qu'elle dit de Budic ne nous permet pas de le faire monter sur le trône avant l'an 490. C'est dans cet intervalle qu'on doit placer le règne d'Eusèbe; il fallait qu'il fût dans un âge assez avancé, lorsqu'il fut guéri par les mérites de saint Mélaine, puisqu'Aspasie, fille de ce roi, était elle-même déjà grande; en sorte qu'on peut fort naturellement placer ce fait vers les dernières années de son règne et les premières de l'épiscopat de saint Mélaine ; car ce saint n'a pas vécu très-certainement après l'an 549. Il est même peut-être mort dès l'an 531, comme le docte le Cointe l'a cru, de sorte qu'on peut dire qu'il était évêque dès l'an 490. Si nous voulons lui donner non pas 62 ans d'épiscopat, comme Albert le Grand n'a pas fait difficulté de le dire, mais seulement 41 ans. On voit que mon sentiment est bien différent de celui de cet auteur moderne ; car il prétend que saint Amand, évêque de Rennes avant saint Mélaine, ne mourut qu'en 505 ; que cette même année saint Mélaine lui succéda ; qu'il tint ce siége 62 ans, et mourut l'an 567. La première de ces époques est avancée sans aucune preuve ; la dernière est absolument fausse, puisque ce fut Nebediolus, évêque de Rennes, qui souscrivit en 549 au cinquième concile d'Orléans; et pour ce qui regarde les 62 ans d'épiscopat, c'est une circonstance qui paraît au moins un peu suspecte ; au lieu que dans mon calcul, en supposant que saint Mélaine avait été fait évêque à 30 ans, vers l'an 490, il serait mort en 531, âgé d'environ 71 ans seulement et après 41 d'épiscopat.

XXVII.

Circonstances qui semblent regarder le règne d'Eusèbe et son alliance.

Il me paraît que c'est ici le lieu d'insérer deux faits qui regardent notre histoire et peut-être même le règne d'Eusèbe, puisqu'on ne peut presque en faire l'application en aucun autre tems, sans néanmoins prétendre en tirer des conséquences plus particulières, jusqu'à ce que je puisse avoir quelques éclaircissemens sur cette matière, qui n'est pas encore assez débrouillée, et qu'aucun de nos historiens n'a mise en œuvre, ni touchée même légèrement jusqu'ici. Le premier de ces faits est qu'à Saint-Franbourg (1), église collégiale de Senlis, on honore une sainte nommée Landouene, reine des Armoriquains, dite sainte Loève dans un Mss. écrit en lettres gothiques, qui a appartenu à cette église (2). On fait l'office de cette sainte le 29 octobre, dans tout le diocèse semi-double, majeur à Saint-

(1) M. Chastelain en son Vocabulaire; *item* en son Martyrologe universel, p. 548 et 1140, sur sainte Loeve.

(2) Lettre de M. l'Abbé Malherbe, chanoine de Senlis, pour réponse aux éclaircissemens que je lui demandais sur sainte Landouene en date du 28 Juillet 1716.

Franbourg, comme d'une reine ni vierge ni martyre, mais sans leçons propres et tout du commun. Son corps, qu'on possède dans cette église, est dans la cinquième chasse de celles qui sont sur l'autel, avec cette inscription : *Sanctæ Landouenæ*, enveloppé d'une toile blanche empesée, non cousue, mais seulement liée d'un cordon de soie, qui paraît de diverses couleurs, et par-dessus d'un taffetas blanc, et sur le tout d'un sac de cuir blanc, dans lequel est un billet en parchemin, qui contient des mots latins, dont le sens est (1) : « L'an 1177 de

(1) Anno ab Incarnatione 1177, idus maii inventum in hac capsa corpus B. Landouenæ, et spina et costa una. S. Eusebii confessoris præsente Ludovico rege nostro Christiano et Philippo filio ejus Petro sancto Rom. Ecclesiæ legato, Henrico Sylvanectensi Episcopo, Simone Meldensi Episcopo, nec-non aliis personis tam Ecclesiasticis quam sæ-

» l'incarnation du Seigneur, les ides, c'est-
» à-dire, le 11 de mai, on a trouvé dans
» cette chasse le corps de la bienheureuse
» Landouene, et l'épine et une côte de saint
» Eusèbe, confesseur, en présence de Louis,
» notre roi chrétien, et de Philippe, son
» fils; de Pierre, légat de la sainte église
» romaine; de Henri, évêque de Senlis; de
» Simon, évêque de Meaux, et d'autres per-
» sonnes tant ecclésiastiques que laïques,
» Hilduin étant trésorier de Saint-Fran-
» bourg. » Et c'est le second fait que j'ai cru digne d'attention dans cet endroit; car le nom d'Eusèbe, confesseur, et une partie de ses reliques renfermées dans la même chasse, avec le corps de sainte Landouene, reine des Armoriques, m'ont fait naître la pensée que ce pouvait être l'époux et l'é-

cularibus, Hilduino S. Framburgi thesaurario. *Lettre citée ci-dessus.*

pouse, qui, touchés du miracle que saint Mélaine avait fait en faveur du père et de la fille, comme je l'ai dit, en auraient pris occasion de travailler sérieusement à se sanctifier, et qu'Aspasie, leur fille (peut-être la même qu'Alma Pompéia ou Copaja, comme je le dirai dans le chapitre suivant, et qu'on honore aussi dans notre Bretagne d'un culte public comme sainte), aurait suivi leur exemple et transmis cet esprit de sainteté à plusieurs de ses enfans; savoir : à saint Léonore ou Lunaire, à saint Tudual, dit aussi Rabutual et Pabutual, et à sainte Zoé, ou peut-être Loève, leur sœur; du moins le titre de reine des Armoriques semble mieux convenir à ce siècle qu'au suivant. Le nom de Landoene, qui paraît breton (1), celui de Soève ou peut-être

(1) Nous n'avons rien de propre, ni leçons ni légendes, ni actes. Nous ne savons rien de son pays;

Loève, que la petite-fille aurait porté, selon la coutume assez commune dans tout ce tems, et enfin le nom d'Eusèbe, confesseur, dont les reliques se trouvent jointes à celles de cette sainte, peuvent tout naturellement inspirer cette pensée, et surtout porter les personnes plus savantes et plus en état d'approfondir cette matière, à suivre la route que je ne puis que leur indiquer, faute de plus grande lumière. Tout ce que je puis ajouter est que Landouene ne fut pas reine des Armoriques après cette époque, ni sous

nous n'avons jamais entendu parler de ses miracles, ni si elle est honorée ailleurs qu'au diocèse de Senlis... Pour ses reliques, on ne sait d'où, ni comment on les a reçues. On ne sait pas même ce qu'est devenu le manuscrit gothique où elle est nommée sainte Loeve. Voilà ce qu'on sait de sainte Landouene à Senlis. Si je puis découvrir quelque chose de plus, j'aurai l'honneur de vous en faire part. *Lettre de M. Malherbe. Ibidem.*

le successeur d'Eusèbe, nommé Budic, dont l'épouse fut Anaumède, ni sous le règne de Hoël ou Rioval, leur fils, dont Alma Pompéia, dite aussi Copaja, fut l'épouse; outre que le nom d'Armorique céda désormais à celui de Bretagne. Landouene ne fut pas aussi reine des Armoriques avant ce tems, ni sous Conan, ce fut Daréréa ; ni sous Salomon, ce fut une dame romaine, fille du patrice Flavius, à laquelle le nom breton Landouene ne conviendrait pas ; ni sous Grallon, ce fut Agris ou Tigridis, comme je l'ai dit dans le chapitre 2, nombre 22, qu'on nomme Adevisia dans le cartulaire de Lantevenech. Il ne reste donc plus qu'Erech et Eusèbe, dont je trouve ici l'existence et le règne. Or le nom d'Eusèbe et ses reliques, jointes à celles de sainte Landouene, nous déterminent plus naturellement à la placer sous le règne de ce dernier, et à juger que ce fut de lui qu'elle fut l'épouse, et que c'est à ce titre qu'on la qualifie reine des Armoriques; car avant Erech et Eusèbe, elle ne pouvait aussi être épouse d'Audren, auquel, sous le nom de Daniel-Dremrus, on donne pour femme la fille d'un Léon, empereur, c'est-à-dire, apparemment général d'armée, soit des Romains, soit des Goths.

XXVIII.

Étendue de son règne.

Le peu que nous savons des circonstances du règne d'Eusèbe, tel que je viens de l'expliquer, suffit pour nous faire connaître quelle fut l'étendue de son royaume; le pays de Vannes en faisait une des principales parties. Il est appelé roi de Vannes, et ce fut de cette ville qu'il sortit avec son armée. Ses états s'étendaient aussi dans le pays d'Aleth, aujourd'hui Saint-Malo; nous voyons en effet qu'il conduisait son armée dans le lieu nommé Comblesac, paroisse de ce diocèse sous l'archidiaconé de Ploërmel. Les habitans de ce pays étaient ses sujets ; cela paraît assez par la manière exemplaire et publique dont il les fit punir. La terre qu'ils habitaient et qu'ils cultivaient, dépendait absolument de lui, puisqu'il en disposait en faveur de saint Mélaine, afin de donner au saint le moyen de faire subsister les moines qu'il élevait. Les preuves regardent à plus forte raison tout le pays qui s'étend entre Vannes et Saint-Malo. Pour ce qui est de Rennes, je ne crains pas qu'on fasse difficulté d'avouer qu'il en était aussi le souverain, puisque l'évêque de cette ville était à sa suite et dans son armée. D'ailleurs la fondation qu'il fit en faveur de son église en lui donnant une paroisse entière, en est encore une preuve assez forte. Pour le territoire de Nantes on peut avancer hardiment que tout ce qui se trouve en-deça de la Loire, faisait partie de ses états. Jornandès n'oublie rien de ce qui peut relever la gloire des Goths, ses compatriotes, et de leurs rois. Or quand il parle de leurs conquêtes, de ce côté là, depuis la défaite de Riothame, il les borne toujours aux rives de la Loire. S'ils les eussent poussées plus avant dans le pays d'Angers, de Nantes ou de Rennes, il n'aurait pas manqué de l'exprimer. S'il garde sur cet article un si grand silence, aucun autre auteur n'en dit pas plus que lui: nul vestige de leur domination au-delà de la Loire. Je sais que ce fut dans ce tems que les Saxons, sous la conduite d'Odoacre, leur chef, s'emparèrent des îles de ce fleuve, selon Grégoire de Tours, et que sous ce nom on peut comprendre l'Indre, petite île au-dessus de Nantes. Mais, comme cet auteur ne parle que des îles de la Loire, ce serait sans fondement qu'on voudrait conclure de là que ces barbares étaient maîtres des pays situés au-delà de ce fleuve. Pour ce qui regarde la ville d'Angers, s'ils y avaient quelque crédit, ce n'était qu'en qualité d'alliés, puisqu'ils demandaient des otages aux habitans, et que le comte Paul commandait dans cette ville pour les Romains, comme nous l'apprenons de Grégoire de Tours et des autres auteurs qui se sont expliqués sur les mêmes faits après lui. Les Français, sous Childeric, ne s'emparèrent que des mêmes lieux que les Saxons avaient occupés jusqu'alors; et Procope dit positivement qu'ils attaquèrent à diverses reprises les Arborics ou Armoriquains, et quelquefois même avec toutes leurs forces, sans néanmoins avoir jamais pu les forcer, ni les soumettre. En effet Grégoire de Tours nous apprend qu'après s'être rendus maîtres des îles de la Loire, ils retournèrent aussitôt leurs armes contre les Allemands, ou plutôt contre les Alains, qui venaient de faire une nouvelle irruption sur la Gaule. Ni les Français, ni les Saxons, ni les Goths n'étaient donc pas encore maîtres de l'Armorique, je veux dire de cette partie qui s'étend depuis la Loire vers Nantes jusqu'à l'océan; et s'il s'agit d'examiner si les Goths ont été maîtres du pays d'Aleth, et en particulier de ce qu'on appelle l'ancienne ville de Corseult, dont on prétend qu'on voit encore les vestiges à deux ou trois lieues de celle de Dinan, il faut renvoyer cet examen sous le règne suivant, puisque pendant celui d'Eusèbe, loin que les Goths aient pénétré jusqu'à Corseult, ils n'ont pu forcer les barrières de la Loire. Quelques modernes ont avancé que Rennes et Nantes étaient dans ces premiers tems deux villes libres, également indépendantes de l'empire romain et des Bretons; mais ils n'en apportent et ne peuvent, ce me semble, en apporter aucune preuve; au lieu que tout ce que j'ai dit suffit pour faire voir que ces deux villes faisaient partie du royaume des Bretons et qu'elles étaient soumises à leurs rois. Ils étaient établis sur la Loire, et ce fut sur l'Océan qu'ils s'embarquèrent lorsqu'ils passèrent dans le Berri; voilà pour Nantes. Outre que je ferai voir dans le chapitre suivant par le témoignage de Fortunat, évêque de Poitiers, contemporain et digne de foi, que les Bretons avaient véritablement droit sur la ville de Nantes, quoiqu'alors, à titre de conquête, elle eût passé sous une autre domination. Pour ce qui est de

Rennes. cette ville était dès le commencement capitale de la Cornouaille, dont Rivelen Mur-Mac-Con et les autres princes bretons, ses successeurs, étaient comtes près de cent ans avant la mort d'Eusèbe, et lorsque j'ai parlé des règnes de Conan, de Grallon et d'Audren, j'ai fait voir que ces rois étaient souverains de ces deux villes, comme je viens de le prouver d'Eusèbe. et comme je le prouverai de ses successeurs dans les chapitres suivans; au lieu qu'on ne peut rapporter une seule autorité qui prouve que ces deux villes aient été libres et indépendantes. Le royaume d'Eusèbe s'étendait donc encore de son tems dans ce pays de Nantes au-delà de la Loire, dans ceux de Rennes et de Dol; il s'étendait aussi très-certainement dans le pays d'Aleth et de Vannes, et à plus forte raison dans le reste de la province, qu'on appelle aujourd'hui Basse-Bretagne, et c'est ce qui confirme encore le titre de reine des Armoriquains porté par sainte Landouene, surtout s'il est bien vrai qu'elle ait été l'épouse d'Eusèbe.

XXIX.

Récapitulation, selon l'ordre des tems, des auteurs cités dans ce chapitre, et des monumens qui prouvent les règnes d'Audren, d'Erech et d'Eusèbe.

Si l'on veut donc se donner la peine de recueillir et de ranger par l'ordre des tems les preuves dont je me suis servi dans ce chapitre pour justifier les règnes d'Audren, d'Erech et d'Eusèbe, on trouvera de siècle en siècle, depuis le cinquième, des monumens et des auteurs qui prouvent leur histoire, et qui sont différens de ceux que j'ai cités jusqu'ici. Dès le cinquième siècle le concile de Tours semble à quelques-uns prouver que dès l'an 461, il y avait dans la troisième Lyonnaise des Bretons, et un Mansuétus, leur évêque, dans le même siècle. La ville de Chastel-Audren et les bustes qu'on a trouvés dans ses ruines, prouvent le règne d'Audren. Le château d'Erec et le pays de Broerech prouvent celui du prince Erech. Mais sans m'arrêter à ces preuves, auxquelles on pourrait trouver des réponses, Sidonius Apollinaris nous apprend que Fauste, quoique Gaulois, ne laissait pas d'être Breton; qu'il y avait en effet sur la Loire des Bretons qui ne dépendaient plus du préfet du prétoire des Gaules, ni par conséquent des Romains, et que Riothame était prince des Bretons. La charte de la fondation de Lan-Ninnoc prouve qu'Erech était duc de la Petite-Bretagne dès l'année 458, que Budic et Michel, ou plutôt Vithael ou Gicquel, étaient frères. Dans le sixième siècle l'auteur de la vie de saint Melaine prouve tout ce que j'ai dit du règne d'Eusèbe. Jornandès prouve celui d'Erech ou Riothime, avec la situation et l'indépendance de ces Bretons; Gildas le sage sert à prouver que les habitans de l'île de Bretagne ne furent chassés par les Saxons, ni en 448, ni en 458, ni avant 470, et par conséquent que les Bretons établis sur la Loire avant 460, n'étaient point de ceux qui furent chassés de l'île dans cette conjoncture. Il prouve encore que les parens d'Aurelle étaient des rois dans l'Ile; Procope est aussi de ce tems; il prouve que les Arborics, c'est-à-dire les Armoriquains, étaient indépendans de l'empire; qu'ils résistèrent aux Français, et qu'ils ne purent être soumis par la force sur la fin du même siècle. Grégoire de Tours nous insinue assez clairement qu'avant Clovis il y avait dans l'Armorique des Bretons soumis à leurs princes, qui portaient le titre de rois, et désormais cet auteur nous fournira la meilleure partie de nos preuves. L'ancien catalogue des comtes de Cornouaille, cité par le Baud, paraît être du même siècle: il parle de Daniel-Dremrus et de Budic, comte de Cornouaille avant l'an 513, ce qui fait voir qu'il y avait des Bretons dans l'Armorique loug-tems avant le passage de Rioval. Dans le huitième, Bede répète en termes encore plus claires les mêmes choses que Gildas nous avait apprises, et Alcuin fait connaître assez sensiblement que les Saxons n'entrèrent dans l'île de Bretagne que vers l'an 455, c'est-à-dire, qu'ils n'avaient point encore chassé les habitans en 448, ni même en 458. Ce fut à la fin de ce siècle que Paul, diacre, écrivit, et il nous représente les Armoriquains comme indépendans de l'empire dès l'an 451. C'est encore vers ce même tems qu'on doit placer la chronique des rois bretons armoriquains; elle fait mention du règne d'Audren, aussi bien que Moracius, qui n'est pas moins ancien. Dans le siècle suivant, qui est le neuvième, Gildas Cambrius s'accorde avec ce dernier auteur, et Frenulphe, évèque de Lisieux, donne à Riothime le titre de roi des Bretons. Enfin, dès le commencement du douzième siècle, Sigebert non seulement dit la même chose de Riothime, mais encore il nous représente les Bretons, sujets de ce roi, comme indépendans des empereurs, et la Bretagne qu'ils habitaient, comme un pays distingué des Gaules.

CHAPITRE IV.

ÉTAT DE LA BRETAGNE ARMORIQUE, DEPUIS L'AN 490 JUSQU'EN 545, SOUS LES RÈGNES DE BUDIC ET DE HOEL I.

I.

Il y avait des Bretons dans l'Armorique depuis l'an 490 jusqu'en 513.

Il est important de prouver encore, mais d'une manière claire et sensible, qu'il y avait des Bretons dans l'Armorique depuis l'an 490 jusqu'en 513. Rien n'est plus propre à confirmer tout le système que j'ai suivi jusqu'ici : car s'il y avait des Bretons dès l'an 490, il n'est donc pas vrai que Rioval, qui ne vint s'établir dans ce pays que vers l'an 513, ait été chef de la première colonie de ces peuples. Il n'y a point aussi d'apparence que les premiers Bretons qui ont paru dans ces quartiers, aient été ceux que Riothime avait conduits, comme on le prétend, de l'île de Bretagne dans la Gaule au secours d'Anthémius, puisqu'il n'en avait que douze mille, dont la plupart furent défaits, et le reste fut obligé de fuir jusque chez les Bourguignons; outre que ce fait n'arriva que vers l'an 473, et que Sidonius Apollinaris nous apprend que plus de deux ans auparavant il y en avait sur la Loire, au lieu que rien ne prouve mieux que ces Bretons étaient établis long-tems avant que de faire voir qu'après cette défaite, il s'en est toujours trouvé dans ces cantons, qui s'y sont maintenus contre tous les efforts des Goths victorieux et des pirates saxons et depuis l'arrivée des Français, qui pénétrèrent dans ce même tems jusque dans les villes d'Orléans et d'Angers et dans les îles de la Loire. C'est néanmoins ce qu'il est aisé de faire voir par les chroniques des rois bretons armoriquains (1). Elles parlent des Bretons, comme le titre de cet ouvrage le prouve assez, et de Budic leur roi, qui, comme je le ferai bientôt voir, régnait dans ce même tems; elles ajoutent que ce fut sur les princes armoriquains que les Frisons usurpèrent la Létanie, c'est-à-dire, la Bretagne armorique. Et le prêtre Ingomar (2), en parlant de cette même circonstance, fait assez connaître que ces princes armoriquains étaient Bretons, puisqu'il dit qu'ils étaient les parens et les amis de Rioval, prince et chef des Bretons. Ces peuples étaient donc maîtres de ce pays avant l'arrivée des Frisons: c'est une conséquence

(1) Voyez le Baud, Hist. de Bret., chap. 7, p. 53 et 65.

(2) Le Baud, *ibidem*, p. 64, 65.

nécessaire. Or, cette irruption des Frisons, leur séjour dans ces lieux, leur retraite, toutes ces circonstances arrivèrent plus de quatre ans avant l'an 513 (1). Le catalogue des comtes de Cornouaille, tiré du cartulaire de Quimper, prouve la même chose; car quand il parle de l'arrivée de Budic, il l'appellent un retour, *rediens ab Alamania.* Il y était donc alors, et il y avait été élevé dès ses plus tendres années, puisqu'il n'y revint qu'après plus de vingt ans d'absence, comme nous le verrons bientôt. De même quand il parle de l'établissement de Budic dans ce pays, il dit qu'il le recouvra, *recuperavit.* Il faut donc convenir qu'il le possédait avant, ou du moins qu'il avait

(1) Voyez D. Lobineau, Hist. de Bret., tom. II, col. 17. Budic et Maxent duo fratres; horum primus rediens ab Alamania interfecit Marcell, et paternum Consulatum recuperavit.

quelque droit sur ce pays, comme sur l'héritage de ses pères : car ce mot *recouvrer* ne peut s'entendre que dans l'un ou dans l'autre de ces sens, et enfin quand l'auteur veut nous marquer le droit que Budic avait sur ce royaume, auquel il ne donne que le nom de consulat ou comté, il dit nettement que son père le possédait avant lui, *paternum consulatum recuperavit.* L'autre catalogue de ces comtes tiré du cartulaire de Lantevenech (1), dit de Jean Reith la même chose que celui de Quimper attribue à Budic. Ce qui fait voir clairement que comme il y avait des Bretons établis dans ces lieux avant l'arrivée de Budic, c'est-à-dire, avant l'an 490, il y en avait aussi quelque tems avant l'arrivée de Jean Reith, c'est-à-dire, avant l'an 513, et tout cela est prou-

(1) Jahan Reith huc rediens Marchel interfecit et paternum consulatum recuperavit. *Ibidem.*

vé par des monumens qu'on ne regarde point comme suspects, et qu'on nous présente au contraire comme des pièces authentiques.

II.

Ces Bretons avaient leur rois particulièrs.

Les auteurs de ces monumens ne nous apprennent rien sur ce point qui ne s'accorde parfaitement avec les termes de Grégoire de Tours, qui, après avoir dit que Canao, comte des Bretons, sur la nouvelle de la mort de Macliau, son frère, s'était emparé de tout son royaume, ajoute ces mots (1): *Car depuis la mort de Clovis*, c'est-à-dire, *depuis l'an* 511, *les Bretons*

(1) Regnum ejus iterùm accepit; nam semper Britanni sub Francorum potestate post obitum regis Clodovei fuerunt, et comites non reges appellati sunt. *Greg. Turon. l.* 4, *Hist.*, *cap.* 4.

ont toujours été sous la puissance des Français, et ont été appelés comtes et non rois. Or, ce passage insinue, ce me semble, assez clairement, qu'avant cette époque, non seulement il y avait des Bretons dans ce pays, mais encore que leurs princes portaient le titre de rois. Et le terme de royaume qu'il emploie deux fois dans cette occasion et dans quelques autres, en est une preuve, au sentiment même de Vignier, qu'on peut regarder comme celui qui a combattu le premier et le plus fortement le système de nos premiers rois. Voici comme il s'en explique à la page 104 de son traité de l'ancien état de la Petite-Bretagne: *Et quant au cas contre lequel il s'escarmouche si aprement, il venait d'appeler royaume la portion que Macliau avait eue en la Petite-Bretagne, signifiant que la Petite-Bretagne avait été et s'appelait en-*

core royaume, nonobstant que les seigneurs qui y commandaient, ayant toujours après le trépas de Clovis, été sous la puissance des rois de France, ne fussent plus appelés rois, ains comtes seulement. Et page 86, il dit en parlant des rois bretons : *Et pense ainsi qu'ils persévérèrent d'en avoir jusqu'au tems du roi Clovis, d'autant que je le vois témoigné par Grégoire de Tours, sans toutefois que je veuille ni ose affirmer quels et combien ils en eurent.* Et page 89: *Néanmoins je ne laisserai pas de dire qu'il me semble qu'ils se sont maintenus et conservés en l'état qu'ils étaient sous leur roi Riothime jusqu'au tems dudit roi Clovis.* Ce sont les propres paroles de Vignier, qui m'épargne ainsi lui-même le soin de prouver que le mot latin *regnum* du passage de Grégoire de Tours doit se prendre dans le sens naturel et signifie un royaume, et non pas un simple gouvernement, comme quelques-uns pourraient l'interpréter. Bien loin donc que Grégoire de Tours prouve rien contre mon sentiment jusqu'après l'an 500, ou qu'il détruise l'histoire de Conan et de ses successeurs, il pourrait servir au contraire à prouver l'existence et le titre des rois bretons jusqu'au tems de Clovis, et surtout des derniers de ces rois, et à confirmer ainsi tout ce que l'auteur de la vie de saint Mélaine nous a dit du règne d'Eusèbe, comme il confirme ce que la chronique des rois bretons armoriquains dit de celui de Budic, et que l'auteur de la vie de saint Oudocée ajoute de celui de ses prédécesseurs; car il nous apprend que les Armoriquains, après la mort de leur roi (1), jetèrent les

(1) Defuncto rege eorum illum volebant recipere natum de regali progenie. *Vita S. Oudocei apud*

yeux sur Budic, parce qu'il était de la race royale, et qu'ils députèrent vers ce prince pour lui donner avis de leur dessein et de leur choix. Puisqu'avant Budic les Armoriquains avaient un roi, après la mort duquel il s'agissait de choisir un successeur; puisque celui qu'ils choisissaient pour lui succéder était de la race royale, ils étaient donc depuis long-tems en possession d'avoir des rois; et quoique celui de qui nous apprenons ces circonstances soit un légendaire, on ne doit pas refuser de le croire, puisqu'il ne dit rien qui ne soit conforme à tout ce que j'ai prouvé jusqu'ici sur le témoignage des plus graves auteurs, et en particulier à ce que Grégoire de Tours vient de nous insinuer, qu'avant la mort de Clovis, les Bretons étaient gouvernés par des

Usser. Brit. Eccl. Antiq. p. 291. Voyez aussi le ch. 3, nu. 8, et le nu. du présent chapitre.

rois, sauf à examiner quel fut leur gouvernement depuis ce tems.

III.

Budic, Biudic ou Bodoix fut un de ces rois bretons armoriquains.

Voilà donc déjà deux auteurs qui mettent Budic au rang des princes armoriquains, et qui lui donnent le titre de roi. Le premier est l'auteur de la briève chronique citée déjà tant de fois, qui dit qu'il était fils d'Audren, après lequel il régna, et défendit courageusement son pays contre les attaques des ennemis. C'est tout ce qu'on cite de cette chronique très-abrégée sur son chapitre, comme sur celui des autres rois ses prédécesseurs. L'autre auteur, qui nous fournit des preuves de Budic, et qui s'étend beaucoup sur les circonstances de son règne, est celui qui nous a laissé la vie de saint Oudocée (1). Usserius, en plusieurs endroits, et Bollandus sous le 9 de février, nous font assez connaître qu'ils comptent sur cet ouvrage. Voici ce qu'on y lit (2): « Budic fut fils de Cybsdan; il prit

(1) Usserius Britan. Eccl. Antiq., p. 41, 44, 46 et præcipue, p. 291.

(2) Fuit vir Budic, filius Cybsdan, natus de Cornugalliâ, qui in Demeticam regionem tempore Aircol Lauhir regis ejusdem regni venit cùm suâ classe, expulsus patriâ suâ. Qui cùm moraretur in patriâ, accepit sibi uxorem, Anaumed nomine, filiam Ensic; mater autem illius Guenhaf, filia Linonui: de quâ Anaumed nati sunt sibi Ismael et Tyfei martyr jacens in Pennalun. Qui cùm moraretur in patriâ, missis legatis ad eum de nativâ suâ regione Cornugalliâ, ut sine morâ cùm totâ suâ familiâ et auxilio Britannorum ad recipiendum regnum Armoricæ gentis veniret; defuncto rege eorum illum volebant recipere natum de regali progenie. Facto ab illis consilio, uno ore, auditâ legatione et acceptâ, affectuose accepit uxorem suam pregnantem cùm totâ familiâ suâ et classe applicuit in patriâ; et regnavit

» naissance dans la Cornouaille ; chassé » qu'il fut de son pays, il vint avec sa » flotte dans celui des Demettes du tems » d'Aircol Lauhir, roi de ce même royau- » me. Pendant qu'il demeurait dans ces

per totam Armoricam terram ; et in tempore suo tandiù durantem usque ad Alpes. Et uxor ejus peperit filium nomine Oudoceum : quem post tempus maturitatis misit ad studium litterarum ; sicut promiserat sancto Teliavo anteà in Britanniâ, quod si filium haberet, illum Deo commendaret, sicut commendaverat ambos fratres suos, quos prædiximus. S. Oudoceus ab infantiâ cœpit ditari scientiâ et eloquentiâ in tantùm, quod suos contemporaneos et simul consocios excellebat moribus et sanctitate. Et post immensum tempus venit flava pestis per majorem Britanniam. *Vita S. Oudocei apud Usserium*, *p.* 291. Ea occasione adiit S. Thelavius cùm suis clericis et populo Cornugalliam, quæ postea vocata est Cerniu-Budic, et ibi invenit nepotem suum Oudoceum, virum præclarum et mansuetum, utriusque legis peritum, ut candelam super candelabrum. *Ibidem.*

» lieux, il prit pour épouse Anaumède,
» fille d'Ansic; la mère s'appelait Guen-
» haff, fille de Linove. Il eut d'Anaumed
» Ismaël, et Tyfei, martyr, qui repose à
» Pennalun. Il était dans ce pays, lors-
» qu'on lui envoya des ambassadeurs de
» la Cornouaille, lieu de sa naissance, afin
» de l'engager à venir incessamment avec
» toute sa famille et quelques troupes
» auxiliaires de Bretons pour reprendre le
» royaume des Armoriquains après la mort
» de leur roi. Ils voulaient l'avoir pour lui
» succéder, parce qu'il était de la famille
» royale. Après avoir tenu un conseil dans
» lequel tous furent d'avis de donner au-
» dience aux ambassadeurs et d'accepter
» leur offre, il prit son épouse qui était
» enceinte, et toute sa famille, et vint avec
» sa flotte aborder dans sa patrie, et régna
« dans toute l'Armorique, qui de son tems

» s'étendait encore jusqu'aux Alpes. Son » épouse accoucha d'un fils qui fut nommé » Oudocée, qu'il envoya pour être instruit » dans les belles lettres, aussi-tôt qu'il fut » dans un âge mûr, comme il l'avait pro- » mis auparavant à saint Teliave, lorsqu'il » était dans la Grande-Bretagne, que s'il » avait un fils, il l'offrirait à Dieu, comme » il avait offert ses deux frères dont nous » avons déjà parlé. Saint Oudocée com- » mença dès son enfance à faire de grands » progrès dans les sciences et dans l'élo- » quence: il l'emportait par la pureté de » ses mœurs et par sa sainteté sur tous ceux » de son âge, qui étaient aussi ses condis- » ciples. Après un tems infini, la peste » qu'on appelait jaunisse, se répandit dans » la Grande-Bretagne. » Ce précieux frag- ment, dont aucuns de nos historiens n'ont profité jusqu'ici, nous découvre plusieurs choses très-singulières. Il nous apprend que le père de Budic, que les catalogues des comtes de Cornouaille nomment Daniel-Dremrus, et que les autres nomment Audren, s'appelait aussi Cybsdan, comme je l'ai déjà fait voir dans le chapitre précédent. Il nous apprend encore que Budic ne succéda pas immédiatement à son père, comme tous nos historiens l'avaient cru jusqu'ici; qu'il fut obligé de sortir de son pays sans qu'on sache le sujet de cette fuite; que sa retraite dans la Grande-Bretagne fut d'assez longue durée, puisqu'il y prit une épouse et qu'il en eut deux enfans, qui étaient déjà grands avant son départ; et ces choses ne demandent pas moins de 15 ou 20 ans. Nous apprenons encore de ce fragment que tout cela se passait sous le règne d'Aircol Lauhir; qu'Oudocée ne vint au monde qu'après que son père eut monté sur le trône de ses ancêtres ; et enfin que la peste ne se fit sentir qu'un tems infini après que ce saint enfant eut fait de grands progrès dans les sciences, et surtout dans la piété ; circonstances qui toutes serviront beaucoup à régler la chronologie du règne de Budic. Ce même auteur ajoute, quelques lignes plus bas, que la Cornouaille fut depuis appelée *Cerniu-Budic* du nom de ce prince, et j'estime que celui de *Cornubia* dont on s'est servi dans la suite, n'en est qu'une altération ou un abrégé.

IV.

Autres preuves du règne de Budic.

Tout ce détail suffit pour nous faire connaître que ce Budie est le même qui se trouve placé dans le catalogue des comtes de Cornouaille avant Jean Reith et précisément après Daniel-Dremrus, dont un de ces catalogues dit assez nettement qu'il fut fils, et tous les deux reconnaissaient qu'ils avaient un frère nommé Maxent. S'ils ne lui donnent que le titre de comte de Cornouaille, cela ne doit pas nous empêcher de croire qu'il fut véritablement roi, comme Daniel-Dremrus, son père, et Grallon prédécesseur de Daniel, le furent effectivement, quoique ces catalogues ne les appellent que comtes, parce qu'il ne s'agissait dans ce moment que de donner la liste de ceux qui avaient été comtes de Cornouaille, soit que dans la suite ils fussent devenus rois, soit qu'ils n'eussent jamais eu d'autre titre que celui de comtes (1). Quelques modernes regardent aussi le Budic dont il s'agit ici, comme le premier fondateur de

(1) D'Argentré, Hist. de Bret., l. 1, ch. 22, p. 103. Albert le Grand, Vies des saints de Bret., Catalogue Chron. des Evêq. de Nantes, p. 64.

l'église de S. Cyr de Nantes, dite aujourd'hui Saint-Léonard, rebâtie long-tems après par un comte de cette ville (1), qui porta aussi le même nom. Je n'ai rien vu jusqu'ici qui puisse nous empêcher de dire avec ces modernes, que ce fut en effet le roi Budic qui fit le premier bâtir cette église. C'est encore lui dont il est fait mention dans les actes de sainte Ninnoch (2), ou du moins dans celui de la fondation de l'église qui porte son nom. Ces actes l'ap-

(1) Anno Incarn. Domini 1038, ego Budicus civitatis Nannetensis comes et uxor mea Aldois videntes Ecclesiam in honorem SS. Martyrum Cyrici et Jullitæ matris ejus propè mœnia urbis nostræ antiquitùs constitutem, in desolatione penitùs derelictam Paganorum vel Normanorum devastatione ac etiam vetustate, et longissimâ detrimentorum continuatione... *Cartul. du Roncerai.*

(2) Voyez *Aibert le Grand,* Vies des Saints de Bret., p. 248. et 249.

pellent Bodoix et lui donnent le titre de roi. Or, Bodoix n'est pas assez différent de Budic ou Biudic pour imposer l'obligation, ni même laisser la liberté d'en faire deux différens personnages. Tant de preuves doivent désormais effacer les préjugés qu'on pourrait avoir contre le manuscrit breton, contre Geoffroi de Montmouth qui l'a traduit, et contre Gautier, archidiacre d'Oxfort, qui n'est que l'interpolateur de cet ouvrage, et qui l'a mis dans l'état où nous l'avons présentement. On trouve dans ces auteurs quelques circonstances de son règne, tantôt sous le nom de Budic, quelquefois de Budec ou Budecius, et même de Dubric ou Dubricius. Ces différens auteurs ne nous apprennent point les mêmes faits; en sorte qu'il paraît assez qu'ils ne se sont point copiés les uns les autres, et néanmoins ils ne se contredisent en rien. Au contraire ils s'accordent en tout, ou pour mieux dire ce que l'un nous apprend, nous conduit si naturellement à ce que l'autre rapporte, qu'en rècueillant de chacun les faits qu'il a pris soin d'écrire, on trouve une vie fort suivie et les circonstances d'un règne assez rempli. Car si Geoffroi de Montmouth dit que Budic était fils d'Audren et père de Hoel, la chronique des rois bretons armoriquains s'en explique de la même manière. Si les actes de sainte Ninnoch parlent de Bodoix comme d'un comte de Cornouaille, les catalogues de ces comtes mettent Budic de ce nombre. Ces derniers monumens prouvent qu'il fut absent de son pays, qu'il y retourna dans la suite, et qu'il recouvra l'héritage de ses pères. L'auteur de la vie de saint Oudocée dit tout cela de Budic et même dans un plus grand détail. Et comme cet auteur nous fait assez connaître qu'il était dans l'île de Bretagne du tems d'Aurèle Ambroise, de même Geoffroi de Montmouth dit qu'ils vivaient dans le même tems, et il fournit une preuve de l'union qui était entre ces deux princes, quoiqu'il outre un peu ce fait dans certaines circonstances. Cette uniformité qui se trouve entre tant de différens auteurs, doit contribuer beaucoup à les rendre plus croyables. Enfin on trouve aussi le nom de Budic et la preuve de son règne dans la charte attribuée à Alain Fergent. Mais qu'on juge ce qu'on voudra de cette pièce, qu'on la reçoive ou qu'on la rejette, il m'importe peu, puisque sans ce secours on voit qu'il me reste encore assez d'autres preuves.

V.

Ce Bunic n'est pas le même que Bodic, dont il est parlé dans Grégoire de Tours.

Il faut seulement prendre garde de confondre le Budic dont tous ces auteurs parlent et le Bodic qualifié par Grégoire de Tours comte des Bretons. Quelque ressemblance qu'il y ait entre ces deux noms, les caractères de l'un et de l'autre de ces deux princes, leurs qualités, le tems dans lequel ils vivaient, sont si différens, qu'un peu d'attention suffit pour empêcher de s'y méprendre (1). Bodic n'était que comte, le Budic dont je parle était roi. Le premier

(1) Chanao quoque Britannorum comes tres fratres suos interfecit; volens autem adhuc Macliavum interficere.... Mortuo autem Chanaone hic apostatavit, et demissis capillis uxorem quam post clericatum reliquerat, cùm regno fratris simul accepit.

Macliavus quondam et Bodoccius Britannorum Comites Sacramentum inter se dederant, ut qui ex ipsis superviveret, filios partis alterius tanquàm proprios defensaret: mortuus autem Bodoccius reliquit filium Theodoricum nomine, quo Macliavus, oblitus Sacramenti, expulso à patriâ, regnum patris ejus accepit. *Idem, l. 5, cap.* 16.

n'était seigneur que d'une très-petite partie de la Bretagne, puisque, selon Grégoire de Tours, elle était alors partagée entre cinq frères, sans compter Conomer, autre comte des Bretons; au lieu que celui dont il s'agit était roi de toute l'Armorique, comme on le voit dans la chronique des rois bretons armoriquains, et dans la vie de saint Oudocée. Du tems du roi Budic, ce royaume s'étendait encore jusqu'aux montagnes appelées Alpes; au lieu que du tems de Bodic il n'y avait plus de montagnes qui fissent les limites de cette partie de l'Armorique occupée par les Bretons. Ce que Grégoire de Tours dit du comte Bodic, n'est arrivé qu'après la mort de Rioval, comme je le ferai voir dans la suite, et tout ce qu'on dit de Budic s'est fait avant le passage de Rioval, c'est-à-dire, avant l'an 513. Pour en convenir, il suffit présentement d'observer qu'Oudocée, né depuis que Budic fut élu roi des Armoriquains, eut le tems de devenir assez grand pour être sous la discipline de saint Dubricius (1), mort au plus tard en 522, ou, selon quelques-uns, l'an 512 (2). Son père fut donc élevé sur le trône au moins douze ou quinze ans plus tôt, c'est-à-dire, avant l'an 500, et même avant l'an 497, c'est-à-dire, environ quinze ou vingt ans avant le passage de Rioval; et les principes sur lesquels je fonde cette chronologie sont bien plus clairs que ceux (3) que Bollandus em-

(1) Balæus, l. 1, cap 51, apud Usserium, in Indice chron. ad an. 522.

(2) Joannes Timunth., in vitâ S. Dubricii. Joannes Capgravius apud Usserium, in Indice chron. ad annum 512.

(3) Sicut jam ex Usserio retulimus, ad Aircol Lauhir Demerriæ regem venit; non videtur in Armoricam ad regnum capessendum revertisse, nisi

ploie et qu'il tire du règne d'Aircol Lauhir, dont on ne connaît pas assez les commencemens. D'ailleurs, la raison pour laquelle les Armoriquains voulaient avoir pour leur souverain le Budic dont je parle, est qu'il était de la famille royale, et sans doute un des plus proches à succéder au défunt roi. Or, dans le tems où Bodic vivait, c'est-à-dire, après l'an 513 et même après la mort de Rioval en 543, il y avait d'autres princes très-proches parens du défunt roi, puisqu'ils étaient ses fils, plus à portée de faire tomber le choix sur eux, et de faire valoir ou leur élection ou leur droit sur le royaume, puisqu'ils étaient actuellement

post annum 510, aut etiam 520 Aircol autem rex, Teliavo Landavensium ecclesian gubernante, quod non ante 522 Christi annum diximus contigisse, multa illi ecclesiæ donavit. *Bollandus, t.* 2, *Februarii de S. Teliavo nu.* 17. Voyez la note 23.

dans le pays ; au lieu que Bodic aurait été dans l'île de Bretagne, et que bien loin de laisser usurper le royaume par un étranger, ou du moins par un seigneur absent depuis si long-tems, ils se dépouillaient eux-mêmes les uns les autres de la portion de leur héritage par des trahisons et par des fratricides. Après tout, la suite, ou si vous voulez, le bannissement et l'exil de Budic, chassé de ses états, son séjour dans l'île de Bretagne pendant vingt ans entiers sous le règne d'Aircol Lauhir, son mariage avec Anaumède, sœur de saint Teliave, son règne de douze ans au moins depuis son rétablissement et son élévation sur le trône vers l'an 297, ne peuvent convenir au Bodic de Grégoire de Tours (1). Je me suis étendu sur cet article, parce que j'ai connu que

(1) Dom Pezron, abbé de la Charmoie, Mémoires Mss. sur l'Hist. de Bret.

la ressemblance de ces noms avait jeté quelques auteurs dans l'erreur pour n'avoir pas assez mûrement examiné ces différentes circonstances.

VI.

Budic est le même que Deroch ou Debroch d'Ingomar.

Mais ce n'est pas tant sur la ressemblance des noms que je me règle, que sur le rapport des filiations, des qualités ou du tems. J'estime au contraire que ce Budic dont il s'agit, est le même que le Deroch (1), ou plutôt, comme quelques-uns ont lu, le Debroch (2) d'Ingomar et de la généalogie de saint Winnoc; voici les raisons que j'ai de

(1) Rivalus Britanniæ dux, filius fuit Derochi. *Genealogia S. Winoci, t. 1, sanct. Benedict., p.* 302.

(2) Albert-le-Grand, vies des saints de Bret. Catalogue des rois de la Domnonée, 1 édition.

le croire (1). Debroch fut père de Riatham, qui, comme je le ferai voir, est le même que Rioval (2), et ceux qui parlent de la famille de Budic, lui donnent pour fils Hoel, qui n'est autre que Rioval; puisque Debroch vivait avant l'an 513; qu'il fut roi, qu'il fut prédécesseur de Hoel, et tout cela convient à Budic. Il fut roi dans l'Armorique, nous l'avons déjà vu. Debroch était prince dans l'Armorique, puisque c'est dans ces lieux qu'il faut chercher les prédécesseurs de Rioval ou Hoel. Pour ce qui est du père de Debroch, j'avoue que je suis obligé d'abandonner en ce point le système d'Ingomar (3); car il dit qu'il était fils de Rioval,

(1) Derocus genuit Riatham, et Riatham genuit Jonam. *Geneal. S. Winoci ubi suprà.*

(2) Galfridus Monumeth. Hist. reg. Brit., l. 9, cap. 2. etc. D. Lobineau, t. 1.

(3) Ingomar apud P. le Baud, p. 64, 65 et 170.

petit-fils d'un autre Deroch ou Deroth, arrière-petit-fils de Witol : mais c'est une erreur ou d'Ingomar même ou de ceux qui nous ont conservé les fragmens de son ouvrage. L'erreur consiste, 1°. en ce qu'il multiplie trop dans cette généalogie les degrés de filiation, depuis Caton jusqu'à Judual; dans un espace d'environ 150 ans, il compte neuf degrés, et en particulier depuis Rioval, dont il n'est parlé que sous le règne de Clotaire, jusqu'à Judual, qui vivait sous le même règne, et qui dès l'an 555 était déjà grand et nubile, sans comprendre ni l'un ni l'autre, c'est-à-dire, dans un espace de moins de 30 ans, il compte trois degrés de filiation: Deroch, Riatham et Jona, ce qui n'est pas même vraisemblable, puisque trois degrés suffiraient pour un siècle entier (1). Il

(1) Ces légendes supposent que Comor, après avoir tué Jonas, fils de Deroch et petit-fils de Rioval, etc.

semble en effet que les plus zélés partisans d'Ingomar ne disconviennent pas qu'il faut retrancher un de ces degrés. Il ne s'agit donc plus que de savoir quel est celui qu'on doit retrancher, et c'est ce que nous allons bientôt examiner; car une seconde erreur dans cet endroit de la généalogie consiste en ce que l'auteur sépare Rioval et Riatham, comme si c'étaient deux personnes distinguées, dont l'un, qui est Rioval, aurait été l'aïeul de l'autre, nommé Riatham (1); au lieu que Rioval et Riatham ne sont qu'une même personne, qui a porté non-seulement ces deux noms, mais encore celui de Reith (1), qui diffère peu du dernier; et ceux de

D. Lobineau, Hist. de Bret. t. 1, p. 9, où l'on voit qu'il retranche un degré, qui est celui de Riatham, car dans la Généalogie on met.... Witol, Deroch, Riatham, Jona...

(1) Voyez le numero 15 de ce même chapitre.

(2) L'ile était alors gouvernée par plusieurs

Hoeloc et Hoel, qui sont les mêmes que Rioval, comme je le ferai bientôt voir. Afin donc de réformer cet endroit de la généalogie de saint Judicael dressée par Ingomar, il faut retrancher un degré, qui fera celui de Rioval, qu'il faut confondre avec Riatham, et dire que Deroch ou Deronus fut père de Deroch ou Debroch ; celui-ci de Riatham ou Rioval ; Rioval de Jona ; Jona de Judual ; et cette légère correction, qui me paraît non-seulement convenable, mais encore absolument nécessaire, suffit pour faire voir le rapport entier et juste qui se trouve entre le système de Geffroi de Montmouth, qui est l'ancien, et celui d'Ingomar, que les modernes ont a-

petits rois indépendans les uns des autres. Un de ces princes, nommé Reith ou Riwal, à qui l'on donne encore plusieurs autres noms. *D.-Lobineau*, *tom.* 1, *p.* 5.

dopté, pour prouver que ces deux auteurs n'ont suivi que le même sous des noms assez peu différens, comme on le voit dans la table suivante.

Système d'Ingomar.

CATON OU CARROU	URBIEN	WITOL	DERONUS	DEBROCH	RIOVAL OU RIOTHAM	JONA, JEANOU RIOVAL	JUDUAL OU GUINDUAL

Système de Geoffroi de Montmouth.

CANAO OU CONAN	CONCAR	SALOMON	AUDREN	BUDIC OU DUBRIC	HOEL, HORLOCH OU REITH	HOEL II OU HORLOC II	ALAIN OU Dudual dit LE BLANC

On voit par la première partie de cette table, que Debroch, le cinquième après Caton, était fils de Deronus et père de Rioval; comme on voit dans la seconde partie de cette table, que Budic, le cinquième après Conan, était fils d'Audren, qui est Deronus et père de Hoel, qui est Rioval; ainsi l'on doit conclure que Debroch et Budic sont absolument le même. Pour ce qui regarde la différence du nom, il faut observer que Geffroi de Montmouth, quand il parle de Budic, l'appelle tantôt Budec ou Budecius et tantôt Dubric (1), qui, comme on voit, n'est pas assez différent de Debroch pour donner lieu de croire, après les rapports qui se trouvent d'ailleurs, que ces noms ne marquent pas la même personne. Au reste il est bon d'observer que toutes les fois qu'on trouve un Deroch dans Ingomar, on trouve autant de fois un Budic dans le même degré de filiation : en voici des exemples : Deroch, père de Rioval ; Budic, père

(1) Ibidem excepit eos Budecius rex, et honore quo decebat, educavit. *Galfridus Monumeth. l. 6, cap. 8, editionis Heidelberg, et l. 2, cap. 6 veteris editionis.* Erat autem Hoel filius sororis Arturi ex rege Dubricio Armoricorum Britonum generatus. *Idem, l. 9, cap. 2, edit. Heidelberge et l. 7, cap. 1, veteris editionis.*

de Hoel, qui est Rioval ; Deroch, fils de Ristham, Rioval ou Hoel ; Bodic, fils de Rioval; Deroch, fils de Judual; Budoc, fils d'un comte de Bretagne, évêque de Dol. Ce qui doit lever toute la difficulté que la différence des noms pourrait causer, et faire connaître sensiblement que les autres appellent Budic celui qu'Ingomar appelle Deroch, et qu'on doit regarder ces deux noms comme employés pour signifier la même personne.

FIN DU QUATORZIÈME VOLUME.

TABLE

DES MATIÈRES.

FIN

Lightning Source UK Ltd.
Milton Keynes UK
UKOW011944160712

196076UK00008B/169/P

9 781274 358868